广播4.0时代的融合发展与理论创新

GUANGBO 4.0 SHIDAI DE RONGHE FAZHAN YU LILUN CHUANGXIN

主　编◎申启武
副主编◎张建敏　王　媛

暨南大学出版社
JINAN UNIVERSITY PRESS

中国·广州

图书在版编目（CIP）数据

广播4.0时代的融合发展与理论创新/申启武主编；张建敏，王媛副主
编. —广州：暨南大学出版社，2016.11
ISBN 978 - 7 - 5668 - 1983 - 3

Ⅰ.①广… Ⅱ.①申…②张…③王… Ⅲ.①传播媒介—发展—研究—
中国 Ⅳ.①G219.2

中国版本图书馆 CIP 数据核字（2016）第 265416 号

广播4.0时代的融合发展与理论创新
GUANGBO 4.0 SHIDAI DE RONGHE FAZHAN YU LILUN CHUANGXIN
主 编：申启武 副主编：张建敏 王 媛
···

出 版 人：徐义雄
策划编辑：史学英
责任编辑：史学英
责任校对：何 力
责任印制：汤慧君 周一丹

出版发行：暨南大学出版社（510630）
电 话：总编室（8620）85221601
营销部（8620）85225284 85228291 85228292（邮购）
传 真：（8620）85221583（办公室） 85223774（营销部）
网 址：http：//www.jnupress.com http：//press.jnu.edu.cn
排 版：广州良弓广告有限公司
印 刷：佛山市浩文彩色印刷有限公司
开 本：787mm×960mm 1/16
印 张：17.25
字 数：323 千
版 次：2016 年 11 月第 1 版
印 次：2016 年 11 月第 1 次
定 价：39.80 元

广播媒体要实现深层次融合发展（代序）

全国广播学术研讨会创办于 2009 年，几年来，借助研讨会这个平台，专家学者和业界精英，紧密结合时代要求和广播特点，围绕媒体融合、理念创新、管理改革、价值重塑、节目创新创优等主题，开展交流和研讨，为中国广播的改革与发展提供了很好的智力支持。在学界和业界的共同努力下，研讨会已成为我国广播研究领域最具权威性和影响力的高端论坛之一，对推动我国广播理论建设和改革实践起到了重要的作用。

当今时代，互联网信息技术的发展，带来了媒体传播方式、信息接收方式和媒体价值评估方式的重大改变。以互联网为主要平台的新兴媒体快速发展，在传播力、影响力、竞争力等方面给包括广播在内的传统媒体带来巨大压力和挑战，同时也带来了前所未有的发展机遇。2014 年，中央全面深化改革领导小组审议通过《关于推动传统媒体和新兴媒体融合发展的指导意见》，各地广播媒体认真贯彻落实，顺应媒体发展的潮流和趋势，更新观念，明确目标，制订规划，培育和发展新媒体产业，采取多种新手段、新形式、新机制推动传统广播与新兴媒体相互借力、优势互补、融合发展，在平台建设、内容创新、队伍组成、新媒体业务拓展等方面积极扎实推进，取得了阶段性成果。但是，在肯定各地广播媒体拥抱新媒体、取得媒体融合成绩的同时，也要看到还存在着不少问题，比如，观念、定位、规划、体制、经营、人才、技术等方面的不适应等。目前，广播的媒体融合多为浅层次融合，更具有媒体结合的意味，以自办新媒体平台和借助其他新媒体平台为主，且多还是传播内容和传播手段的融合，而涉及媒体功能、组织结构、体制机制等方面的深层次融合还有待完善，尤其是在体制机制、合作协作、团队建设等多方面实现创新性突破，实现从物理性融合到深度的化学性融合质变，还有很长的路要走。

党的十八届五中全会审议通过了《中共中央关于制定国民经济和社会发展第十三个五年规划的建议》，该《建议》提出了"创新、协调、绿色、开放、共享"的发展理念，指出广播要科学发展、加速融合转型，需要加强战略性研究。中国广播电影电视社会组织联合会将一如既往地支持办好广播学术研讨会，进一步发挥研讨会的平台作用，充分发挥研讨会集聚学界、业界精英的优势，努力提高研讨会的水平和效能。也希望各主办单位、承办单位和各位专家学者继续支持办好研讨会，为广播行业把握发展规律、创新发展理念、破解发展难题出谋划策，全力推进传统广播与新兴媒体在内容、渠道、平台、经营、管理等方面的深度融合，推动中国广播在最短时间内发展成为具有强大实力和传播力、公信力、影响力的现代新型主流媒体，提高广播媒体的舆论引导能力和服务大众的水平，为弘扬社会主义核心价值观、全面建成小康社会做出新的贡献。

王　求
中央人民广播电台原台长
中国广播电影电视社会组织联合会副会长

目　录

个案研究

广播文化

新思维　新广播

媒体融合：传统广电媒体发展的支点与杠杆

张振华

【摘　要】死亡和式微是两回事。本文虽然不认同传统媒体死亡论，但如果传统媒体面对新媒体不积极应变，其被渐进式地弱化是确定无疑的。应对新媒体之策无非两条：一是坚持内容为王，二是积极融合新媒体。
【关键词】传统广播　新媒体　融合

新媒体与传统媒体如同热兵器与冷兵器一样，代际的升级会给二者的功能带来革命性、非对称性的变化。比如新媒体不仅囊括了传统媒体的所有功能，而且还具有传统媒体所不具备的其他功能。因此如果说传统媒体是单项运动员，那么新媒体不仅是"全能选手"，而且还是"超能选手"。正是倚仗自身的优势，新媒体合乎逻辑地重塑了媒体的版图，特别是吸引了大部分的青少年受众，这种抄底式、釜底抽薪式的冲击给传统媒体带来的已不是发展危机，而是生存危机。比如电视，一旦至今仍留在电视机前的老年观众逐年逝去，电视观众会不会由 20 世纪 90 年代的"丰水期"、目前的"枯水期"进入"断流期"呢？

当然，死亡和式微是两回事。笔者虽然不认同传统媒体死亡论，但如果传统媒体面对新媒体不积极应变，其被渐进式地弱化是确定无疑的。应对新媒体之策无非两条：一是坚持内容为王；二是积极融合新媒体。

一、把"内容为王"做到位

媒体的竞争始终在两条战线上同时进行着，一是技术的竞争，二是内容的竞争。前者是工具性竞争，后者是思想性竞争。技术竞争是硬实力竞争，内容竞争是软实力竞争。前者属于基础性竞争，后者属于终极性竞争。

媒体的一次次革命都是由新技术引发和催生的。在当今互联网、大数据等新技术生发的这个窗口期，谁抢占了技术的制高点，谁就为抢占传播的制胜点赢得了技术保障。因此在这样的窗口期，"技术为王""渠道为王""终端为王"有它的道理。但不要忘了，即便在这个阶段，"王中之王"还是内容。以"今日头条"为例，这个新闻客户端开发短短两年用户就达 2 亿左右，估值达 5 亿美元。它靠什么发迹？当然靠技术、靠渠道，但更靠对传统媒体内容的集纳、筛选、精编和指向性传播。"今日头条"实际就是一家"新闻电商"，如同某饮用水的那句广告词——"我们不生产水，我们只是大自然的搬运工。""今日头条"做的是新闻的营生，但它同样也不生产新闻，当然也不是在简单地做新闻搬运工，而是在汇天下新闻之后，再通过对受众进行数据分析，根据他们的不同胃口，将"大锅饭"做成"小炒"式的个性化配餐。蜻蜓FM、喜马拉雅FM这样的音频聚合平台，其生存之道也与之相类似。虽然它们都是搞拿来主义，用别人的树造自己的林，用别人的曲唱自己的歌，但不管怎样，都说明了一个道理：再好的舞台，没有好戏也难有观众；再好的通道，没有优质信息流也难收买路钱。再进一步说，同技术、渠道这些硬实力相比，内容这个软实力才是决定性、终极性的竞争力。

其实，在传统媒体时代，众多的频道、频率同较少的优质内容的矛盾就已经非常突出，在新媒体提供了更多渠道的情况下，这个矛盾会更加突出。因此可以说，在新媒体时代，内容不仅仍然为王，而且更加为王。新媒体的优势是技术，传统媒体的优势是内容。如果在已经技不如人的情况下，内容上也落后于人，那无异于在新媒体面前交出了最后一杆枪、丢掉了最后一块压舱石。

那么，在新媒体环境下，内容怎样才能为王呢？

要做强良币，防止劣币。在新媒体和市场经济的双重背景下，一些媒体为了博取自身利益的最大化，不惜挑战职业底线，以致造成传播领域劣币横流的种种乱象，被人称为"文化雾霾"或"新闻瘦肉精"。比如，无事生非的"假新闻"、捕风捉影的"悬疑新闻"、夸大其词的"标题党"、缺头短尾的"断头新闻""烂尾新闻"，以及新闻寻租和新闻敲诈等。

在当下，杂乱的信息洪流往往遮蔽了重大议题，对人们实施了信息绑架，致使人们失去了对事物的专注、思考和判断，特别是网络特有的吸附功能、动员功能、放大效应，还会造成种种舆论的失向狂奔和失速狂奔。狂躁的时代静者胜。在上述背景下，广播电视要保持一种定力，不能忘记自己的社会担当而随波逐流，不能被种种有违职业道德、职业规范的做法所绑架。因为理性的媒体才会最终被选择，而被选择的媒体则必须讲究理性。用户在造就媒体，同时媒体也在造就用户。媒体与用户之间相互吸引、相互欣赏、相互砥砺，才能最终成就有影响力的媒体。因此我们要悉心地提供事实与真相、观点与思想、理念与价值、温暖与阳光、服务与愉悦，从而用良币驱逐劣币。这就要求我们必须从品质和品相两个方面不断优化和丰富传播内容。

这里讲的内容首先是必须做好新闻，其中既包括具有权威性和公信力的信息，也包括具有时代精神和哲学品格的评论；当然，内容的生产与布局既要着眼于传统广电的需要，又要从内容的门类、样式、节奏、话语等方面适应和满足新媒体的需要。

此外，既要坚持新闻立台，又要跳出既有的内容视域及生成方式。在平民记者时代，记者再多也多不过网民，记者再快也快不过目击者。在传媒工具越来越多样化、专业化和普及化，以及民间评论家辈出的今天，越来越多的人通过各种设备及网络提供了许多他们认为值得关注的信息和观点。据统计，目前我国微信公众号已有 1 000 万个，自媒体作者 15.7 万人，微信朋友圈每天阅读量达 300 亿人次。这既是个庞大的用户群体，又是个可观的内容生产群体，而网民直接在社交媒体上创造的优质内容，因为具有参与价值、体验价值、分享价值，不仅能够增强传播的黏度，而且还可以通过社交媒体进行二次甚至多次传播。此外，各种非媒体也在迅速地媒体化，它们也在生成各种信息。所有这些都应纳入内容采集的视野，汇天下之精华为我所用。

在提高节目品质、丰富节目内容的同时，还必须优化节目的品相，比如生动、活泼、短小、深刻、有用、有趣，从而使优质的内容得到宜人的表达和生动的呈现。因为在媒体竞争激烈及碎片化传播盛行的当下，让人喜闻乐见的形式与品相，或者叫"颜值"，已越来越成为增强吸引力和竞争力的重要因素。

要运用互联网思维把"内容为王"变为现实。传统广电将受者视为受众，互联网思维则把他们当作用户。正是由于互联网思维将受众用户化，既注重内容，更注重用户的需求和个性化的服务，因此它是一种"关系型传播"。而能使内容与用户需求这二者的关系达到极致性匹配是新媒体的长项，但对传统媒体而言则是它的软肋。据"今日头条"的算法构架师曹欢欢介绍，"每天每个人的'今日头条'内容都不一样。头条会根据用户特征、场景和文章特征做个性化推荐，而这些推荐不靠编辑，靠技术算法"。于是在传媒内部出现了一个新的工种：算法构架师。新媒体正是由于坚持互联网思维，并通过数据支持，才最大限度地实现了内容的价值落地和有效传播，从而把优质内容真正推上"王位"。

虽然传统广电已由服务于大众最大公约数的"大众传播"演进到"分众传播"，但这仍然没有跳出传统的广电思维。在互联网时代，广电必须将"受众思维"转变为"用户思维"。在加强传播功能的同时，更要强化服务功能。通过优质服务把数据支持摸清，什么人、在什么时间、什么地点、用什么终端，收听、收看什么内容，然后量身定制，精准推送，这样才能提高内容的适应性和吸附性，才能满足用户的需求，从而真正把"内容为王"从理念变为现实。

当然，满足绝不等于迎合，而应是打开新视角、提供新理念、提升新品位。目前虽然一些浮华甚至低俗的内容还有市场，但随着社会的逐步回归理性以及整个文化品位的不断提高，人们求真求美的心理诉求会越来越强，那些低俗的内容终将被人们抛弃，而揭示时代规律、给人以思想启迪和精神享受的内容终会成为人们向往的文化高地，从而形成"曲高"而"和众"。

二、积极融合新媒体

任何一次新媒体的问世都会倒逼原有媒体做出积极的适变，而这一次新媒体对传统媒体的冲击比历史上任何一次都来得更复杂、更全面、更深刻、更具革命性和痛苦性。但新媒体带来的绝不仅仅是挑战，更是个变形再生、重新起飞的极好机遇。就广播而言，进入新媒体时代，人们消费传统媒体的时间总体在减少，但收听广播的时间却稳中有升，其中移动收听又成了主流，"路听族""车听族"随处可见，以致在其他传统媒体一脸愁容的当下，一向被视为弱势媒体的广播却在浅笑中前行。这是因为广播不仅能让人们充分利用碎片化时间随时获取信息，同时又实现了手和眼睛的解放，从而使广播成为人们获取信息的时间成本和身体成本最低的传统媒体。广播能做到这一点得益于它所具有的伴随、便捷、及时、互动等特点，而这些也正是新媒体的特点。因此，广播与新媒体是近亲，它们具有相似的基因，因而也是最容易实现彼此融合的媒体。只要我们打通二者的血脉，把它们真正融为一族一体，那么，网络、手机及各种无线终端都会为广播所用，从而大大拓展广播的长度和宽度。如此看来，新媒体乃广播之"友"而绝非"敌"，它带给广播的应不是"死"而是"生"。

总之，对当下的传媒而言，这是一个拆墙与破界的时代，一个流变与重构的时代，一个"道生一，一生二，二生三，三生万物"的时代，一个必须不断地自问"我是谁"以及"谁才应该是我"的时代。一句话，当下是一个必须不断地重新审视自我和定义自我、修正自我乃至颠覆自我，从而改变和升华自我的时代。科技作为媒体的造物主，不仅创造了新媒体，而且为传统媒体的演进、升级提供了巨大的空间。因此，对于新媒体，我们应该主动地接纳它、拥抱它、利用它，通过融合打造传统媒体的新形态和升级版。

当然知易而行难，甚至连"知"也都不易。因此，推动媒体融合必须解决以下三个问题。

要克服本领荒。媒体融合谁在急？谁在喊？当然是传统媒体。但媒融合看上去很热闹，实际上很迷茫。新媒体在破路前行，我们还在问路在何方；受众已经过河而去，我们仍在摸石头。这是因为传统媒体人缺乏有关新媒体的知识和技能，缺乏充分释放、张扬新媒体功能的思维和本领。这就使得传统媒体一直在望着新媒体的背影被动地跟学、跟跑。但新媒体不会停下来等我们，甚至会越跑越快、距离会越拉越大。因此，面对这场输不起的比赛，广电人首先必须克服自身的知识短板和本领荒。特别是互联网技术的发展仍然在路上，谁都难以预断它未来还能创造出怎样的图景与天地，即未知远远大于已知。因此，对相关知识的学习和本领的提升绝非朝夕之事。自然，媒体融合既要加速，又要有耐力，不能希求一蹴而就。

要摒弃旧思维。媒体融合当然靠技术、靠知识，但关键在于思维。如果说媒体融合是传统媒体的一次转型，那么，完成这一转型的前提是要完成思维的转型，即必须跳出传统媒体思维，以互联网思维为指导，遵循新媒体自身的规律和市场规律，进行一场思维转型下的"转基因工程"。

目前各台在具体设计和操作上，有的在走"互联网＋"之路，有的在走"＋互联网"之路。但即便是后者，也不是简单的增量、拼接、混搭之类的物理性组装，同样要以新技术为驱动力，进行包括技术、结构、平台、流程、渠道、内容、经营等方面整体的、系统的化学性融合。总之，媒体融合在于内化而非外化。既不能以传统媒体思维创办和管理新媒体，也不能以传统媒体思维推动媒体融合。

要规避低效功。媒体融合是所有传统媒体都不得不参加的一场"统考"，这又有两个问题必须规避：其一，既然大家同时向新媒体"求婚"，那么，就要防止相互蹭踏、消耗成本，特别要防止形成又一个新的低水平的同质化；其二，在大家一起追求做"全媒体"、做"全能运动员"的过程中，要防止迷失自我，即防止丢掉原有的特点、优势与强项，攻城不得又丢故土，最后变成一个"全不能运动员"。总之，在媒体融合中，要规避事倍功半的低效功、无效功。

（作者系中国国际广播电台原台长，中国传媒大学教授、博士研究生导师）

广播4.0时代的思考

——平台、架构和信息流内容的创造和创新

项仲平

【摘 要】随着信息化、数字技术、互联网技术在广播媒体中的广泛使用，我们迎来了广播4.0。所谓广播4.0，就是以一体化整合平台和组织架构的重造为基础的一种崭新的媒体形态，不论从理论上还是在具体的创作传播实践中，都是广播与新媒体深度融合的新传播媒体形态。我们要赋予广播4.0新的理解和新的内涵，从而真正使传统广播与时代的"互联网+"同行同步，才能推进传统广播的涅槃重生，迎接广播事业和广播产业又一春天的到来。

【关键词】广播4.0时代 创造和创新

广播4.0是指信息流和资源流在与互联网技术融合下，建立起来的一种新的广播传播生产方式，对此，我们不仅要关注这种新传播方式下营销模式的创新，在平台创建、组织架构创新、流程重塑的基础上，我们更应该强化信息流内容生产者的观念转变和信息流内容生产者节目创新与资源流运作能力的提升，强化节目内容生产的品质、用户内容需求的精准和内容生产的用户定制性等关键点的攻坚克难，以实现质的突破和发展。

广播自20世纪20年代诞生到当下的广播4.0时代的出现，一直呈现出良好的发展态势。中国的广播经历了1.0的新华广播时代，调频立体声广播网建立的2.0时代，PC端广播网络延展的3.0时代，再到今天广播与互联网相融合的4.0时代。在我看来，广播4.0是以一体化整合平台和组织架构的重造为基础的一种崭新的媒体形态，不论从理论上还是在具体的创作传播实践中，都是广播与新媒体深度融合的新传播媒体形态。

广播4.0的概念源于工业4.0，工业4.0代表着一种新的生产技术和生产方式，是实物互联环境下的智能生产，在工业的网络上建立的实物流之间的数字化集成的信息流和物流，并以互联网连接网络上的各方，包括物、功能和用户，这是物与物、人与物、人与人之间建立起来的智能交互联系。其流程经历了用户信息采集、产品设计研发、生产、整合销售和售后等各阶段的信息，再利用信息流的大数据分析获得产品最佳实现方式，最终使实物流能够自动交互信息，实现产品生命周期的智能化。这种基于在网络上建立起来的实物流之间的数字化集成的信息流和物流而实现的智

能化，是一次质量的革命、效率的革命、成本的革命和组织架构的革命。我今天要讲的广播 4.0 就是互联网＋广播，与工业 4.0 的内涵很相似，它是对传统广播的改造和颠覆。对此，我们应该赋予广播 4.0 新的理解和新的内涵，从而真正使传统广播与时代的"互联网＋"同行同步，才能推进传统广播的涅槃重生，迎接广播事业和广播产业又一春天的到来。

在信息时代，从数字技术、互联网技术在广播媒体中的广泛使用，到今天互联网与广播融合的广播 4.0 时代的到来，使广播媒体成为最大的受益者，因为它造就和诞生了一种崭新的广播媒体形态"互联网＋广播"，从而使广播成为当下与互联网实现更有"传播作为的媒体"。广播 4.0 既延续着原有广播"制作快捷简便""传播对象广泛""传播迅速""功能多样""感染力强"的优势，又很好地克服和解决了原有"一瞬即逝""按顺序收听""不能选择"的劣势，还增加了移动参与、多方共享和多元营销资源的新优势等。广播 4.0 时代，广播按理不该处于弱势媒体的不利处境。然而，根据媒介智讯的调查，在广播媒体中，2015 年 1—5 月 90 秒以上长广告的播出时长同比减少了 11.4%。午间及晚高峰的长广告大幅下调。12：00、18：00 的长广告同比减少了 70% 左右。另外，临近晚高峰的 16：00 和 17：00，长广告也同比减少了 36%。前段近百家县级广播电视台在浙江的北仑搞了一个北仑联盟和协议，县级广播电视台深感挑战和压力，要抱团过冬，县级广播电视的发展为什么会是这样的情景？我在其他多个地方讲过一个观点，当下广播电视的确面临着前所未有的挑战和压力，但同时也给广播电视提供了更大更好的发展空间和机会，是广播电视发展的又一个春天。其中，理由是什么，如何发展，具体对策是什么？我们还是回到分析广播传媒发展不顺利的原因上，这其中的原因是什么？我经过思考，宏观讲，当然也涵盖微观，主要存在三个方面的问题。

原因之一是有些广播台还停留在"叶公好龙"（为了能形象表述和方便理解，我借用一下大家都熟知的叶公好龙成语）的层面。大家都知道叶公好龙的意思是叶公自称喜欢某种事物，实际上并不是真正喜欢，甚至是惧怕和反感。这多少有点像当下，的某些广播台。在当下，有些台要么是还不知道如何去改革传统的广播生产和传播，实施与互联网＋广播的融合革命；要么是知道，但更惧怕改革带来的阵痛和流血。因此，有些台在广播与新媒体的融合上若即若离，不是机械融合就是表层融合，其实质还是原来的理念、原先的生产和传统的传播，与互联网新媒体的融合实际上还停留在"叶公好龙"的层面。这样下去，广播面对蓬勃和快速发展的新传媒能行吗？不被淘汰出局才是怪事，这样的台，当下还有不少。

原因之二是有些广播台还处在"叶公知龙"的阶段。所谓"叶公知龙"的阶段是指已开始了解和认识新媒体的理念并使用新媒体的手段与运作，但平台、组织架构和机制体制不融合，还没有与融合新媒体的理念、手段与运作相适应，对此，即使不少广播已经与新媒体轰轰烈烈地拥抱，但还有许多传统的"东西"，如有的台平台是新的，但人员的组织架构是旧的，管理的模式还是老一套，这样新平台依然发挥不了作用和价值；虽然有的广播节目的形式是变了，但内容还是原来的，虽然有新媒体的参与，也有共享的内容加入，但新媒体互联网的本质和魂丝毫没有融入进节目之中；还有的台节目创作的手段与运作是互联网新媒体的，但节目的用户思维还没有调整到位，节目对象依然是广播的听众而不是新媒体的用户。大家有没有去研究，现在不少台主要着力点不是彻底和完全地融合互联网，而是集中借力新媒体，把传统的广播节目平移和嫁接到新媒体上，或者是运用新媒体，进行线上线下互动活动营销，没有真正与互联网新媒体融合成一体，由此导致互联网＋广播的优势不能充分发挥。其实，现在不少台，以为"线上做节目、线下搞活动"就是互联网＋广播了，办活动在传统广播电台已成"家常便饭"，大家都知道广播电台对于通过活动来推广节目、促销品牌、互动听众早就乐此不疲，过去我们广播人一直在使用两个模式：一是媒体以广告直接进行销售的直营模式；二是由媒体委托中间机构从事经营的委托经营模式，委托经营模式又可以分为代理制与承包制两种经营模式。把"用活动促创收"当作广播节目和广告融合"新媒体"的主要形式，尚未实现与新媒体平台整合、融合新媒体的节目和广告营销及用户服务营销的转变，还是传统节目和节目广告在线上与线下活动的整合营销罢了，都不是广播 4.0 本质上的创新和突破。

原因之三是一些广播台还没有完全进入"叶公舞龙"的境界。所谓"舞龙"，就是既要把握新媒体，又能游刃有余地融合好互联网新媒体，使新媒体与我们现在的广播媒体融合成为真正一体的广播 4.0。在当下，的确已经有不少台积极融合新媒体，通过广播平台的重构、渠道的拓展，再加上数字技术、网络技术和卫星技术的应用，使广播节目内容互联网化，为广播进行脱胎换骨般的变革，实现了互联网＋广播的广播 4.0。它们在广播节目的采访、编辑、传输、制作、播出、收听、贮存等方面全面平台化和互联网化，走在改革的前沿，如中央人民广播电台、黑龙江龙广传媒、浙江交通之声、深圳广播和广州电台等。这些台的确已进入"舞龙"的阶段，把握了新媒体的内核深层，在理念、手段和机制上与新媒体融合起来，发挥融合一体的优势，进行节目、广告、活动、产业"四位一体"的整合运营。如深度融合新媒体，开启广播的 APP 之路。在 APP 营销的过程中，不只是为了使用技术而开发，更重视用户体验、提升用户活跃度、增强传播影响力；又如整体将广播的播出平台类、社交类、游戏类、生活服务类、新闻类开发上线，以紧密联系用户，满足智能社会的媒体接触。

在当下，广播移动互联网创新应围绕移动互联网的技术与特性创新盈利模式，打造一个集用户忠实度培养、新媒体节目与广告植入、用户数据库与分析平台于一体的互动平台。以激励机制提升用户黏性与忠实度，创新媒体经营管理方式，形成用户、商家、电台三方共赢局面，通过用户数据库及分析平台建设，拓展营销、调查、电子商务等相关产业链。具体讲是三大类：

一类是节目整体构建以"电台节目资源库＋互联网传播系统＋电子营销网络"的整合传播与运行平台。

一类是集用户数据库与分析平台于一体的互动平台，通过微信在微商城销售产品，用微信公众号带来了大量的真实用户，传播植入，通过"线上资源＋微信平台"资源打包传播与销售。

一类是打造一个用户忠实度培养圈，通过"众筹"方式，以"用户是否愿意付费"来决定节目的走向和未来。

由此可见，随着媒体覆盖面的扩张和新兴媒体的崛起，用户拥有了更多更广的选择空间，然而，广播节目及其运行单纯依靠经营广告很难"再创新高"，广播节目发展和盈利模式向平台、组织架构、节目内容互联网化的转变势在必行。

鉴于此，为了进一步发挥互联网＋广播的广播4.0的优势，值得关注和加强以下几个方面：

第一，创新全媒体运营平台，构建"三合四化"的理念和平台。"三合"即整合、聚合、融合，"四化"即本地化、专业化、对象化、定制化。以创新的模式诠释新媒体领域文化传播的新概念，构建"多渠道互动"的优质广播媒体平台。

第二，实现全媒体资源整合，建立与此相适应的组织架构。熊彼特："创新就是要建立一种生产函数以实现生产要素从未有过的组合。"德鲁克："创新就是赋予资源以新的创造财富能力的行为。"重组是一种创新，再造也是一种创新。实现全媒体资源整合，既要实现网络视频、广播、户外、移动等全媒体资源的整合，也要进行重组式创新，包括机构重组、人员重组、频道重组、节目重组等。

第三，整合节目资源和进行节目创新，强化广播新闻融合新媒体的优势。实现机制变革、架构变革、空间变革、技术变革、流程变革，发展广播数字内容的辛迪加，面向全国、面向全媒体实施数字内容生产和集成，形成内容集成运营的实施主体。

第四，调整策略，突出重点。打破节目均衡投入和均衡发展的常态思路，发展优势栏目，重点突破一两档节目。优势栏目是媒体发展水平的标志。

此外，广播媒体在服务拓展用户的过程中，还要思考如何把握舆论的主战场，引领主流文化和主流价值观，传播好社会的正能量。既要传播的理念先行，又要规范科学地运行和管理，不能直接、机械、不遵循规律地运行和实施互联网＋广播。对此，就敦促我们去思考：如何理解传播理念的革命性变革、做好广播发展的顶层策划设计；既要有具体、艺术的实施方式和方法，又要规范科学地运行和管理；既要思考如何抓经济指标，又要思考如何传播传递正能量，在互联网＋广播的传播中寓教于乐，使广大用户在传播服务中接受教与乐，在欣赏中接受信息、更新观念、提高修养、升华情操、纯洁心灵。直接、机械、不遵循互联网＋广播规律的传播、运行和实施，只会是事倍功半。广播4.0时代，节目内容生产仍然是广播媒体发展的生命线，节目的创新和优势栏目的培育是广播4.0成长发展的原动力，从微观上讲，"内容"依然是绝对的"王者"。当然，在当下互联网＋广播的时代背景下，进行广播人才队伍建设与互联网＋广播运营模式的探索，以及互联网＋广播的对外发展策略与创新模式的探究，具有极其重要的作用与价值，是值得我们广播人实践和研究的。我坚信只要我们广播人完全进入叶公舞龙的境界，游刃有余地融合好互联网新媒体，广播4.0时代的广播媒体一定会大有作为，一定会展现出互联网＋广播的灿烂与光明。

（作者系浙江传媒学院院长、教授、博士研究生导师）

论互联网时代"广播+"的创新模式

欧阳宏生　梁湘梓

【摘　要】随着互联网的高速发展，传媒界正进行着"互联网+"、媒介融合等重大变革。在这样的历史时期，传统广播媒体自然面临着互联网所带来的巨大冲击与挑战。然而，这并不意味着广播媒体要一味随波逐流，反而应在厘清"互联网+"和"+互联网"概念之区别的基础上，抓住机遇，突出自身传播优势，以"广播+"的思路强化广播媒体的主体地位，主动融合，从而增强其传播效能。在此基础上，本文阐释了互联网时代广播媒体融合创新的理念转型，并试图从技术、内容、渠道、营销四大维度着手，探索广播媒体创新的 AIITD 模型，以期建构出传统广播媒体"+"互联网的融合创新模式。

【关键词】广播+　创新模式　媒介融合　AIITD 模式　互联网+

广播作为 20 世纪人类最伟大的发明之一，自诞生以来就在人们的文化生活中扮演着重要角色，当然它也一直面临着挑战。从有声电影的出现，黑白电视、彩色电视的诞生，到因特网的横空出世，加上近年来电脑、平板电脑、智能手机的快速发展，"广播消亡说"不绝于耳。但事实却是，广播在不断地曲折前行，不但没有消亡，反而不断焕发出新的活力。

赛立信媒介研究的数据显示，2014 年，中国中央级电台、省级电台、市县级电台的市场份额分别为 10.0%、35.9%、54.1%，与 2013 年相比，省级电台的市场份额上升了 4.4 个百分点。随着 2015 年"互联网+"的正式提出，传统广播媒体又面临新一轮挑战，如何在自身优势中找到创新发展的突破口，成为本文试图解答的一个问题。

一、"广播+互联网"：广播媒体创新思路的革新

1. 争议："互联网+"与"+互联网"

2015 年 3 月，作为一种战略性指导纲领，国务院总理李克强在第十二届全国人民代表大会上提出制订"互联网+"行动计划，自此"互联网+"成为热门词汇，顺势出现了"互联网+医疗""互联网+教育"等全新概念。但是，对于广播媒体来说，就一定是"互联网+"吗？本文认为，传统广播媒体应是"+互联网"，以主动姿态拥抱互联网。

首先，"互联网+"与"+互联网"不仅仅是词序上的不同，而且站

位不同。"互联网 +"强调的是"逆袭发展",就广播媒体来说,若是"互联网 + 广播",那就意味着是新媒体向传统广播媒体进行侵入式扩张,结果可能是另一方的消亡。显然,这是不符合现实的。正如美国的罗杰·菲德勒在研究人类全部的传播变革之后提出了以"共同演进"为核心的媒介形态变化概念,指出新、旧媒体之间不是取代关系,而是共同生存的关系。

反观"+ 互联网",主张的是"顺势思维",即以既有模式为基础,利用互联网技术和理念,提高为听众服务的效率和质量。媒介环境学派保罗·莱文森将新媒体技术演进的过程比作"玩具—镜子—艺术","它首先是被设计成玩具,接着被用作现实的替代品,最后超越了现实并创造新的现实"。因此,广播要想成为一种艺术形式,就应利用好互联网新技术,推动自身发展,从这个意义上说,就更应该是立足现实,实现顺势创新的"广播 +"思路。

其次,"互联网 +"和"+ 互联网"两者有不同的优势。"互联网 +"拥有的是互联网技术优势和容易引发社会爆炸式增长的优势,而"+ 互联网"拥有的则是存量优势、标准优势和公信力优势。就广播媒体来说,作为传统的传播媒介,其发展历史较互联网要长,虽然广播媒体的节目形态在不断变化,但是它们都作为一种资源被保存了下来,并随时可以被挖掘出来产生新的创意,这就是广播所具有的"存量优势";此外,广播媒体在权威性、辐射力、群众基础、整合传播等方面,尤其是面对突发重大新闻事件时,依旧占据着优势,因此说"广播 +"更为合适。

最后,"互联网 +"与"+ 互联网"意味着主导者的差异。"互联网 +"的主导者往往是互联网企业,其主导着入侵扩张的进程,而"+ 互联网"则正好相反,主要是传统广播在主导着融合进程。对于传统广播来说,无论它用何种方式创新发展,其根本目的都是传递信息、服务听众,只是随着科学技术的发展以及听众需求的变化,它需要选择更加先进的传播手段,以达到预期的传播效果。因此,广播媒体自身在传播中自始至终都应该是主导者,而互联网只是一种工具。如果传统广播媒体主动让出主导地位,实行"互联网 +",一切转型发展都跟着互联网企业的脚步,那广播还是广播吗?答案可想而知。

虽然国家战略发展提出"互联网 +"计划,但我们不能一味照搬,对传统广播甚至传统媒体来说,都应该是与互联网相加,借力互联网获得自身发展。并且从发达国家情况看,德国如今推行的"工业 4.0"提出一条出路:"不是传统工业的人去学习四不像的互联网,而是互联网的从业者们,必须懂传统工业流程,必须主动去服务传统业界。很多时候,虚无的概念炒作和投资无法实用，不是传统企业不懂互联网，而是互联网的人们已经无法再懂工业化。"而美国倡导的"工业互联网"，也是将虚拟网络与实体连接，从而形成更具有效率的生产系统。因此，"＋互联网"依然十分重要，"广播＋"概念的提出，也绝非没有根据的随意之言。

2. 机遇：互联网时代广播媒体的"木桶效应"

"木桶效应"是由美国管理学家彼得提出的理论，意思是由多块木板构成的水桶，其价值在于其盛水量的多少，但决定水桶盛水量多少的关键因素不是其最长的板块，而是最短的板块。于是广播发展的注意力都放在了提升和补齐一块块短板上，后来随着新媒体的不断发展壮大，"新木桶理论"应运而生，它强调的是把长板发挥到最大的限度，形成"强强合作"。

但是，互联网时代的到来，使得任何一个组织都可能面临一个共同问题，即构成组织的各个部分的优劣会一同影响组织的整体水平。因此，这一新时期的"木桶效应"应是在扩大优势的基础上，借势最大化地弥补短板，通过互联网把各种各样的资源进行整合、沟通、匹配等，从而在互联网时代又一次"自己走路"。那么，对于传统广播媒体来说，要想突破发展，首先需要了解自身在互联网时代的优势、劣势、机会和威胁，从而"对症下药"，全面发展。

互联网时代广播媒体 SWOT 分析

优势－S	1. 伴随性、及时性、便捷性——用户接触方便 2. 覆盖面积广，辐射力强，成本低 3. 声音传达迅速、清晰，符合人类习惯 4. 拥有独特的传播场景——车内、厨房、洗手间 5. 灾难报道等重大事件报道中占有传播优势
劣势－W	1. 线性传播，不易保存 2. 信息呈现方式单一，易流失听众 3. 新闻解读相对浅显，信息量有限 4. 时段收听率明显，部分时段易"浪费"
机会－O	1. 有车群体增长，车联网技术出现 2. 云技术出现、发展 3. 用户时间碎片化 4. 大数据技术出现，市场细分

（续上表）

威胁 – T	1. 内容生产不再是唯一，要求实现全面转型 2. 新技术的发展迅速，易发"马太效应" 3. 人才流失

从广播媒体 SWOT 分析可以发现，互联网时代广播面临的机会与挑战并存。互联网带来的云技术，能够弥补广播节目不易保存的劣势，广播消息不再是转瞬即逝，它也能像图书、视频一样被保存；而广播消息"短而精"的特色，正符合用户时间碎片化的特征，在互联网时代，反而能够满足听众迅速获得重要信息的需求；大数据技术的出现，能帮助广播媒体了解用户需求，从而更精确地实现"窄播"；"车联网"概念的提出，能对不同车辆信息进行准确的计算，从而方便广播媒体更好地实行"车载广播"。

可以说，互联网的出现，不仅不会让广播消亡，反而为广播媒体的发展提供了技术、平台等方面的支持，有利于广播媒体最大限度地补齐"短板"，增长"长板"。"广播+"的创新融合，离不开互联网的支持，它是广播媒体形成全新"木桶效应"的有效利器。

二、"广播+互联网"理念转型：推动结构调适升级

在"广播+"的创新融合过程中，不容忽视的一点是，虽然广播仍占主导地位，但也不仅仅表示它的融合发展就是将传统内容简单移植到互联网上。真正的"广播+"思路，应是运用互联网所带来的新传播理念，促使传统广播媒体的内部结构改造、调适和升级，实现传统广播与互联网在深度和广度上的"融合"。

1. 从听众理念向用户理念转型

传统广播将注意力放在受众——"听众"身上，关心的是听众有没有听到广播的问题；而在"广播+互联网"时代，"听众"变成了"用户"，这意味着他们不仅是节目的生产者还是节目的消费者，是生产和消费的结合体。这便要求传统广播媒体进行理念转型，将"用户"放在任一环节的核心位置，以多种方式黏合用户，将听众变成粉丝。

首先，用户理念的形成是对广播价值的新认知。长期以来，广播传统的经营模式比较单一，几乎完全来源于广告。广播的收益大都来源于将听众"卖"给广告商，但在这个过程中，却忽视了听众的其他经济价值。例如听众收听节目其实就是一种消费行为，只不过消费的是广播产品，于是听众就变成了广播产品的用户。如若广播媒体能够抓住听众在消费广播产

品时产生的经济价值，将"节目"打造成"产品"，那么将弥补曾经对广播价值的单一认知。

其次，用户理念的转型是对广播传播方式的解放。广播自诞生以来，即将走过 100 年，在这漫长的历史长河中，广播一直是以"我说你听"的单向传播为主，即使广播较早地实现了用"听者来信"这样的方式与听众互动，但是效果却微乎其微。将听众变成"用户"，意味着广播媒体要主动借力互联网等新的传播载体，增强互动，让听众在传者与受者的身份上进行瞬时转换，拓展听众的内涵与外延，扬独家之优势，真正培养关乎广播生存的用户。

2. 从"单一"向"多元"的跨界理念转型

以广播为代表的传统媒介作为人类智慧的结晶，在应对复杂多变且全新的媒介生态环境时，应该从最初的对抗走向竞争，在竞争中寻求融合，以构建基于共生的传播新范式。

2015 年，随着互联网、移动互联网的迅猛发展，不仅信息发布的渠道日益多元化，用户接收信息的终端也在多元化，整个媒体生产的方式在今天呈现出复杂的多元结构特征。可以预见，未来的信息传播将以多元维度来支撑。

在这样的全媒体环境中，传统广播传播方式已经呈现出一定的局限。因此，从"单一"走向"多元"的理念转型势在必行，这也是网罗用户的必然要求。以中央人民广播电台为例，通过"广播 + 网站"——CNR 央广网、"广播 + 微博、微信"——中央人民广播电台"微电台"、"广播 + APP"——"中国广播"客户端等形式，针对不同传播载体的用户，采用全方位的传播模式进行信息传播，形成了中央人民广播电台全新的传播集群，而这也是今天传统广播媒体进行有效传播的前提与基础。

3. 从提供信息向提供服务理念转型

关于传统广播媒体的社会功能，提供信息、提供娱乐、提供服务是关键词。以前，信息功能一直占据主导地位，传统广播媒体将精力重点放在信息的提供上，这无可厚非。只是随着新媒体技术的出现，用户获得信息的渠道增多之后，倘若广播依旧只是充当信息"传递员"的角色，那么，它已经无法满足用户的多样需求，其影响力也将大大降低。今天，要想用户深度关注与依赖，打造广播的服务功能体系就显得尤为重要，它不仅能够彰显广播媒体的主流责任意识，更能为用户的生活决策提供认知基础，从而获得用户的信赖。

交通广播的崛起，一定程度上就是抓住了"服务"这个概念。随着中国有车族的增多，城市道路交通情况不容乐观，这时候，车载广播及时的

"路况播报"能够一定程度上帮助用户避免拥堵，节省时间，这就是服务意识的体现。可以说，"新闻+服务"将成为"广播+"时代传统广播媒体满足社会需求，赢得传播深度影响力的左膀右臂。因此，广播在采集新闻、选定节目主题时，应秉承着"服务用户"的观点，真正做到服务理念的转型。

4. 从"大板块"向"小板块"迭代理念转型

迭代理念曾是数学上一个重要的方法，互联网时代，迭代思维"微"和"快"的特点，让它占据着重要地位。对于中国广播媒体来说，1986年，广东珠江经济台以"板块节目"为特点，并采用主持人直播和热线连线等方式，加强了听众的直接参与。在"珠江模式"影响下，"大板块"的节目形态被广泛采用。而到了互联网时代，用户时间"碎片化"，对"大板块"节目形态带来了巨大的威胁：一方面用户尤其是年轻用户的注意力已经分散，跨媒体行为的产生让用户难以长时间将注意力集中在一种媒介上；另一方面，"碎片化"让用户获得信息方式的需求发生了变化，用户更希望能在开车途中、地铁、公交上，或者在工作、学习时，随时点播音频，获得信息。因此，互联网时代的广播创新转型，应该运用"迭代理念"，从"大板块"向"小板块、碎片化"转变。

在国外，英国 BBC 四台的老牌新闻节目 *Today* 各板块就短小精悍。市场板块，平均只有3~5分钟的内容，却包含三条消息；不到十分钟的新闻板块，有6~8条消息，且每一则报道的时间都很短，简明新闻一般不超过1分钟，重大新闻的音响单元也不超过5分钟。可以说，将广播节目制作得"短而精"，不断推陈出新，是广播应对互联网的必然之举。通过不断迭代，综合运用互联网大数据等技术，充分了解用户习惯与需求，能够一定程度上弥补广播的"收听淡时段"，提高整个广播的到达率；此外，碎片化、小板块的节目设置，为广播节目负载到网络以及移动客户端提供了便利，从而更符合互联网时代传播的语境。

三、"广播+互联网"的融合创新模式

自熊彼特提出"创新"概念以来，"创新"一词就被广泛运用，但在传媒业，针对媒介创新发展却少有系统的"创新模式"的提出，这对于媒介的发展，对于传媒学界与业界的交流沟通来说是不利的。为此，建立系统的"创新模式"以更好地在顶层设计层面指导实践，本文进行了大胆的尝试与探索。

传媒创新，或者说"广播+互联网"模式的创新，是一个具有自适应能力的复杂系统，在坚持上述理念转型的同时，它的演化将不免经历四个

阶段：集聚（Agglomeration）、互动（Interaction）、制度厚积（Institutional Thickness）、多样化（Diversity）的超循环特性（简称 AIITD 演化模型，如下图）。

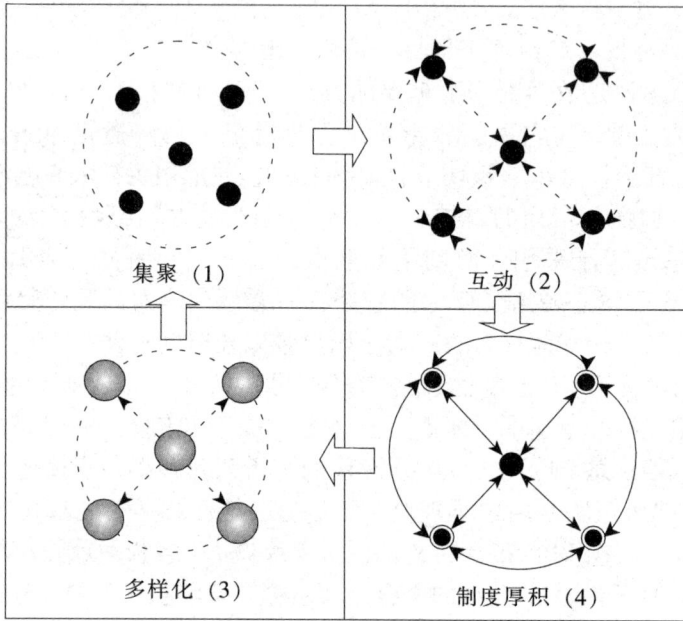

创新系统图

1. 集聚阶段

集聚阶段主要是指创新要素的集聚，这是创新系统形成的雏形阶段。对广播媒体来说，在这一阶段应该明确自身的创新主体要素是什么。广播媒体作为大众传播媒体，它的价值实现离不开对渠道、内容等资源的运营。具体来说，广播媒体创新的主体要素应该从四大不同角度来看，分别是技术、内容、渠道和营销。将这四大要素集聚在一起，构成较为完整的广播创新体系，是广播人进行创新转型的第一步。当然，在集聚阶段单个的主体都难以应对复杂的外界环境，也难以形成整体的协同效应。因此，要使各创新主体因素充分发挥自身所能，形成新的传播模式，还需要促进各创新主体的互动，形成良好的创新氛围。

2. 互动阶段

当各创新主体因素都已经明确并被集聚在一起，创新系统就应进入重要的互动阶段。就广播媒体而言，它的创新系统互动，不仅包括各主体要素之间的互动，还包括各主体与用户、平台的互动。

（1）广播与技术互动：助力广播发展。

都说现在是视觉时代，电脑、手机改变着人们的生活方式，但是也带来了"用眼过度、视觉疲劳"的负面效应。在这样的基础上，广播作为一种声音媒介，它能唤起人们对声音的重新认识，尤其是随着现代技术的发展，广播通过与技术的互动融合，能够产生新的"化学反应"，从而推动广播的发展。

关于广播技术，早在 2012 年，广播就与互联网应用融合，推出了 Radio DNS，并迅速成为欧洲广播终端的宠儿。用户通过 Radio DNS，不仅可以继续享受传统广播的声音服务，还可以同时接收图片、信息，以及在不同平台格式间自动转化，实用性强；后来，广播又实现从 AM/FM/DAB 到 DAB＋的迁移。DAB 是数字信号广播的缩写，DAB＋则是 DAB 的升级版，它致力于消除 AM/FM/DAB 等技术差异。

而到了互联网时代，随着网络、手机的迅猛发展，又相应出现了"网络电台""手机电台"。如果说传统广播曾经的竞争发生在对收听场所的争夺，那么随着技术的发展，这个竞争场所已经转移到对渠道、终端的争夺。因为现在广播的播出"场所"可以是任何地方，而产生这一变化的直接原因就是"技术"的推动。因此，广播媒体要重视技术的创新，互联网时代，尤其应该重视"人工智能技术""可穿戴设备技术""云技术"等技术手段，以技术创新为驱动，推进广播媒体向前发展。

（2）广播与用户互动：推进内容生产。

在前面我们已经谈到，广播听众现在已经越来越不满足于被动地接受信息、媒体全知全能的叙述方式与刻板保守的议程设置，他们要求自己可以在更为自由的话语空间里主动地参与、讲述。因此，广播节目也应该加强与用户的互动，增强用户黏性。

在国外，"用户生成内容类"（UGC 模式）广播节目流行，用户是广播节目内容的主要来源，节目内容完全由用户提供，再经过制作人员的编辑与加工整理，一期广播节目便生成了。比如英国 BBC 的《新闻竞猜》（*The News Quiz*）、喜剧播客《回答我》（*Answer Me This*），美国 NPR 的《心动故事》（*Snap Judgment*）、让听众在节目里朗读自己故事的《这样的美国生活》（*This American Life*）等。而中国的广播 UGC，以蜻蜓 FM、荔枝 FM 等网络电台为代表，但是其权威性、新闻性显然没有传统广播强，传统广播可以在学习西方的基础上，立足本土化，力争开辟出传统广播的 UGC 模式。

此外，在节目类型上，以中央人民广播电台为例，主要涉及的领域是新闻、经济、音乐、娱乐、交通、体育，但是以用户为核心进行内容研发，传统广播媒体的上升空间还很大。"竞猜"类节目、广播节目"剧场化"、"科普"节目都可能成为广播内容创新的蓝海。此外，虽然一些文艺节目不适合直接在移动终端进行投放，但是相较于新闻节目，文艺节目的重复价值更大，因此应该将文艺节目进行处理，再在移动终端"二次投放"，以丰富移动端的内容，吸引用户。

正如福特·马克多克斯·福特曾劝解小说家们"你们必须想着你的读者，仅此就构成了——技巧"，广播节目创新也必须"念"着用户的兴趣、关注用户的反馈、围绕用户的需求制作节目，这是广播向前发展的核心。

（3）广播与渠道互动：打造综合互动新型广播。

广播想要创新发展，除了关注技术、内容、用户，还应该注重和渠道的互动，而这也是互联网时代广播需要抢占的高地。其原因在于广播属地化特征明显，它需要通过占有频段实现覆盖。拓展渠道，是为了吸引更多新的用户，使广播保持庞大的收听群体。除了运用"广播＋微博、微信"等，广播的渠道拓展还可以有以下几种可能。

"广播＋电商"跨界合作模式。通过与电商的合作，可能会大大增强用户群的数量。正如2015年天猫"双11"与湖南卫视合作的晚会，通过传统晚会增强了"双11"的消费额，反过来，天猫也为晚会带来了用户群。这是广播媒体可以借鉴的地方。

"广播＋众筹"模式。2015年2月，广东广播电视台珠江经济频率（FM97.4）《风云再汇》节目众筹成功，一档只在周六晚上播出一小时的财经广播节目，两位"60后"主持人用了13天，通过众筹方式成功吸引1 410位用户付款，募集到了节目一年的制作费用888 976元，开创了中国广播"广播＋众筹"的先河。

"广播＋APP"模式。在"中国之声"2016年战略资源推广会上，CNR谈到在2016年将推出全民参与式的新闻客户端——"央广新闻"，无疑，广播＋APP的模式是传统广播媒体针对移动互联网、移动终端所做的努力。此外，广播还能通过与运营商、广告商合作，例如"中国之声"将创建中华声音库，并与中国移动打造中国4G手机音频集成播控平台，以及为合作伙伴推广营销产品，以加大对渠道的扩展与利用，从而提升广播的整体传播力。

（4）广播与营销互动：广播生存的基础。

市场经济环境下，广播想要生存，就需要盈利，这是支撑广播媒体的根基。对广播营销来说，传统的方式更多的是通过广告招商，获得赞助。但随着互联网、新媒体的冲击，广告招商的难度逐年增大，如何吸引广告商的投入？重要的就是将营销融入整个广播创新发展的系统，并且将广播内容与营销进行深度融合，形成独特的"卖点"。"中国之声"作为中国权威的新闻广播媒体，2016 年也陆续推出"高端产品系""路上产品系"等八大广告产品系，营销理念在互联网时代正发生着悄然变化。而"大数据"技术的出现，通过对用户习惯、喜好的精确抓取，也让广播的精确营销成为可能。

根据尼尔森网联发布的《2015 年上半年广告市场投放报告》，2015 年上半年，我国电视媒体广告投放同比减少 4%，平面媒体广告刊例花费仍持续负增长，报纸媒体广告投放花费跌幅达到 26%。但是电台媒体广告却同比上升 9%，广播媒体成为唯一逆势增长的传统媒体。这在给广播媒体人信心的同时，也鞭策着广播人继续运用"广播+"实现广播的创新跃进。

3. 制度厚积阶段

在创新系统的互动阶段，由于各主体间合作互动的制度规范性较弱，这样的合作具有很大的随机性和偶然性。而为了保持创新的持续运行，就需要相关政策、制度的保障，也就是制度厚积的建设。

2014 年 8 月 18 日，习近平总书记在中央深改组第四次会议中指出要强化互联网思维，推动传统媒体和新兴媒体在内容、渠道、平台、经营、管理等方面的深度融合。随后，2015 年，李克强总理又提出"互联网+"战略，这都是为了促使新旧媒体的协同发展，属于制度厚积建设。但是，我们也应该看到，在传媒业，同样有十几家传统媒体为了版权起诉"今日头条"，传统媒体的知识产权问题在复杂的媒介环境中如何有效得到保护？虽然这一事件和广播媒体无关，但是它也提醒着，作为创新系统的第三大阶段，合理的制度形成既是达成共识和集体动员的基础，也是事物健康发展的保障。这也是未来广播媒体创新转型需要特别留意的问题。

4. 多样化阶段

"多样化"是创新系统的最后一个阶段，之所以在这里提出"多样化"，是因为创新的过程可能会出现"锁定效应"，制约创新的发展。因此，"多样化"的概念应该存在于创新者的脑海中，以推动创新的持续。具体来说，创新过程最可能出现的是"认知锁定"，也就是一种趋同性的群体思路。以广播创新来说，互联网时代，越来越多的广播媒体开始与社交媒体融合，官方微信、纷纷建立官方微博，但是由于互联网时代的强"马太效应"，采用同质化的创新路径，加速了"强者更强，弱者更弱"局面的出现，因此，如何"多样化"创新路径，成为广播人未来面临的一个新课题。

至此，广播媒体创新系统演化模型基本建立，技术、内容、渠道和营销作为广播创新的主体因素，共同推动着广播媒体的创新。在互联网时代，广播媒体应立足"广播＋"的思路，促进广播的转型升级。在这个过程中，首先应坚持用户的中心地位，运用迭代手段服务用户，并跨界融合。随着4G时代的到来和移动Wifi的进一步普及，移动互联网已经处于高速发展的阶段。广播收听终端也朝着"轻便"的方向发展，其便捷性、及时性的特点，满足着用户"碎片化"的需求。虽然传统媒体正面临着新媒体的强烈冲击，但是广播行业的市场占有率和发展前景却如云开见月明，这得益于广播从业者们的不懈探索，只要摆正姿态，与互联网强强联手，拥抱取暖，广播媒体的未来依然值得期待。

（欧阳宏生，四川大学新闻研究所所长、教授、博士研究生导师；梁湘梓，四川大学新闻传播研究所2015级广播电视专业博士研究生）

试论"广播+"中增减错位问题及对策

卢文兴

【摘　要】本文剖析了互联网新媒体时代"广播+"出现的音频弱化、媒体迷失等增减错位问题，提出"广播+"必须从媒体融合发展的根本使命出发，通过增强自信心、凸显自主性，力求有声有色，做到既好用又好玩、兼顾媒体体量和舆论力量，从而强化广播优势，提升主流媒体对社会舆论的引领作用。

【关键词】广播+　增减错位　对策

"广播+"概念的密集出现，是在"互联网+"提速时期，但其发端远在此之前。"广播+"，源于广播、多于广播、大于广播，是互联网时代传统广播转型升级后的全新媒体建构。"广播+"，无论是物理性叠加，还是化学式聚变，其内在元素怎样增减，广播本身都是根本、基石、主体。在吐故纳新、扬长避短的过程中，广播的地位和作用，只能加，不能减；广播的传统优势，只能凸显，不能削弱。

遗憾的是，现实中"广播-"的现象随处可见，有的体量大了，声音却小了；有的受众面大了，媒体视野却窄了；有的在经营上赚了，媒体形象却亏了；有的误把降低专业水准、放松审查要求、不讲职业操守、不按规律传播、削弱优良传统、迎合不良嗜好，当作是加强互联网思维。这些怪现象，与"广播+"的初衷背道而驰，是典型的增减错位问题。那么，"广播+"，究竟应该怎么加、如何减呢？

一、自信 + 自主

有人戏称广播是"互联网时代的媒介恐龙"。发此言论者引用了美国之音要停止中文广播这一消息。但这一消息在互联网上传播了5年多，美国之音中文广播仍然每天播出8小时的短波节目。即便美国之音中文广播停止播出，也不能说明广播就没有市场了。英国广播公司（BBC）于2011年3月关闭了中文广播，却在2015年9月突然声称要开启对朝鲜的短波广播。实际上，在跨文化传播中，广播媒介仍然发挥着主体作用。专门从事大陆、台湾两地传播的海峡之声广播电台，2012年请台湾岛内专业机构开展收听调查，结果表明，受众数量是10年前的一倍，2014年调查时受众总数又增加了30%。互联网新媒体大潮到来时，有人喊"狼来了"，有人甚至视其为广播"终结者"。这实在是对互联网的污名化 + 神化。在互联网最为发达的美国，广播与互联网也没有成为"天敌"。美国 12 岁以上公民91.5% 每周收听广播。广播依然是美国公民获取信息最常用的工具之一 。

在传统媒介中，广播是弱势媒体。但这几年，恰恰因为广播的"小"和"轻"，在媒体竞争日益激烈的态势中，显示出其抗压的柔韧度和应变的灵活性，在"广播 +"的道路上不断创新发展。这两年，不仅北上广深等大型城市的广播持续火爆，其他中小城市广播的发展也还不错。从尼尔森网联发布的 2015 年上半年传统媒体广告营收数据来看，报纸、杂志、电视全线下滑，唯独广播增长了9%。在台湾选举、"反服贸""反课纲"中，"婉君"（意为谁也惹不起的网军）的作用被抬到很高的地位，但台湾广播仍在成长。国民党对南部地下电台的封杀不遗余力，民进党也绝不拱手让出这一特殊舆论阵地。香港"占中"曾经喧嚣一时，其中互联网通信工具发挥了重要作用。但"占中"过后，真正影响香港舆论的仍然是包括广播在内的传统媒体。在跨文化传播中开辟新媒体，为的是加强对青年受众的服务，但这并不意味着要放弃中老年受众。如果这样做了，那就是得不偿失。因为中老年人不仅是广播的铁杆受众，而且绝对数量多于青少年。台湾 2016 年二合一选举，"首投族"达到百万之多，但非"首投族"却是这一数字的十多倍，那些政治人物会为了不到十分之一的"首投族"而放弃十分之九以上的非"首投族"吗？显然不会。

应当承认，广播承载的信息形态有限。但广播专注于声音传播，正是其他媒介所无法取代的。在人类的历史长河中，或许调幅调频广播以及其他任何与新技术、新需求不相适应的传播载体终将消亡，但这个世界只要还有声音存在，承载声音独特魅力的媒介就永远不会消逝。所以，无论从哪个角度说，广播人都应当有自信。有了自信的广播人，才能在媒体融合过程中克服等待观望、犹豫不决的被动性和头脑发热、乱铺摊子的躁动性，增强自我谋划、自主布局的主动性。

一要可听。广播要主动出击，敢于将触角伸进互联网领域，发挥专业素养、原创内容、公信力等方面的优势，创建具有广播鲜明特色的新媒体。这个新媒体，既姓广播，又姓新媒体，既有广播特点，又有新媒体特性，是广播与新媒体的最佳结合，能够确保广播在新舆论阵地上放大自己特有的声音。二要可用。一方面要为壮大主流思想舆论服务。如果因为"广播 +"而导致社会不良舆论进一步泛滥，等于放弃主流媒体的根本使命。另一方面，要找准市场定位，能够为受众提供他们所普遍喜爱的产品，从而为广播发展壮大获取较大利润空间。不做新媒体的盲从者，更不能因乱上项目而消耗宝贵的资源。三要可控。发展初期，因为新媒体力量的储备较为薄弱，需要"借船出海""借梯上楼"，站在巨人的肩膀上发展。积累了丰沛的资源后，就应独立自主发展，或以我为主、保持控制地位，确保主流媒体牢牢掌握媒体融合主导权。

二、有声 ＋ 有色

首先，"广播＋"需纠正目前业已存在的放弃声音这个主营业务的错误倾向。许多电台要求从业人员做全媒体人，记者外出采访，通常要带全媒体设备，肩负着为广播频率、互联网站、"两微一端"等众多媒介提供内容。海峡之声广播电台因为与岛内多家报纸开展合作，需要每周为其固定传送两个版面的文字和图片内容。不少重大宣传活动，还要将文稿结集出版，需要在文字、图片上下很大功夫。这种跨界或全能记者往往是凤毛麟角，大部分能有"一招鲜"就不容易了。目前，因为声音传播以外功能的扩张，使作为"看家本领"的声音传播每况愈下，无论数量还是质量都走向弱化的现象时有发生。广播是声音媒介，无论"广播＋"衍生何种新平台，其基础仍然是广播，"音频"始终是广播与用户进行信息交互的主要手段。在新媒介形态下，当眼睛或手被占用越来越多的情形下，耳朵是广播固有且不可再失去的注意力战场。因此，推进"广播＋"，对声音传播这一主业绝不能放手。

其次，应精耕"声音市场"。一要加大声音采集、加工、制作的力度，重视声音的美化、优化，提升声音传播的质量。切忌因对视频的新鲜感而对音频心生厌弃。二要加强适应多元发布平台的音频产品生产，确保各种音频产品的"适销对路"。众所周知，跨平台的声音产品，要做到无缝对接不同平台，适合各种类型受众的口味，形式上应以碎片化、小单元、插件式为主，具备社交、分享、互动等互联网特性，能够满足受众的生活需求和情感需求。如果不考虑平台特性，一切按传统模式生产大时段音频产品，就会让手机移动新媒体用户望而却步。三要以各种方式拓展声音发布渠道，力争新兴媒体平台处处"有声""大声"。如探索建立网络电台、播客电台、私人电台、定制电台、场景电台、心情电台等新型声音平台，使内容更加精致，推送更加精准，服务更加精细。多年来，海峡之声广播电台高度重视声音传播渠道的拓展：一是发展了广播＋在线直播＋网络电台，互联网广播受众占到了受众总量的10％。二是隔海大功率中短波广播＋联合岛内广播开设台湾地区调频联播网，调频广播受众占到了受众总量的50％。三是广播＋巴士广播网，创立了新的营收模式。"用图像思考，用文字表达"是新媒体受众的信息消费习惯，推进"广播＋"，就要对接受众的"读图"需求，将声音插上图像的翅膀，打造"看得见的广播"，通过"有色"的内容，改变传统广播线性、顺时、大时段的传播形态，让广播可以听、可以看、可以感知，增加受众的关注度和参与性。央广《海阳现场秀》被视为传统广播推进"广播＋"的现象级产品，其将广播节目这一主产品与互联网进行深度融合，融入视频直播、弹幕等互联网元素，将广播从听觉的束缚中解脱出来，形成了"广播＋互联网视频＋电视节目＋畅销书出版＋舞台剧演出＋出演电影＋网剧出品"等多元输出。这种通过深加工、精加工而产生的多色彩产品，是广播充分挖掘内容优势、延伸"一鱼多吃"效果的典范。近年来，海峡之声广播电台也在探索立体传播路径，其一是"广播＋岛内平面媒体＋媒体官网"，与台湾《旺报》《台湾导报》及其网络版合作，共享资源、共建版面、共办活动，不仅放大了新闻价值，实现了内容产品"一次采集、多平台输出、两岸同步推送"，而且成功将有声内容放置于台湾岛内网站、手机等多种屏幕上，真正做到了落地、入屏、走心。

三、好用 + 好玩

众所周知，移动互联网时代，广播之所以能逆势上扬，一是因为城市交通拥堵时的消遣和伴随需求，使广播成了汽车这一密闭空间中的首选媒体。城市越大越堵，广播发展空间越开阔。二是因为智能手机的迅速发展。大部分手机厂商均将收听功能内置于手机中，看中的便是广播随时、随地、随意接收内容的特性。广播的发展，除了上述两个外在因素外，还需要信息产品富有魅力这一内在的必然元素。而任何一个"叫好又叫座"的广播品牌，必然具备"好用 + 好玩"的特点。所以，推进"广播＋"的关键，是打通用户与所需信息之间的隔阂，为他们提供既好用又好玩的信息产品。

对用户而言，好用的产品，当然首先是专门为他们量身定制的产品。传统广播在走过"广播—窄播—专业化—类型化"道路后，现今应当以探索建立定制广播为创新发展主方向，充分发挥技术的驱动力，采用云计算、大数据、语音转换等提升对已有听众群的服务能力，降低其信息接收、搜索、互动的成本。其次，人们生存、生活必需品信息也广受欢迎。如应急广播、救灾广播，因其信息是人们自救必不可少的指引，故而在特殊时期能够一枝独秀。又如现代生活节奏快、人口流动性大，人们对衣食住行等实用性信息的需求，也是不可或缺的。海峡之声广播电台创立的面向台湾海峡的渔业气象与海况预报栏目，开播不久就带来了台湾岛内渔民"收听大陆广播热"的盛况。好玩的产品，首先要玩得起来。这就需要广播注重用户体验，具有开放性特征。而信息产品达到好玩等级，必须具备娱乐元素。如"航母 style""元芳，你怎么看""Duang！我本来是拒绝的"等网络热词，是网络受众自发将主题正确的内容进行娱乐化解读，并使用简单的符号将其意义进行新的导向。

再就是情感性互动。广播是情感性媒介，无论怎样融合，其自身的特性不会改变。特殊的受众（忠诚度高）、特定的场景（移动、伴随）、特别的体验（收听中的情感投入）仍是广播的特有优势。海峡之声广播电台近年来举行的"闽台走亲乡镇行""台湾学子自贸区随手拍""亲子团宝岛行""冬日美食拍客秀""听你的世界""爱心送考行动""温暖年夜饭"等活动，因温馨感人、契合互联网时代用户需求、与人们生活的关联度大且参与手段和互动方式等富有互联网元素而深受欢迎。特别是活动前后注重通过广播节目保持用户的黏性与活跃度，因而积累了大量的受众（用户）群体。当然，任何好玩都必须把握一个度。玩过了头，就会被用户所唾弃。如一些传统媒体盲目追求速度、追逐热点，导致报道不严谨、信息不完整，催生出多起舆情反转的事件，特别是 2015 年国庆黄金周，有媒体不经证实想当然地爆料"中国老人在京都碰瓷"事件，抨击"中国游客丢脸丢到国际上了"，后证实这是一则假消息，那些热衷于炒作的媒体不仅在国际传播界丢了脸，而且为日本媒体刻意丑化中国提供了"让人深信不疑的新闻素材"。

四、体量 + 力量

推动媒体融合发展是着眼于巩固宣传思想文化阵地、壮大主流思想舆论的重大战略部署。当前，互联网已成为舆论的主战场，推进"广播+"其根本目标应是提升在主战场的舆论引导能力。"广播+"成功与否，不是简单的体量放大或平台数量增加，而在于是否提高了舆论引导的及时性、权威性，是否提升了广播在新的舆论场中的公信力、影响力。

"广播+"应是体量与力量的统一。广播无论加出何种平台，变化的是载体，不变的是社会责任，任何时候都不能为增加关注度或扩大用户群体而牺牲媒体的社会公信力，不能以用户体验否定专业坚守，也不能以迎合低俗排斥深厚内涵，更不能以视觉冲击削弱声音优势。"广播+"应是加法与减法的统一。不能简单地在渠道铺设上做加法，一味地跟风上马新平台，而应坚持特色优势差异化发展，在增强舆论引导力上做加法，在内容生产流程、信息流通环节上做减法。"广播+"应是趋势与优势的统一。传统广播应紧跟数字化转型的趋势，在顺势而为中提升专业性、公信力和影响力等本身固有优势。不仅要通晓趋势，更要坚定信心、保持定力，定好方向、定下目标、选好路径，立足资金、人力、技术、研发、用户需求等实际，建设新的媒体平台。平台建设上不宜求全、求多、求大，不能为了迎合用户而放弃媒体应有的社会教化功能，运营行销时不能只谈商业价值而忽视社会影响。

参考文献

1. 刘春晓. 美国之音对华广播 72 载：解密那道"永不消逝的电波" ［DB/OL］. 凤凰网，http：//news. ifeng. com/opinion/bigstory/special/00002/.

2. 宋青. 2014 年美国音频数字化状况与启示 ［J］. 青年记者，2015（3）.

3. 尼尔森网联：2015 年上半年广告市场投放报告（上）：媒体篇 ［DB/OL］. 中文互联网数据资讯中心，http：//www. chuanboyi. com/article － 2145. html.

（作者系海峡之声广播电台总编辑）

论广播音频媒体新商业模式建构的八大核心要素

孟　伟　陈　斯

【摘　要】对于当前电台而言，最大的压力来自如何维持收支平衡，以及每年必须实现的广告增量任务与广播产业模式创新，这意味着须突破过去广播的封闭链条式盈利方式。欲解决广播产业运营层面的系统问题，需探讨从广播到音频媒体、商业模式建构的八大核心要素：用户关系、合作者关系、价值定位、内容形式、核心资源、关键业务、收入来源、成本支出。在新的内容生产模式下，广播媒体的商务概念正从一个广告渠道转型为一个内容和互联网情境交织的商用平台。

【关键词】广播　新商业模式　商用平台

当前媒体环境甚至是社会产业环境，在整体上都向互联网倾斜，而传统广播电台在网络建设和网络整合、支撑广播新媒体业态的技术开发等方面仍有较大提升空间。对于当前电台而言，最大的压力则来自如何维持收支平衡，以及每年必须实现的广告增量任务，在此基础上才可以谈可持续发展。那么，当前广播新媒体业态的商业模式到底是什么？由此一问，引发更多追问：媒体的一般商业模式是什么？目前我国广电已有的商业模式发展完善吗？媒体商业模式的全球前沿范例是什么？媒体商业模式与一般的企业商业模式有什么不同？目前新媒体业态的商业模式都有哪些？这些商业模式哪些可以为广播媒体所借鉴？广播新媒体业态的商业模式支撑的根本点是什么，目前广播媒体具备吗？如何在广播现有商业模式基础上与新媒体商业模式实现对接？在这个过程中，广播有没有核心竞争力或者独有的优势？

欲解决上述广播产业运营层面的系统问题，本文借鉴国外《商业模式新生代》一书中提出的全新商业模式中的核心要素，探讨从广播到音频媒体、商业模式建构的八大核心要素：用户关系、合作者关系、价值定位、内容形式、核心资源、关键业务、收入来源、成本支出。

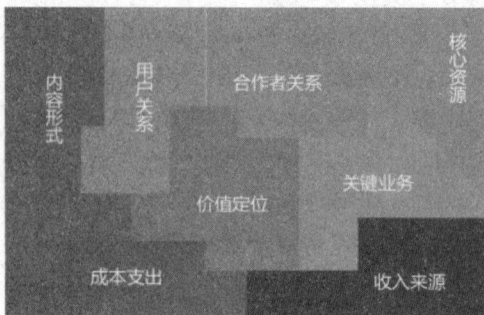

图1　广播音频产业全新商业模式

一、用户关系

用户是整个广播内容生产模式的核心。成熟的用户分群和成熟的广播与用户的关系将成为一种丰富且极具潜力的媒体资源，为广播音频产业注入无法预估的巨大活力。

广播媒体需要与用户建立紧密的信任关系，并要为升级这种关系不断革新自身生产和服务体系，与用户进行更密切、长效、实时的双向联系和互动，挖掘广播"粉丝经济"和"社群经济"的潜力。为了更好地吸引用户，需要对用户属性、需求和行为进行科学分析，并且提供优质服务，即以高附加值的服务为特点，核心目标是在满足用户收听广播媒体表层需要的同时，帮助听众发展其社会关系网络。

这意味着今天或者未来的广播内容生产，不是简单地做内容的提供，而是建立在信息内容服务基础上的多元化社会服务、文化服务和价值服务。

二、合作者关系

合作者是让广播内容生产系统有效运转所需要的各类合作行业的集合，也是促使广播产业增值的重要因素。移动互联时代广播的合作者关系的建立，更多地体现了广播媒体的平台功能。

传统广播的合作者一般为广告主。今天广播的合作者是多元的，每一类合作关系都是广播新商业模式拓展的机遇，主要体现在三个层面：

第一个层面的合作者是传统意义上的广告主，过去与电台的关系比较单一，一般是在电台投放硬广告和软广告。传统意义上的大众媒体对于广告的营销效果是难以进行量化评估的；随着广播新技术的不断完善，一部分广告主会与电台发展合作分成关系，例如共同发起从产品研发到销售的闭合环路，或者开展类型繁多的线下促销活动等，或者直接建立电商关系,其利益关系也会由原来的广告投放转为利润分成,与广播媒体共同创造商品价值和商品附加的社会价值。在当下移动互联技术浪潮中,电子商务、大数据、互联网金融、现金流的价值已经催生广播音频媒体与广告主多元合作的条件。用户的行为信息、收听习惯、消费需求等都可以被记录与分析,形成广播媒体的潜在数据富矿。

第二个层面的广播合作者关系,体现为一种广泛的"合作者"聚合,即广播媒体的平台聚合功能。广播依赖精准的广播用户定位和频率的品牌价值,聚合与广播用户某一类需求相关的多头关联商家,建立起需求与被需求之间的一种共赢的平台规则。这与广播的数据富矿的二次开发,以及广播频率的品牌价值密切相关,互联网经济模式中的"平台"效应正是广播媒体未来经济增长的一个有待开垦的领域。

例如,通过建立实际贯通的全国范围内的广播合作平台,实现具有地域性媒体特点的广播电台之间的聚合,扩大电台的平台功能。全国交通广播协作网(见图2)和全国农村广播协作网等都在积极践行这一思路。这些协作网从建立到真正发挥作用,不仅仅是业务层面的一种联合报道,也不仅仅是某一次活动的临时性合作,而是具有一定商业模式支撑的、稳定的、持久性的地方电台的聚合。目前,无论是广电新技术还是经济模式,都有望促进这一领域的行业突围。

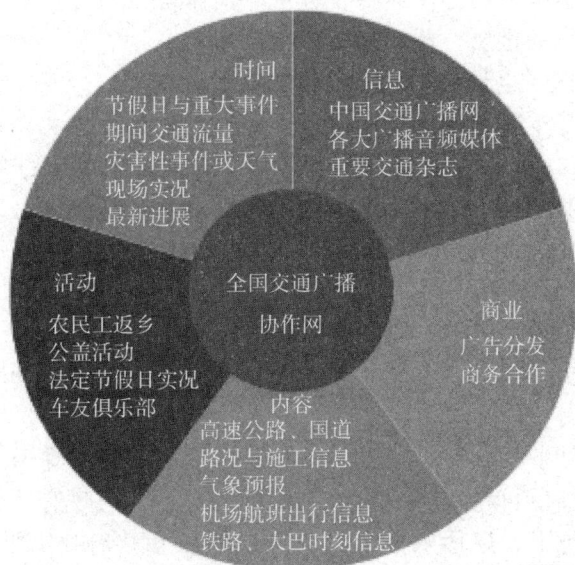

图2　全国交通广播协作网

第三个层面的广播合作者关系，来自于广播用户和其他自媒体用户的商业价值开掘。如何把广播用户发展为广播内容生产的合作者，进而成为广播产业开发的合作者，是互联网经济模式启发下，当前广播媒体迫切需要探讨的课题。

目前一些富有互联网思维特质的企业把用户发展为生产的合作者，目的在于把忠实用户深度卷入产业体系中。通过对用户参与价值的肯定，让用户自觉成为生产者的一员，这不仅对于内容开发创意多有贡献，同时也使产品和用户之间的关系变得更为直接。目前经济模式争夺的核心是用户，谁聚合了最有价值的用户，并实现对用户价值最大化开发，谁就将成为产业的赢家。

三、价值定位

价值是指广播媒体建立和传递内容与服务的观念、主张。对媒体价值的定位决定了媒体的品牌、影响力以及所服务的用户群体和合作者。它是一个价值集合，包含了一系列媒体对用户、合作者的价值认知与需要探求，构成广播内容的内核。

广播音频媒体在深入了解用户、合作企业、政府及同行媒体的价值取向后，要注意平衡与分配各方所占的位置和比重，以确定自我价值定位。广播音频媒体除了需要承担原有的社会责任和自身经济职能外，还需要赋予广播互联网思维下的合作共赢、分享、民主等价值定位，这是广播纳入互联网经济体系的重要一环。

对广播用户（也是移动互联时代的消费者）而言，媒体在满足其获取信息和娱乐等基本需求外，也可以拓展广播用户的个性化、定制式的消费需要，包括在这一过程中发挥引导正确的价值观和消费观的作用。

对合作企业而言，广播媒体将其纳入内容生产环节，可以更好地使其与目标用户和目标市场相契合，商品与服务也更容易为用户所接受。另一方面，媒体的社会职能会在潜移默化中对合作企业发生影响，引导其建立与社会需求、消费者需求、媒体内容需求相融合的营销定位，媒体在这个意义上可发挥更大的社会引导平台的功能。

对政府而言，广播媒体借助其伴随性、碎片化等优势，一方面为政府信息的社区和社群推广提供渠道，同时通过成本低廉、渗透力强的广播媒体可以实现广播节目与政府工作具体环节的对接，为政府的办公信息化提供助力；另一方面，广播媒体承担起政府形象和政府政策推广的代言人，这要比一般的社会商业公司更为专业和可靠。

在这个意义上，广播媒体新的商业模式的价值定位应为：广播以媒体为安身立命之所，但不止步于传统媒体的信息和娱乐提供，可以更多发挥广播平台的独特聚合功能，深入企业和政府部门工作推广的环节，与具体的项目进行深度参与式的合作，在提供媒体内容的同时，开发媒体服务功能，更为重要的是提供价值观的引导。

四、内容形式

内容需要一定的载体来传递，它决定了广播媒体将赋予内容传递怎样的形态特征，以及用怎样的途径与用户、合作者建立联系，包括如何沟通、传递价值主张。所呈现出的内容形式，可以帮助用户、合作者理解媒体形象和服务。

广播除音频内容形式之外，整合视频、图片和文字等形式已经成为全球广播业在内容拓展上的一种常规性的探索。

过去传统广播只能通过收音机频率进行收听，而现在互联网、以智能手机为代表的移动终端大大拓展了音频到达用户的渠道，并形成了海量的分享式、爆发性、去中心化渠道通路，如图3所示。

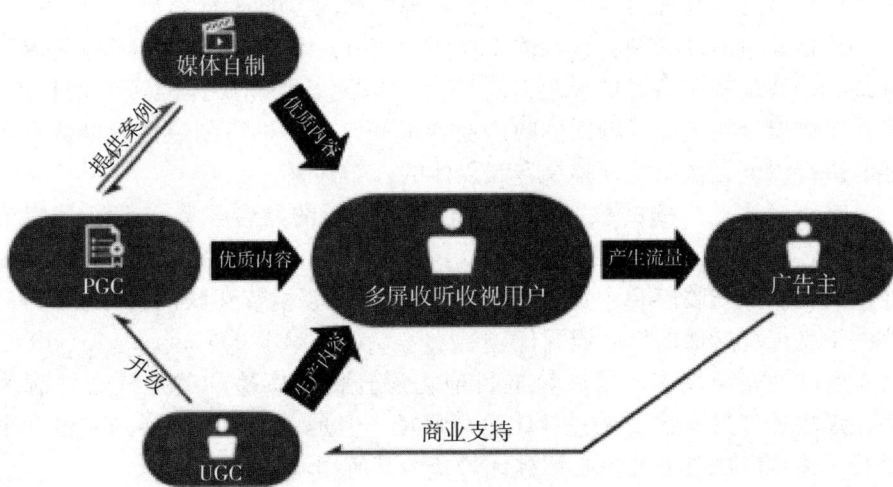

图3　音频媒体内容生态

目前H5（即Html5页面）作为新一代媒体内容呈现形式，为下一代互联网提供了全新的框架和平台，包括提供免插件的音视频、图像动画、本体存储等功能，并使这些应用标准化和开放化。Html5页面的社会化传播，使广播音频媒体内容聚合的渠道更加便捷和丰富。随着下一代协议标准 Html5 的推出与普及，基于浏览器的 WebApp 将与 App 客户端形成新的竞争局面，成为移动广播音频媒体内容的重要应用模式。

因此，目前广播媒体在内容形态上已经整装待发，具备全媒体和互联网信息传播的所有"武器"，目前迫切需要借助新技术整合和细化与产业发展方向相符的融合方案，从而找到最贴合节目内容、宣传效果和市场收益的改革途径。

五、核心资源

核心资源是进行内容生产和相关业务拓展的必要因素，也是广播媒体的核心竞争力所在。核心资源包括具体的经济资产、实体资产等，也包括无形的关系资源、人力资源、信息资源、品牌资源等。广播的核心资源体现在一般核心资源与具体核心资源。

广播的一般核心资源，本文观点为广播作为音频媒体所具有的媒体优势，如广播的伴随性、亲密性、地域性、碎片化、应急性、融合性等特征。这些广播媒体特性正是广播的核心资源，要把它们纳入互联网经济模式的开发视域中，进行重新洗牌和重组，才会焕发其精彩的新价值，然后纳入广播节目创意和运营的细节中，发挥广播内容的优势。

这也是目前互联网音频媒体正在做的工作，例如对于声音内容的聚合和细分，鼓励音频内容的原创与分享等，以此找到新媒体经济的增长点。广播媒体应密切关注音频媒体的产业特征和走向，进行创造性的借鉴，必要时进行深度合作，实现整个音频媒体的合作共赢。

具体而言，广播的核心资源包括：几十年的办台经验，大量品牌节目，知名主持人，娴熟的运营经验，广泛的听众支持，成熟的线下活动商业模式，以及与政府和企业密切的合作关系等。相较互联网音频业而言，这些正是传统广播的核心资源优势。

互联网音频媒体的发展轨迹目前正避开传统广播的这些核心资源优势，走的是"短平快"的差异化运营路径，但是一旦其实力增强，也会争夺甚至整合广播过去的核心资源优势，为其所用。

六、关键业务

广播媒体运营需要开展一系列业务合作，这也是所有企业必须进行的市场化运作，直接影响着其经济收益。对于广播媒体，关键业务不仅关乎实际收益，也是发展关系、传递价值、拓展资源的重要途径。

一般而言，广播具体的关键业务包括三个层面：一是提升广播传播力的信息、娱乐等服务性业务；二是广播的纯粹商务性业务，在 2014 年全国电台"两台合一"的改革中,很多电台已经严格区分了事业性运营平台和产业性运营平台,逐渐打通政策瓶颈;三是广播的政府宣传服务性业务。

一般企业的关键性业务往往是指向直接盈利的主要业务类型,对于广播媒体而言则略有不同:广播首先是作为媒体的身份而存在,其次才是在媒体的基础上发展延伸的商务功能。对于后者而言,与企业或者互联网经济模式可以直接对接,对于前者而言,虽可以间接实现盈利,但更高的目标是提升媒体的影响力,聚合人群。过去可以理解为,前者是后者实现的先决条件,没有前者就无法奢谈后者。当然这句话今天仍然适用,但是在互联网经济模式作用下,前者却同样可以产生商业利润点,甚至爆发式的利润点,这在最近几年的互联网创业故事中,一点都不缺乏示范案例。

广播电台目前的问题是,不是没有意识到这一点,而是没有认清两者之间的逻辑关联,或者疏于基于企业层面考虑的总体性规划。往往是在广播新媒体业务上浅尝辄止之后,判定其也不过如此,废弃其可行性的继续探索,未进行基于广播原有核心业务的一种迭代开发,更未纳入电台关键性业务的整体规划中,进行有步骤的开发,实际上无法对新的产业模式进行预判。

七、收入来源

收入来源是指广播媒体从用户和合作者及其他群体、市场中获取的除成本外的现金收入。一个企业最终是否能够实现盈利,也是广播媒体正常运转的大动脉。

对广播媒体而言,除保留广播内容产品版权出售与广告代理等传统的收入来源外,目前广播产业的触角已经触及一些实体行业,甚至是演艺行业、影视业等,当然广播媒体也可以进一步拓展营销渠道,开掘潜在资源。

比较稳妥的方式是广播媒体发展互联网时代的"订阅费"模式。如在广播新技术平台上增添付费点播、预约等功能,可以为好友点播音乐、节目与送祝福等,定时为目标用户推送点播内容,形成"广播+社交平台"的盈利模式。

LBS 付费运营也可以开发成为一种广播音频增值服务,实现位置服务与日常生活的深度融合。通过对 LBS 技术的应用,让广播与移动互联网用户的空间位置结合,可以成为广播的一个新业务增长点。

会员制运营模式也可以帮助提高广播的广告到达率、节目影响力、反馈成功率等。广播会员信息对于广播电台来说是极其宝贵的财富,是实现数据二次开发的基础。

如前所述，广播媒体也可以发展互联网时代的商务分成合作模式。例如，通过搭建"广播＋电商"的线上线下商业服务平台，能有效发挥媒体宣传力、社会公信力、用户引导力等优势，将用户聚集到媒体平台，在线结算交易，再引流线下消费。

八、成本支出

广播的成本意识是伴随着规范化、成熟的广播商业运营模式的探索而得到强化的。这部分包含内容生产过程中所产生的所有花费。成本在确立了核心资源、关键业务和重要合作后可以相对系统地进行计算和统计。最大限度地降低成本，是广播产业增值和收益的重要方式。

广播媒体在引入新的技术，建立新的内容生产体系，发展新型商业模式之后，需要建立完善的成本核算后台系统，并与媒体收入、部门人员绩效相结合，最大限度地释放媒体、部门和人员的价值和能力，提高工作效率。

目前我国广播电台的成本核算意识还不强，往往频率和总台之间难以分得那么开，线下活动的开展有时出现不计成本的情况，举办大型活动成本核算粗放，在人员成本、利润上还无法做到体制灵活等。成熟的商业模式意味着拥有成熟的成本核算机制，否则将是一种危险的没有结果的产业实验。

以上八点可以借鉴为衡量当前广播媒体产业模式创新的核心要素。广播媒体产业模式创新，意味着突破过去广播的封闭链条式盈利方式。在新的内容生产模式下，广播媒体的商务概念正从一个广告渠道转型为一个内容和互联网情境交织的商用平台。

参考文献

1. ［瑞士］亚历山大·奥斯特瓦德，［比利时］伊夫·皮尼厄. 商业模式新生代 ［M］. 王帅，毛新宇，严威，译. 北京：机械工业出版社，2011：8～9.

2. 张军. 车联网技术发展对交通广播产业的影响——以羊城交通广播为例 ［J］. 中国广播，2015（3）.

3. 风靡全网的 H5 究竟是什么？［EB/OL］. http：//it. sohu. com/20150302/n409271563. shtml，2015 – 03 – 02.

（孟伟，中国传媒大学传媒研究院教授、博士研究生导师；陈斯，中国传媒大学传媒研究院硕士研究生）

"互联网+"影响下的广播运营创新研究

李艳平

【摘　要】媒体4.0时代打开了一条新的信息到达渠道，同时也带来了大数据、用户至上、即时满足等全新的概念，更为广播媒体在受众、渠道、经营和内部管理等方面实现良性发展提供了重要转机。广播媒体只有在互联网和信息技术主导下适应新的媒介竞合生态，才能找到新的方向与出路。

【关键词】互联网+　运营　媒体融合　大数据

　　"互联网+"给中国经济社会发展带来一股强劲的驱动力，也影响到传媒业变革。综观我国广播事业的发展历程，对计划经济体制束缚中单一的传播方式进行了一系列大刀阔斧的改革，逐步向市场经济体制下的传播方式转型，我国的广播事业组建正走向繁荣。无论是从1986年的"珠江模式"、邓小平南方谈话后的"广东模式"，还是21世纪专业化频道的改革，抑或如火如荼的集团化改革，到现在的全媒体融合，无不向我们昭示：广播事业要持续发展，就要与时俱进！然而，怎么改革创新？2015年全国"两会"的政府工作报告中明确提出"互联网+"的行动计划，全新定位信息技术和传统产业的生态融合。在新的媒体格局下，媒体融合成为传统广播转型升级的必由之路，也为广播媒体的改革指明了方向。

一、"互联网+"的广播媒体产业的发展空间

　　广播利用新媒体建立起的数字化平台可以突破地域限制，扩大媒体传播范围。为实现各频率的网络收听，广播媒体推出只针对网络播出的网络电台成为一种趋势。跨地域频率、个性化功能、定制服务等在广播电台中的融入实现，对于传统广播电台来讲，不啻为一次革命。

（一）"互联网+"加速了媒体产业升级

　　"互联网+"战略发展政策下，互联网的发展迈向了一个全新高度，其连接事物的属性渗透到人们生活的方方面面，在"互联网+"的融合场景中，传统媒体广播受众变成了手机用户。通过节目来经营观众的时代渐渐远去，现在我们通过经营粉丝来生产节目，先有用户再有节目。在"互联网+"的视域中，5W都由用户来改写，因此，"企业产品—供给受众"的生产模式变成了"用户定制产品—企业生产产品"模式，这样，粉丝文

化、社群经济、二次元、移动社交重构了"广播—用户"的供需关系，创造了新的商业价值。

以中央人民广播电台（以下简称为"央广"）为例，为了满足用户更多需求，央广网秉持"三屏融合"理念，不断拓展在 PC 端、手机端、视频端的业务布局，目前有中国广播网、中国广播集成平台、央广之声（有声阅读）、银河互联网电视四大新媒体业务板块，发展成为优势突出、特色鲜明的多媒体集群网站，借此通过媒体的转型与发展来稳固在新媒体浪潮中的地位。目前，央广已经初步建立起以央广网为龙头，以手机广播电视、互联网电视为支柱，围绕手机、电脑、电视三大终端，开展互联网广告、信息服务、技术服务、版权服务四大业务的新媒体业务布局。

新媒体的崛起成为传媒产业超越 GDP 快速增长的重要驱动力——移动互联网使传播渠道碎片化，营销模式不断创新，形成新经济增长点；网络游戏平台逐步体现媒体价值；社交媒体、网络视频、OTT TV、数据库等新的商业模式层出不穷，互联网改造了传统产业的生产方式、经济模式、产业结构。以互联网为轴心的传统传媒与相关产业的融合运营正在成为新的产业现象。

（二）新的媒介技术催生新的广播业态

互联网不仅仅是一种新的技术，也不仅仅是新的传播渠道，而是一种新的商业模式和新的发展思维。智能手机的普及以及社交娱乐、体验分享等因素对消费者购物的影响程度进一步提升，智能电视、电脑、智能手机之间开始出现互动趋势，打破了各类销售渠道之间的界限，大数据和云计算的广泛应用，使得整合传播、整合营销成为可能。平台是一种中间性组织，它通过资本合作、技术合作、渠道合作等多种方式将产业链中的各个环节整合在一起，以最大限度地发挥各环节的最优功能，从而提升整个系统的价值。借助网络，任何一家传统广播媒体都可以实现多介质运作，生产视频、音频、文字、图片等多样态产品。在这种趋势下，传统广播完全可以借助新媒体之力，通过生产流程再造实现跨界发展。

面对"互联网＋"的时代发展背景，有的电台能主动适应，积极促进广播与新媒体在内容、渠道、平台等各方面的融合发展，进行一系列的尝试和改变。如上海人民广播电台整合频率优势成立全媒体中心，形成五套节目的制作播出系统以及一个全媒体演播室，并在中心位置建设"指挥支援中心"，24 小时不间断地收集多信源的新闻线索，对各类资讯进行分析判断、对各频率新闻版面进行统筹规划、对新媒体信息发布和新闻节目播出进行统一策划，从而实现多媒体采集。除此之外，打造以@RADIO 为核心的云平台，构建新的广播云采编平台。在输入端和输出端做融合，以实现多媒体编辑、多平台分发等功能。

（三）移动收听集聚大量用户，成为新的经济增长点

新媒体时代对传统广播的巨大冲击中，广播媒介的抗风险能力最强。移动技术的迭代不仅没有削弱作为传统媒体的广播的力量，反而使其借助新媒体技术播客俘获了更多年轻一代的受众。随着手机用户的直线上升，选择手机下载播客的用户数量也节节攀升。

尼尔森美国收听数据显示："91%的美国人每周会用移动设备收听无线广播；81%的驾驶者认为无线电广播是主要的车内娱乐设备。在不同的年龄阶段，无线电广播对比电视、电脑、手机等，在大众传媒中拥有最高的观众触达；在无线电广播电台与 Facebook 谁更受青睐的投票中，更多的人选择了无线电广播。"

在国内，从广告投放价值综合评估来看，尼尔森网联最近发布的《2015 年上半年广告市场投放报告》显示："2015 年上半年，我国电视媒体广告投放同比减少4%，电台媒体同比上升9%，平面媒体广告刊例花费仍持续呈现负增长，报纸媒体广告投放花费跌幅达到26%。在电视、报纸、杂志、广播四大传统媒体中，广播媒体成为唯一逆势增长的媒体。"

（四）与互联网跨界合作，新的平台建设如火如荼

在严酷的现实面前，传统媒体只有根据不同媒介属性和传播特点，打造不同品牌定位的媒体产品，利用用户行为和人物画像，精准服务用户，提高用户黏性，才能提高自身的影响力和传播力。

发挥广播伴随性的媒体特性，线下通过发放聚合营销手册，同时融合新媒体矩阵（包括 APP 阿基米德、微信、微博等），整合出全方位多平台的聚合营销战略。随着车载、移动 APP 电台等新媒体广告形式的出现，广播行业已打破传统媒体和新媒体之间的壁垒与界限，广播业已经不是传统意义的媒介载体。移动互联网和大数据为其提供了更多的转型可能与机会。国内部分音乐广播电台开始主动出击，利用互联网，特别是移动互联网和大数据理念与手段改造自身，细分聚合内容，多元拓展渠道，努力向全媒体转型。微电台、手机广播、网络广播等网络多平台的搭建与运营，为传统电台的转型打下了基础。

借移动互联网兴起的机遇，针对不同的移动智能终端推出可以实时互动和在线直播或者点播的客户端，广播媒体向"可视、可听、可读"的趋势发展。

二、"互联网＋"影响下的广播运营的创新

广播媒体借移动互联网兴起的机遇，针对不同的移动智能终端全方位

地拓展广播的发展空间，包括资源、渠道、平台以及商业运营模式等；无论是内容、创意和设计，还是内容的生产流程与渠道的开发和利用，都需要以文化产业的思路去搭建起全媒体的组织架构，以提高组织内部的协作效率。数字化和社交媒体时代，广播要留住媒体消费中的核心人群，精耕细作，不能错失"互联网＋"的发展机遇。

（一）更新理念，按照企业营销的思路进行战略转型

媒体融合将改变媒体产业经营和营销方式。广播媒体借助新媒体先进的技术和多元的表现形式，丰富和拓展了节目内容，可视化广播以及互联网、数字付费广播、手机广播等数字多媒体广播整合利用了电台内容资源，吸引了新的听众群，开拓了广播的经营领域。通过各种优势资源的整合，为广播媒体产业经营找到了新的增长点。以中国广播业的龙头老大央广为例，该媒体已经初步建立起以央广网为龙头，以手机广播电视、互联网电视为支柱，围绕手机、电脑、电视三大终端，开展互联网广告、信息服务、技术服务、版权服务四大业务的新媒体业务布局。与此同时，国内电台纷纷试水，在内容生产方式和生产流程方面进行不同程度的改革，广播剧及长篇小说的制播分离，音乐、文艺、生活服务节目的众包已然发端，逐渐地融合于互联网潮流。

媒体生态的变化影响着传播格局，传统媒体内容产品的架构方式、生产流程、传播平台也要有所变化。一是在媒体经营单位的组织架构上，打破原本条块分割的采编和其他运营部门的界限，加强采编部门和客户服务部门、技术应用部门、数据挖掘部门对新媒体产品研发的沟通与合作，增强节目人员的合作意识、参与意识、配合意识，做到产品与部门的有效配合。二是在广播媒体节目运营的过程中，打破频道频率的界限，将所有节目内容的采编播人员集中在一起，加强采编播的整合能力。三是强化新媒体节目的运营能力，重视新闻频率官方微博、微信及新闻客户端的热点新闻资讯的编辑和推送。

（二）加速内容创新，有效聚受，提高用户忠诚度

移动互联网的智能 APP 为内容定制和分发提供了全新的模式。传统广播以节目为单位组织内容，以节目内容多元化和丰富化吸引受众。然而，这将导致内容的碎片化和用户获取感兴趣内容的复杂化。而新媒体时代，广播平台可以通过内容类别组织节目，现有用户通过移动广播平台自主定制不同节目，从而有效地整合广播平台内容的扁平化和碎片化，使用户通过最快捷的方式获取感兴趣的广播内容。

一是以差异化服务提升产品品质。广播媒体的新闻客户端要突出音频优势，不仅要做新闻的有声版，还要做音频新闻的"私人定制"，以个性

化内容体现差异化。而新的传播平台能很好地作为互补，将更多听众关心的内容推送到扩展平台而吸引其持续关注。

二是加强声音产品的多渠道传播。利用全媒体的信息策划能力，多性能的采集能力，多媒体的编辑能力，多平台的分发能力，将内容里外打通，做优质内容的提供商。以北京交通广播为例，"北京交通广播"微信号已构建起出行查询、节目互动和个人中心三大板块，其中出行查询为其核心特色，除查询路况外，还实现了查询小客车指标、尾号限行、公交地铁换乘、自行车租赁、停车场备案等多项功能，而名牌节目《一路畅通》节目的微信号则主打社交互动功能，两个重点公众号形成差异化互补。

三是与移动互联网业务的对接，既有自主研发，也有广泛的合作。如网易云音乐可以解决广播频道的弱势问题，把"一瞬即逝""地域限制"的广播节目放在网易云音乐节目列表下，听众可以随时在电脑、手机各端关注事件发展。

四是广播媒体人入驻移动网络电台的在线内容生产，可以整体提高平台的内容水准。同时，主持人还可以利用专业优势把移动网络电台的在线内容生产做到极致。

（三）利用大数据精准定位，提升用户分析价值

在"互联网＋"背景下，大数据是现代社会经济和技术发展的一个必然趋势，也是互联网时代的重要基础资产。面对新的社会市场需求，广播媒体迫切需要了解宏观的媒体环境信息及微观的自身营销以及竞争对手营销等，这就需要利用先进的数据分析工具为广播媒体从采集、存储、挖掘、分析、优化到决策，提供一个整体的解决方案。而新媒体平台拥有强大的数据支撑，可以在发展存量与开拓增量的过程中获得更大的可持续性与创新能力，协助广播媒体快速建立起自身的数据服务体系，形成传统媒体优势与新媒体平台优势之间的有效对接，为实现更好的决策服务。

首先，大数据将为广播提供更具深度和广度的统计信息，从而精准获取用户信息，实现广播的精准投放。诸如区域受众群体的收听习惯、偏好，不同时段人群的总体收听内容习惯和喜好，基于用户的收听行为数据，如频道数据、时长数据、换台频率等，将为电台提供更为广泛的用户以及个人个性化偏好数据，并为差异化广播内容提供有效数据。

其次，通过整合用户跨网行为数据，洞察网站用户的商业价值，从而为网站进行有的放矢的营销活动提供数据支持。利用移动互联网终端获取的用户后台数据，可以实时了解所有听众的年龄、喜好和收听倾向，并根据这些数据进行内容调整和把握广告投放时机，从而实现电台众筹等创收模式。

目前，尼尔森网联利用自身在媒介数据监测与分析领域的专业经验，研发推出多终端收听率测量系统，完成城市收听和车载收听的监测，获取时段排行分析、触达及频次分析、节目排行分析、听众流动分析及电台忠诚度分析等数据内容，以迎合广播媒体在"互联网＋"趋势下的价值发展。这一举动不仅有助于广播媒体重新聚合多终端上的价值人群，还将推动广播媒体在增量发展中实现价值变现。

（四）增强服务意识，为用户提供多元化服务

中国互联网络信息中心（CNNIC）发布的《第37次中国互联网络发展状况统计报告》显示，截至2015年12月，中国网民规模达6.88亿，其中，手机网民规模达6.20亿。网民中使用手机上网人群占比由2014年的85.8%提升至90.1%。2015年，中国网民的人均周上网时长为26.2小时。以上数据表明，中国网民的主流群体已经聚集到互联网上处理自己的社交、生活和各项事务，及时跟进服务、满足用户需求，已经成为广电主流媒体的必须和必然选择。

"受众地位的提升不仅不会弱化媒介与受众的地位，相反会因为受众持续与媒介互动而延长媒介接触频次和强度，从而提高媒体的黏性。"互联网时代的广播听众，其角色已由传统意义上的听众，转变为具有空前主动性和参与性的用户。这就要求广播必须以"市场"的眼光去对待这些"用户"，认真研究"用户"的需求，积极尝试对口的用户需求传递，持续增强与"用户"的互动和黏性。

如果谷歌推出根据用户情绪提供音乐服务的新业务，那么电台更应该用心揣摩用户心态，体贴用户的归属感、存在感和参与感。芝加哥电台美国众生相旗下的 *Serial* 是全球最火的收听类节目。作为一档新闻调查节目，其从前期的策划与调查到节目中的实时互动与反馈，再到节目后的线下征询议题，都少不了听众的参与，这种"用户创造内容、用户分享内容、用户吸引用户"的节目创新形式用户认同度极高，被誉为"史上最好的播客"。不仅如此，*Serial* 在同用户建立感情的基础上，还得到听众每人10美金捐款的资金支持。这种全新的交流模式正在改变传统的传播时代，它重构了与用户之间的关系，这种关系也让媒体有了更多的商业机会和社会机会，从而把选择权交给了用户，寻找到内容的刚性需求，"强连接"关系塑造更紧密的受众社交关系，从而增加了媒介的市场能量。

（五）积极寻求与多种商业模式的融合

"互联网＋"到底有什么内涵？中国互联网的筹建者，前国务院信息办常务副主任陆首群认为："未来（后互联网时代）将全面发展信息经济，这是后现代世界的主流经济模式。今天经济的转型和增长要从要素驱动转向创新驱动，而以互联网为载体的知识社会创新 2.0 模式是创新驱动的最佳选择。"这句话表明：新的商业模式正在瓦解传统经济结构中生产者——服务提供者与消费者的边界；移动互联网对传统行业颠覆，已经从狭义的信息消费领域加速扩展到所有传统行业；根据"互联网＋"的社交依附趋势，广播媒体更需要开展跨媒体、跨领域多元化经营，推进数字化步伐，在竞合中实现共赢共进。

在"互联网＋"思路指引下，广播媒体跃跃欲试，拓展了融资渠道，形成了自身的特色。广东广播的珠江网络传媒和城市之声共同合作"双11"融媒体购物节目《双 11，一听即发》，建立广东广播淘宝店进行"秒杀"，使电台融媒体购物的新型模式"RTC"（Radio to Consumer）进入人们的视野。浙江电台城市之声广播联合优步（Uber）打车客户端推出"车神计划"，联合"KK 开播"客户端推出新型美食节目"吃神计划"，打通空中广播、线上网络、线下活动三方通路，签订上百万元的合同。媒体融合时代改变着媒体产业的经营方式。随着电子商务的发展和完善，未来广告主对"推广＋销售"的电子商务平台会越来越重视。

（六）储备、培育新兴的全媒体广播人才

为了满足受众对新闻和资讯及其他内容的快捷、随时和多种形态呈现的需求，就需要培养熟悉多媒体平台特点、熟练运用多媒体技术的媒体融合人才，包括新兴媒体分析师、节目研发员、数据营销经理、多媒体新闻协调人等。但目前的情况不容乐观，首先是一些具有丰富实战经验和高水平业务素质的业务主力流失较为严重。二是相关院校传媒类人才的出台需要相当长时间的培训和历练，远远跟不上社会发展的形势。三是复合型广播新媒体从业人员稀缺，但政府部门、学校、业界的重视程度普遍不够。因此，培育新兴的全媒体广播人才尤为迫切。

一方面，广播媒体经营机构进行体制改革的过程中，增设专门负责拓展用户的领导团队，建立分析团队、节目战略团队、节目采编部门与技术和用户研究部门等并密切合作，鼓励每位员工更加关注用户体验。

另一方面，合理利用内部资源，培养名牌广播人才。广播媒体可以尝试以节目内容为依托，通过"树立品牌栏目，打造名牌主持人"等举措提高明星主持人的社会知名度和美誉度，以提升广播媒体的品牌价值。在这一方面，央广的做法值得借鉴。该台文艺之声的《海阳现场秀》受众关注度高，利用节目的品牌效应以及海阳的个人影响力，开发"围观海阳"新媒体平台，并为海阳建立了个人工作室，聚集粉丝，有效地将广播听众、电视观众、电影影迷、畅销书读者、爱心人士都整合到粉丝社群，由此并衍生出"海阳乐跑团""海阳环球旅行团""现场观演团""私家车俱乐部"等不同领域的专业社群，最大限度地塑造品牌影响力。

再者，高等院校在人才培养过程中应当与互联网环境的发展接轨，培养既适应广播媒体又熟悉网络新媒体的人才，即精通互联网技术应用，富有扎实专业素养与互联网创新思维的复合型人才。广播电台也可以与相关高校建立人才培养项目，让业界人才进入高校继续深造或者与院校合作进行订单式培养，疏通人才就业渠道，形成良性循环。

三、结语

在媒体融合和"互联网＋"顶层设计的推动下，媒体人认识到了媒体融合的趋势以及新旧媒体的融合发展规律，对互联网思维、用户理念、产品理念的重视也不断加强，在转型的过程中积极探索适合自身特色的融合发展路径，为我国广电媒体顺利推动内部结构调整、优化传播形态写下了浓重的一笔。我们坚信，在"互联网＋"探索和实践的过程中，媒体人一定能为传统广播在新时代的转型升级和创新发展找到一条可供借鉴的突围之路，催生出崭新的广播传媒生态圈。

参考文献

1. 崔忠芳. 全国广播业媒体融合调查报告［EB/OL］. 记者网，http：//www. jzwcom. com/jzw/74/11429. html.

2. 郝丽婷，王菁，覃继红，等. 国内部分传统广播电台"互联网＋广播"现状调研［J］. 中国广播，2016（1）：5－18.

3. 《海阳现场秀》——电台节目如何实现"广播＋"［EB/OL］. http：//news. sina. com. cn/o/2015－04－07/150731689147. shtml.

4. 赵莹. 2014年美媒十大事件出炉［N］. 光明日报，2015－01－31.

（作者系防灾科技学院人文社科系副教授）

"互联网+"时代视听信息传播应有大数据思维

徐旭伟

【摘 要】互联网在中国攻城夺寨，势如破竹，将不可能变成可能，又将可能变成现实。新媒体技术的万有引力，创造了一个又一个神话。随着我国媒介融合进程进一步加快，以及互联网技术的进一步发展普及，我国已经进入信息社会，一个新的传媒时代已经到来。这个时代充斥着各种信息，不再局限于报纸，也不是简单的广播、电视时代，而是一个以互联网技术为支撑，多种媒介信息爆炸的时代。互联网给广播带来了新的发展机遇和新的挑战。随着人们生活节奏进一步加快，阅读呈现碎片化等趋势；同时面对海量信息，很容易被繁杂的信息所吞噬。而大数据可以对每一位用户浏览视听信息的数据进行长时间、大规模累积，在此基础上对用户收视心理、行为、兴趣、习惯等方面进行更精确、针对性更强的细致反映。同时，基于大数据的评估将不再局限于传统广播节目的收听行为，而是扩展到多个传播平台、多种视听信息形态。这些变化将使视听信息传播研究导向更为精确和深入的层面，并由此引发视听信息内容生产、传播、营销模式的重大变革。

【关键词】互联网 大数据 视听信息 传播

视听信息成为当代社会生活文化建构的核心要素，而以互联网为代表的新媒体技术的发展使这一视听文化景观更为突出。随着经济发展和公众文化素质、审美情趣的提高，视听产品的消费不再是单纯对音像的消费，而更主要的是对其中的文化因素、美学因素的消费。大数据时代的来临以及媒介融合进程的加快，使媒介生态环境发生了巨大的变化，广播能否抓住机遇，应对挑战，是值得深思的问题。

一、当前视听媒介环境的几大变化

（一）接收终端多元，传播路径多样

近年来，信息技术得到大力发展，人们生活水平也逐步提高，电脑、手机、iPad等电子设备越发普及。再加上媒介融合程度的加深，使传统意义上以电视、广播为基础的视听传播进入多屏互动的时代。人们不再局限于通过电视和收音机收看、收听节目，而是利用多元的移动终端来接收节目。电视上的丰富节目，互联网上的网络电视、网络视频都可以在移动终端上实现视听传播。另外，移动终端的发展普及以及人们思想观念的进一步开放，使传统观众、听众由信息的被动接收者向主动使用者、传播者转

变，同时多屏互动、社交媒体、受众主动参与等多种因素使得视听信息的传播路径更加复杂多样，一级传播向多级传播的转变是视听信息传播的颠覆性变革。

（二）受众拒绝被动，主动作为

互联网信息时代，信息呈井喷式增长和传播，而且这样一个时代，"人人都是麦克风"，每个普通公民都可以方便快捷地接收和传播信息。信息传播路径则更为复杂，受众不再被动地接收信息，而是将自己的意见或信息反馈给媒体，信息流不断融汇，推动事件的发展；新型受众群体在传播过程中的主动性和能动性有了明显提升，学者彭兰曾提出过视听信息的"受众"是"作为新闻生产力的受众"。在互联网时代，受众不再是单纯意义上的信息接收者，更是广义的信息生产者、传播者。受众可以参与到信息生产和传播中，例如可以提供线索和素材，引起传统媒体的报道，抑或参与信息的再生产和再传播，变身信息"使用者"。

（三）市场前景看好，受众消费兴奋度高

随着各种传媒技术、信息技术的急速发展，视听产品生产和传播的技术门槛越来越低，而产品越来越多。我们可以关注到在消费者数量相对稳定的情况下，并没有出现受众的文化消费能力危机。或许视听节目已经多到足以令视听市场饱和，但是以市场经济机制运行的文化生产反而创造了一个又一个的传播神话，掀起一个又一个周期性的文化热点，不断唤起视听受众的消费兴奋。例如电影《捉妖记》《大圣归来》《煎饼侠》打破了影史20项纪录，且三片贡献7月票房超半。很多人大胆预测今后50亿元票房井喷或成常态。总体而言，视听传播在互联网和新媒体的时代背景下，将遭遇众多挑战和冲击，但是市场前景仍被看好。

二、当前时代背景下视听传播存在的几大问题

视听信息传播在当今社会无处不在，电视上的节目、广播里的语音、网络上的视频、站台上的广告都是视听传播。眼睛和耳朵作为人体接收信息最为常用的器官，几乎是无时无刻不在接收视听信息。在互联网信息时代，在媒介融合的时代背景下，视听信息传播主要存在着以下几个问题：

（一）固守传统媒介阵地，创新意识不够

2014年8月18日，中央全面深化改革领导小组第四次会议审议通过了《关于推动传统媒体和新兴媒体融合发展的指导意见》。如今媒介融合正逐步加深，而且新兴媒介和传统媒介的融合已经上升到国家发展战略的高度，值得学界和业界高度重视和研究。反观视听信息的传播，强调转型和融合的主要集中在纸媒，在纸媒领域探讨报业如何转型、如何在新形势

下和新兴媒体融合较为普遍。电视节目也逐渐增多，特别是娱乐节目、真人秀节目呈井喷式发展态势，而且在节目中有微信、微博互动，这是顺应时代要求的一个侧面和缩影。但是在广播方面，似乎少有作为，缺少创新意识、忧患意识和时代紧迫感，固守传统媒介阵地现象较为严重，亟待改变。总体而言，视听信息的传播在新媒体时代环境下不管是在技术还是内容方面都还有很大的提升空间。

（二）利用新媒体不够及时，应对滞后

信息爆炸，信息井喷式发展，在这样一个瞬息万变的时代，落后一步就意味着步步落后。新媒体出现后，甚至是媒介融合上升为国家战略层面的高度后，有许多媒体都没有引起足够的重视，从而直接导致视听信息的传播难以跟上时代发展潮流以及人们日益多样和多元的信息需求。在互联网技术发展较为成熟以及移动终端更为普遍的当下，视听信息传播必须搭上新媒体的快车，顺应媒介融合的历史进程，才不会被时代淘汰并得到大力发展。

（三）没有充分认清和发挥自身优势

视听信息传播在顺应历史背景、时代趋势的同时，还必须重视视听信息自身的传播优势，认清自身的传播特点，只有知己才能不殆。如今，工作和生活的压力还是相对较大，人们通过电视、广播、网络、移动终端接收信息的同时，更多的是利用这些媒介缓解压力，使身心得到放松，所以这也使得综艺娱乐节目较多。传播学中著名的"使用和满足"理论就要求，媒体重视受众的需求，尽可能满足受众的需求。广播作为视听信息传播的重要媒介，在这样一个时代并没有得到应有的发展，和其未重视自身优势有关。广播具有即时性的特点，同时，也是可以闭上眼睛接收信息的重要媒介，可以让受众在比较轻松的条件下接收重要的抑或是消遣娱乐型的信息。受众可以一边做着自己的事一边听广播，但是很难一边做事一边上网，所以这是广播的独特优势。如何在新媒体时代环境下，制作出优质内容，把受众的碎片化时间利用起来，是值得考虑的问题。

三、把大数据思维注入视听信息传播

（一）大数据是什么

大数据是近年来特别流行、炙手可热的一个词语，引起各行业的高度关注。因为大数据的重要价值，也因为大数据能和所有行业都关联在一起，能够影响甚至变革人们的日常学习、生活、工作以及思维方式。虽说大数据近年来才逐渐流行并得到人们的关注，但是早在20世纪80年代，以预测未来而著称的美国未来学家阿尔文·托夫勒在其《第三次浪潮》中就曾经预测，21世纪前后，人类将进入信息时代，信息将成为物质、能量之后的第三个世界构成要素，并用极具煽动性的语言描绘了信息时代的生产、生活、工作和学习等各方面的变革。在当时，也许没有人会认同这样的观点，但如今却成为现实。

大数据一词来源于英文 Big Data，用来指称"那些大小已经超出了传统意义上的尺度，一般的软件工具难于捕捉、存储、管理和分析的数据"。而大数据技术是指从海量的、纷繁复杂的数据中，快速获得有价值信息的能力。大数据是一个总称性的概念，它还可以细分为大数据科学、大数据技术、大数据工程和大数据应用等领域。大数据技术具有重大的价值，可以和各行业结合创造出新的价值。一般把大数据的特点归纳为4个层面，并简称为"4V"：第一，Volume（大量），即数据数量巨大。第二，Variety（多样），即数据类型繁多。第三，Velocity（高速），即处理速度快，实时在线。各种数据基本上可以做到实时、在线，并能够进行快速的处理、传送和存储，以便全面反映对象的当下状况。第四，Value（价值），即商业价值高，但价值密度低。

（二）大数据带来的思维变革

1. 整体性——不是随机样本，而是全体数据

随着智能手机和"可佩带"计算设备如苹果智能手环、手表的出现，我们的行为、位置，甚至身体生理数据等的每一点变化都成了可被记录和分析的数据。一个大规模生产、分享和应用数据的时代正在开启。而大数据的真实价值就像漂浮在海洋中的冰山，第一眼只能看到冰山的一角，绝大部分隐藏在表面之下。大数据给我们思维方式带来的第一个转变就是整体性，用整体的眼光看待一切，由原来时时处处强调部分到如今强调"一个都不能少"，不能只有精英，而其他只能"被代表"。哲学中就强调，不光需要重视要素，更应注重整体。要素和整体缺一不可，而大数据时代的来临能够帮助我们更好地把握整体。

在大数据时代，我们可以分析更多的数据，有时候甚至可以处理和某个特别现象相关的所有数据，而不再依赖于随机采样。数据化意味着我们要从一切太阳底下的事物中汲取信息，甚至包括很多我们以前认为和"信息"根本搭不上边的事情。毫无疑问，这将使我们的决策更为科学和准确。

2. 多样性——不是精确性，而是混杂性

大数据给我们思维带来的第二个巨大转变就是不再苛求精确性，而是接受混杂性。信息时代，研究数据如此之多，以至于我们不再热衷于追求精确度。随着数据规模扩大，对精确度的痴迷将减弱。我们不会也不可能

用"分"这个单位去精确度量国民生产总值。在这样一个时代，数据不可能完全错误，但为了了解大致的发展趋势，我们愿意对精确性作出一些让步。

我们以前的思维方式习惯于片面苛求精确性，而大数据冲击着我们传统的思维方式。我们试图扩大数据规模的时候，应当学会拥抱混乱。

大数据时代要求我们重新审视精确性的优劣。如果将传统的思维模式运用于数字化、网络化的21世纪，我们就会错过重要信息。执迷于精确性是信息缺乏时代和模拟时代的产物。要想获得大规模数据带来的好处，混乱应该是一种标准途径，而不应该是竭力避免的。

认为每个问题只有一个答案的想法是站不住脚的，不管我们承不承认，宽容错误会给我们带来更多的价值。

3. 平等相关性——不是因果关系，而是相关关系

第三个转变因前两个转变而促成，即我们不再热衷于寻找因果关系。平等性即指各种数据具有同等的重要性，数据也强调民主和平等。关联性即关注数据间的关联关系，从原来凡事皆要追问"为什么"到现在只关注"是什么"，相关比因果更重要，因果性不再被摆在首位。大数据时代，我们不必非得知道现象背后的原因，而是要让数据自己"发声"。知道"是什么"就够了，没必要知道"为什么"。

举个大数据与电子商务的实例。比如亚马逊网上书城推荐新书，如果系统运作良好，亚马逊应该只推荐给你一本书，这本书就恰巧是你将要买的下一本书。而这些都是通过大数据技术做到的，这种洞察力足以重塑很多行业，不仅仅是电子商务。我们不再局限于因果关系，而是重视相关关系。大数据的相关关系分析法更准确、更快，而且不易受偏见的影响。相关关系可以帮助我们捕捉现在和预测未来。

（三）把大数据思维注入视听信息传播

我们如今生活在被信息包围的时代，大数据强调一切数据皆可量化，都能为我所用，量化一切，是数据化的核心。数据的价值在于开发和创新使用，而不是囤积和积累。把大数据思维注入视听信息传播，创新视听信息传播方式，比单纯地积累和掌握数据有意义得多。那么如何把大数据思维运用到视听信息传播呢？大数据又能够给视听信息传播带来什么意想不到的改变？

1. 效果评估更加科学精确

互联网技术以及移动终端的发展普及，深刻影响着视听信息的传播。电视广播节目的内容呈现由固化转为分散。这样一来，以前以收视或视听时间为重要标准的收视率效果评估就应该相应作出调整。互联网和移动终

端使得受众可以随时随地方便快捷地获取视听信息，空间成为一种重要的效果评估标准。

如今，一些收视研究机构开始发布针对电视台及其节目的"全媒体收视率"，或者提出"电视节目网络传播影响力评价体系"，目的都在于对新媒体环境下视听信息的评估指标体系进行革命性的突破，但基本上还是对传统电视收视研究方法、指标体系的延伸和补充。而如果运用大数据技术进行数据统计分析将完全不同。收视研究机构可以利用有线电视机顶盒、电视媒体资料数据获得"全样本"的大数据，通过对全样本而不是单一样本的数据分析，能够对电视广播节目内容、播出时间、播出平台等进行全方位且更为科学准确的分析。

2. 用户分析更为深入准确

不论是媒介处于刚起步发展阶段还是如今较为成熟的阶段，受众对于媒体的发展都至关重要。新闻学、传播学两大学科都特别注重对受众的分析研究。只有了解和掌握受众的兴趣爱好、获取视听信息的行为习惯，才能够制作出更好的节目，满足受众日益多元的信息需求。传统的收视统计仅仅抽取少量样本来对收视情况进行推测和笼统描述，大数据则可以对每一位用户浏览视听信息的数据进行长时间、大规模的累积调查统计，并在此基础上对用户收视心理、行为、兴趣、习惯等方面进行更精确、针对性更强的细致反映。同时，基于大数据的评估将不再局限于传统电视节目的收视行为，而是扩展到多个传播平台、多种视听信息形态。这些变化将创新用户分析方式，将视听信息用户分析研究导向更为精确和深入的层面，给视听信息传播带来重大变革。

3. 内容生产愈发针对有效

在互联网技术发展普及、媒介融合日益加深加快的今天，对于信息传播而言，在已经拥有便捷的渠道条件的前提下，优质的内容显得尤为重要。而在市场经济自由竞争的环境下，各电视台之间竞争导致视听节目同质化现象严重，在这样的市场环境和时代背景下，"内容为王"毋庸置疑。

大数据技术可以对曾经流行现已尘封的内容或是正如火如荼的节目进行全面深入的分析。美国视听新媒体服务商奈飞公司（Netflix）依靠用户数据异军突起，其成功的秘诀就是运用了大数据技术。美国 Netflix 视频网站每天记录用户 3 000 多万个观看的动作（暂停、回放、快进、停止）和 400 万个评分，300 万次搜索，利用积累的大数据预判观众喜好，据此选择剧本、导演和演员及调整剧情，有针对性地向用户宣传，吸引用户从试用转向付费订阅。《纸牌屋》的成功就是通过云计算精确整理重点关联数据而造就的。通过大数据运营，奈飞还颠覆性地改变了美国热播剧每周只播

1 集这个沿袭数十年的播出模式，一举将《纸牌屋》全季 13 集全部推出，满足用户"想看就看，想看多少就看多少"的新需求，取得了震撼整个视听产业的热播效果。

运用大数据分析，可以了解用户最需要什么，最想看到什么，使内容生产更具有针对性和有效性。

大数据时代冲击着人们传统的思维方式，并对工作、生活带来巨大变革。在互联网技术大力发展以及媒介融合进程进一步加快的时代背景下，把大数据思维注入视听传播，将给视听传播带来新的生机和活力，甚至颠覆传统的视听传播模式，今后视听传播的发展前景将更为广阔。

参考文献

1. ［美］阿尔文·托夫勒. 第三次浪潮［M］. 黄明坚，译. 北京：中信出版社，2006：83 - 85.

2. 涂子沛. 大数据［M］. 桂林：广西师范大学出版社，2013.

3. 李德伟. 大数据改变世界［M］. 北京：电子工业出版社，2013.

4. ［英］维克托·迈尔—舍恩伯格，肯尼斯·库克耶. 大数据时代［M］. 盛杨燕，周涛，译. 杭州：浙江人民出版社，2013.

5. 蔡爽. 大数据搭起的《纸牌屋》［J］. 中国新时代，2014（2）.

6. 吕岩梅. 大数据与现代视听传媒建构思考［J］. 声屏世界，2013（10）.

7. 陈雪奇，王昱力. 大数据改变新闻价值的三个维度［J］. 新疆大学学报（哲学·人文社会科学版），2014，42（6）.

8. 方德运. 视听接收终端的融合发展以及对广电的影响分析［J］. 现代传播，2012（10）.

（作者系南京政治学院军事新闻传播系硕士研究生）

我国广播业供给侧结构性改革探析

陈嘉颖

【摘　要】媒体作为信息载体，首要任务就是为人们传递瞬息万变的信息。在新媒体出现以前，新闻信息的传播能力曾一度成为传统媒体标旗立帜的根本。然而，在互联网营造的"信息大爆炸"氛围下，新闻产业的市场红利逐渐消失，传统媒体被冷落成为现实。广播是最早遭受冲击的传统媒体，但其通过对冲击的良性转化成就了产业化发展的推动力，使广播业获得了产业化运作的先机。广播业在媒体寒冬的一枝独秀为媒体改革创新带来了启示，而供给侧结构性改革理论则为媒体改革创新提供了理论依据。本文将结合经济领域"供给侧结构性改革"的相关理念，探究广播业发展的新路径。

【关键词】广播业　供给侧　结构性改革

"供给侧改革"是中央财经领导小组第十一次会议提出的中国经济治理与发展的新思路和新概念，即从供给、生产端入手，通过结构性改革，优化供给体系，提高供给效率，促进经济发展。供给侧结构性改革旨在调整经济结构，使生产要素实现最优配置，提升经济发展效益。我国宏观经济政策曾长期强调"需求管理"，即依靠投资、消费、出口三驾马车扩大有效需求，拉动经济增长，而2008年全球金融危机爆发后，国内国际经济形势日趋复杂，经济增长放缓，需求刺激效果式微，经济决策层在全面深化改革的实践中参透了需求不足的表象，洞悉了供需错配的实质，并逐渐意识到：优化配置供给侧的劳动力、土地、资本、技术创新四大生产要素，提高产品供给的数量与质量，方为解决经济问题的一剂良药。

作为文化产业参与国民经济核算的新闻传媒业，本身就是国民经济的重要组成部分，经济改革的方略理应在新闻传媒业的变化与发展之中得到充分体现，因此，供给侧改革的思路与范式完全可以嫁接和迁移到广播业的改革土壤之中。对于广播业供需关系的分析，大致可从两个板块入手：节目板块和广告板块。节目收听率和广告收入是衡量受众对广播节目和广告主对媒体广告产品有效需求的重要指标，近年来两者一直呈现出不断下降的趋势，但此种趋势变化揭示的并不是受众、广告主需求的疲软，而是广播节目内容的供需错位。广播节目的质素直接影响收听率的提升，广告主往往按照受众占有率选择合适的媒体进行精准投放，因此，广播节目的质素也间接影响着广告营收的命脉。毋庸置疑，广播业的出路和未来在于能否坚持以受众需求为导向，淘汰落后产能，优化供给结构。

一、广播业供给侧结构性改革的背景与意义

供给侧结构性改革是个时髦词，简单说就是提高供给质量，推进结构调整，矫正要素配置扭曲，扩大有效供给，提高供给结构对需求变化的适应性和灵活性。广播的供给侧结构性改革，也是对供给需求错配的一种纠正。

在电视、广播、报纸三大传统媒体中，广播一直在电视和报纸的压力下创造了一个又一个的传播媒体奇迹，实属改革创新的先驱。早期广播的出现，的确对报纸造成过一定冲击，因为当时人们文化水平普遍较低，广播"只听不看"，不以文字为传播符号，为听众去除了接收最新新闻信息的门槛。但随着人们生活、文化水平的日益提高，广播新闻信息"稍纵即逝"的缺点也日渐暴露。报纸也在短时间内收复失地，与广播平分媒体江山。而电视的出现，给广播业也带来致命冲击，尽管早期电视设备相对昂贵，一定程度上阻碍了其发展的步伐，但是日新月异的科技迅速扫除障碍，为电视业带来"黄金时代"。由此可见，基于各种先天短板，广播业一直处于与报业、电视业抗衡的失利阶段。尽快谋求产业化发展，开拓与众不同的发展道路，成为广播业改变命运的唯一出路。广播业一直走在改革的前端，早已探索出一条因时而变的实用主义道路。因此，广播业在改革的社会大环境的过程中，积累了充足的经验，能更有把握地在沿着供给侧结构性改革的方针前进的道路上进行自身优化。

与此同时，广播业在汽车鸣笛的喧闹声中悄悄壮大，获得众多的听众支持，并以供给侧结构性改革为明灯深练内功，在媒体寒冬寻求突破口。在电视、报纸的持续冲击下，广播也同时迎接了互联网的强势冲击。但广播作为传统媒体的一员并未受到严重打击，而是把这种挑战转化成了发展的动力。更令人意想不到的是，在重重困难下广播的突破口居然在于"堵"。近年来，我国汽车保有量逐年提升，但道路却跟不上汽车步伐，"拥堵"在一定程度上造就了广播的成功。越发达的城市，交通拥堵状况就愈加严重，这种"异象"在某种程度上为广播业提供了源源不断的高素质长期或潜在听众，为广播业的绝地反击准备了必要条件。由于各种限制，司机在拥堵路段行车的过程中多选择收听广播探听路况、消遣娱乐，广播业因此收获一批稳定的听众。高收听率直接推动广播业的深化改革，广播业成功的供给侧结构性改革大大提高了广播节目的质量，从而吸引更多的潜在听众收听广播，这种双向的推动和促进作用，为广播业营造出良性的可持续发展氛围。

二、广播业供给侧结构性改革的目标与追求

顾名思义,供给侧结构性改革就是讲求从提高产品的品质出发,改变以往向客户兜售产品、说服客户购买产品的模式,通过保证产品的高质量来吸引客户主动购买产品。而广播业的供给侧结构性改革就是通过提高广播节目质量、调整节目的播出时间配合听众适时收听、打造优质媒体品牌等手段,提高广播节目的关注度,从而吸引受众自行积极收听广播。

与此同时,广播业应借城市交通拥堵的机会收复失地,积极吸引各年龄段的听众,扩展听众的年龄范围,最大限度地拓展各年龄段的听众人数,有效提高受众的市场占有份额。

三、广播业供给侧结构性改革的方向与途径

(一)从节目编排入手,启动供给侧结构性改革

人们的思绪曾经简单、清晰,仅仅从传统媒体单向获知信息;而如今日新月异的年代,人们的思绪被大量信息侵入而打散,这一现象不仅给社会带来一种浮躁的心理,还给人们输送了一种碎片式的获知信息的新模式。

笔者认为,这种碎片式的信息吸收模式,主要体现在两个方面:第一,人们已不能长时间聚焦接收同一个节目发出的电波;第二,人们已不能在一定时间段里只接触单个媒体。因此,广播节目要有足够的吸引力,就必须从生理和心理上都满足人们的需求。例如,早晚上下班高峰期,广播节目更应偏向于对路况的实时信息传播,在即时交通拥堵信息播报间加插音乐播放。在信息与音乐的交替间形成碎片输出的模式,让即将进入拥堵道路的司机听众绕道行驶的同时,也满足正在拥堵道路上等待的司机听众欣赏音乐的需求,在合适的时间播放合适的音乐,在某种程度上还能缓解听众紧张、焦躁、烦闷的心情。通过恰到好处的时间把握,牢牢扣住听众的心,让他们无需转换电台频道即可满足多种需求。再如,晚间10—12点人们睡觉前的时间段,广播电台应倾向于播送怡情节目,畅谈人生感悟、排解人生烦忧,通过主持人的分享和音乐的伴奏为人们驱除内心的郁结。在收听广播的同时,人们或整理明天穿戴的着装,或收纳明天携带的物品,为烦扰的一天画上完美的句号。又如,为配合快速流转的信息传播环境,现今广播电台都会在每个整点插入新闻资讯的播报环节。通过整点播报新闻热点、突发事件,使听众第一时间获取新闻资讯,尽管广播在短时间内还不能跑赢互联网的发布速度,但这种即时新闻资讯的插播能有效避免听众放下手上正在进行的工作拿起智能手机查看新闻,因此,从培养

长期听众的角度考虑，整点新闻资讯环节顺理成章地成了必不可少的环节。

广播频道安排得当的节目编排顺序，能有效提高笼聚听众的精准度，让电波填补人们听觉的空缺。与此同时，电台节目制作也不再以量取胜，而转为以质取胜。长期科学的节目编排顺序，能使人们形成收听惯性；但要想赢取人们长期的支持，就不得不从节目内容着手加以巩固。全天候不停播放的形式已过于平俗，针对特定受众群的精品节目更能吸引听众追捧。节目对于听众的精准定位，不仅能集中精力在某个专业领域进行深度剖析，还能在一定程度上吸引广告主的广告精准投放，做到节目内容和广告营收双赢。

（二）培育自媒介主体，活化广播内容

从上述的讨论中不难发现，广播产业的供给侧结构性改革从节目编排着手，培养听众的收听习惯；从对节目内容的多样化着手巩固听众的收听习惯，形成粉丝群体。随着互联网进入 Web2.0 的发展阶段，媒介移动化、网络化、交互化程度不断提高，信息的传受早已不再受地域空间的限制，我们已经进入一个"人人都有麦克风、人人都是发声者"的全民传播时代。广播率先走上产业化道路也未能避开互联网的强烈冲击，因此，广播在被互联网冲击的同时，也应思考如何利用互联网丰富其自身的传播形式和模式，活化节目内容。

笔者认为，广播自媒体的建立，既属于"需求管理"，也属于供给侧结构性改革。属于前者，是因为广播自媒体的节目播放模式使听众可以根据自己的需求选择收听直播还是往期节目，还可以随时随地在节目评论板块发表自己的观点、意见，及时与主持人互动沟通，给主持人反馈。主持人也可以根据听众的反馈及时调整节目内容，及时适应听众需求，更快速地捕捉听众的关注。因此，从这个角度来说，广播自媒体是为了有效适应听众需求而建立的。但正是因为广播这种节目播放形式和传播模式的改变，才能更吸引听众的主动关注和热烈追捧，因此，广播自媒体的建立又属于供给侧结构性改革。

新闻板块更能体现新媒体对广播业的活化作用，在广播新闻与新媒体高度融合的过程中，新闻节目内容的生产者已不再只是新闻中心，还有千千万万的听众。传统媒体则主要依靠专业化、组织化的采编队伍完成新闻素材的收集，这种新闻生产方式的弊端在于劳动力的相对不足，即劳动力要素的供给与配置无法满足信息化时代背景下新闻社会化大生产的需要。虽然从事新闻行业的工作者为数众多，但他们不具备"公民记者"的特殊优势，不是高质量的劳动力资源，而"公民记者"群体却焕发着无限的生机与活力，蕴含着极高的新闻生产效率。广播电台依托移动互联网技术大力发掘和培育自媒介主体，将其纳入新闻生产的劳动力供给管道，优化劳动力资源配置，激活潜在新闻产能，实现广播业供给侧环境机制的完善与健全。广播业在积极融合新媒体的过程中，让听众直接参与新闻的制作，这种参与不仅能让听众亲身参与新闻事件，关注事态发展，还为听众搭建起新闻事实监督平台，在大大提高新闻内容可信度的过程中，牢牢抓住听众的猎奇心理，一举两得。

（三）集中优势资源，打造媒体品牌

广播归根结底是为受众提供服务的产业，广播节目要想吸引受众关注，占有更多注意力资源，就必须在内容上下苦功，最大限度地满足受众需求。从远期市场开发和受众培育来看，传统媒体拥有众多的潜在受众。传统媒体的受众曾经过市场细分，传统媒体在内容生产过程中更加专注于满足目标市场的受众需求，"分众化"受众的个性化需求将得到进一步满足。因此，广播业致力于满足受众需求，最终还是要在供给端进行改变和调整，优质的广播节目供给自然会培育出强劲的受众需求。

在多媒体共存的形势下，受众在传播过程中的地位越来越重要，受众对媒体的需求日益呈现出个性化、多样化、分众化的特征，传统媒体的节目内容甚至已无法适应受众的需求变化，这就使传统媒体在一定程度上存在着生产过剩的风险。例如，媒体以传播新闻信息为第一任务，新闻板块的优劣直接影响媒体发展的成败，而过剩现象在新闻生产方面尤为显著。一个广播电台往往拥有数个频道，每个频道都有自己的新闻编辑部就会造成资源浪费和出现新闻产出过剩的问题，因此，建立新闻中心作为电台的新闻生产总部，向每个频道发送新闻信息，不仅避免了新闻信息的重复播报，还给予频道更充分的时间、空间对信息进行个性化、多样化编辑，在最大程度上适应受众需求。随着互联网、手机、平板电脑等新型终端分流了传统媒体中年轻化且购买力较强的人群，广播业已不能只着眼于新闻资源的整合，还要加快全媒体整合。例如，广播、电视分管不分家，过去广东广电资源集聚度太低，整合力有限，无法集中优势资源打造在全国有影响的媒体品牌，导致影响力与兄弟省份相比有明显差距，地面频道的市场份额逐渐被省外强势频道挤占蚕食，新媒体运营也因为出品内容的劣势而缺乏后劲。经过大动作整合后，在紧要关头实现"弯道超车"，新组建的广东广播电视台才有可能借此机会重返广电"第一阵营"。广东广播电视台由原南方广播影视传媒集团、广东人民广播电台、广东电视台、广东南方电视台、广东省广播电视技术中心整合组建而成，是集广播、电视、报纸、杂志、网络、新媒体、广播电视发射传输等多种业务为一体的省级广播电视大型综合传媒机构。通过全媒体、多平台的强强联合，精简架构，消除重叠的信息生产环节，最大限度地提高媒体信息产能，从而实现最彻底的供给侧结构性改革。

（四）联动品牌活动，制作品牌节目

以品牌活动推动品牌建设，增强影响力、传播力，已成为当今各媒体在"注意力经济"时代赢得竞争的一种最直接手段。"注意力经济"的竞逐也是供给侧结构性改革的表现，以品牌活动塑造媒体形象，制造热点话题，吸引听众自觉关注活动进展。例如，广东电台的年度公益活动"大爱有声·精彩故事"，用电波传递爱的力量。每个人心中都有爱，情感驱动听众跟踪爱心公益活动的进展，人们自发捐资捐物，并时刻关注电台最新公布的活动消息，积极响应号召支持活动，进一步扩大社会影响力。电台在进行公益活动的过程中，不仅是在传递社会救助信息，也不仅是在帮助社会上的各种弱势群体，而更多地体现出一种"私利"，表现出一种媒体的责任，使电台得到更多听众的支持、鼓励，甚至崇拜。广播电台在为公益活动摇旗呐喊的同时，也在为自身塑造良好的社会形象，传播自身良好的社会责任感。再如，2012 年为救治白血病儿童小碧心，广州市媒体共同策划筹办了"义剪活动"，一时轰动全城。广东电台也积极加入主流电视、报纸媒体的宣传号召阵容，投身媒体公益事件，向全社会宣传爱心捐赠信念。随着各大媒体对事件的跟踪报道，使所有参与其中的媒体均被标签化，凡有参与此类活动的媒体均被认为是有良心的媒体。广东电台在收获听众给予的认可和支持的同时，也把自己推到了媒体形象的最高层次，奠定了它在媒体行业的崇高地位，攒足美誉。

四、结束语

如果用一个公式来描述人们口头上所说的"供给侧结构性改革"，那就是"供给侧 + 结构性 + 改革"。其含义是：用改革的办法推进结构调整，减少无效和低端供给，扩大有效和中高端供给，增强供给结构对需求变化的适应性和灵活性，提高全要素生产率，使供给体系更好地适应需求结构变化。而广播的"供给侧改革"即需要用改革的办法推进电台优胜劣汰，理顺变革的思路。通过整合节目编排和精准播报有效资讯，培养和巩固听众的收听惯性；通过培养自媒体，把广播节目做新做活；通过结构调整精简架构，集中优势资源做大做强；通过品牌活动和精品节目，把媒体市场做精做准。改变以往致力于让更多的人来买蛋糕的思想，努力把蛋糕做好做精致，使广播继续在产业化发展的道路上发光发热。

（作者系暨南大学新闻与传播学院硕士研究生）

"你可能会闭上眼睛，但你永远不会合上耳朵"

——国际广播同行在媒体融合时代的探索

李　宏

【摘　要】声音是广播唯一的介质，唯一的优势。广播将声音作为作品的创作立足点与核心，以声音为创意的出发点，以听觉感受去创作，从声音的角度展开思考、采访编辑、设计内容，最终的呈现也依托于声音。

【关键词】媒体融合　声音　创作

广播最早是以通信工具的形式问世的，人们用这一无线电技术来发布信息、传递情感、传播思想，使之成为报纸之后的"新媒体"。每种新通信技术的诞生都会促使广播向前发展，比如电话、智能手机，电话让广播与听众实现即时、多方互动，智能手机拓展了广播的时间和空间。笔者以国际广播同行的几个成功案例，展示广播的本质特点，说明媒体融合时代传统广播只有坚守自己的特点，将自身优势（特色）与新媒体融合，才能创造出广阔的生存空间，赢得空前的发展机遇。

一、"放下收音机，系好鞋带！徒步穿行这个互动的节目"

APP《炮台内外徒步探险》（*Inside Outside Battery*）由加拿大 Battery 电台创作。Battery 是加拿大纽芬兰岛圣约翰市的一个社区，因地势陡峭，像该城的门户，电台以此命名。本文据此并结合 APP 的内容，将 Battery 译为"炮台"。

"放下收音机，系好鞋带！徒步穿行这个互动的节目。"这个项目的推介语形象地说明了收听这个广播节目（使用这个产品）的方式：听众（用户）只需要带上智能手机，插上耳机，走入城市。从城市的任何一个点出发都可以，走到哪里，耳机里就会播放关于这个地方的节目，音乐、歌曲、小说、诗歌、时事新闻、调查性报道、广播特写、广播剧，各种各样的节目用不同的方式告诉你这个城市有哪些地方值得看，并为你详细介绍，可能是一栋建筑，也可能是一位艺术家，还可能是这个地方发生的历史事件……比如，当你走到码头，你会听到克里斯·布鲁克斯2003年制作播出的经典广播特写《禁捕鳕鱼十周年的思考》，当年的渔民在祖传的渔船里为你讲述捕鱼生涯的快乐和不能捕鱼的绝望。

58

当你在城市里"徒步探险"时，你可能会"遇到"当地画家为你指引他画中风景的实际位置；也可能有当地的居民为你讲述他自己的故事，并把赠送给你的小礼物藏在特殊的地方让你去寻找；你还会听到当地小说家创作的令人毛骨悚然的鬼故事……如果你不想听，换个方向、换个位置，节目便会自动转换。整个收听过程你不必开机也不必关机，更不用自己选择，你只要随心所欲地行走，方向自己掌控，节奏自己把握，全球定位系统（GPS）会自动根据你所在的位置播放节目。在你的双眼饱览城市风光的同时，广播陪伴你、跟随你，耳语般地为你讲述这个城市的内在故事，让你深度了解其历史文化和精神气质。

《炮台内外徒步探险》的主创人员克里斯·布鲁克斯是这个城市的居民，加拿大资深广播特写制作人，在国际广播界很有影响力，他的节目几乎拿遍了国际上所有与广播相关的奖项。他充满创新精神，极富创造力，每次听他的新作品你都会发现他在超越自己。从 2009 年起，他已经不再满足于广播特写自身内容和形式上的创新，开始从事多媒体融合项目的试验。2012 年，他与当地市政府合作创作了在线广播特写《这里说——地图故事》，网民（听众）通过上网点击城市地图上的具体位置来选择相关节目，APP《炮台内外徒步探险》就是由此发展而来的。

"你可能会闭上眼睛，但你永远不会合上耳朵。"克里斯·布鲁克斯多次在圣约翰市的街头观察行人，他发现无论是游客还是当地居民大多会戴耳机，由此他产生了制作 APP《炮台内外徒步探险》的创意。

APP《炮台内外徒步探险》把传统广播伴随性的优势与现代技术完美融合，创造出实用的、被大众所需且别的媒体很难复制的产品。我国旅游业正兴旺发展，传统广播与新媒体融合在这一领域大有可为。

二、巧妙地把网络的"可视"与广播的"不可视"相结合

德国 RBB 电台（Rundfunk Berlin-Brandenburg）制作的多媒体节目《M10 号电车上的乘客》讲述的是柏林 M10 号电车上乘客的故事。乘客们随意地谈论他们所做的事、他们的感受和向往等。每个故事 5 分钟左右，按照 21 个关键词被划分在相应的专题里，比如陌生、帮助、海港、日常、无能为力、怀疑、信念、性爱、画像、拥挤、黑夜、愤怒等，用户可以任意选择在线点听，并留下自己的评论或自己的故事，也可以用收音机实时收听电台的节目。这辆"M10"电车就好像一台"广播特写机"，只要你愿意，它就会源源不断地为你播放。

不同的是，网上点听的故事都配有照片，仿佛"看得见"。"看不见"是广播的一大优势，采访对象因为"看不见"而向广播记者敞开心扉，倾

诉他心底的秘密。一旦"看得见",采访对象还会那么说吗?所以这个项目组的设计人员特意使用黑白照片,而且特意隐去讲话人的面孔,巧妙地把网络的形象与广播神秘地结合在一起,让听众好像"看见",以此引发想去听节目的好奇心:因为你看见的只是 M10 这辆电车车厢里的情景、车外的风景,你甚至看见了讲述者的手、脚、肩膀、背影,但你始终看不见讲述者的脸。

《M10 号电车上的乘客》由德国著名的广播特写制作人岩斯·亚里许负责,他带着三位年轻人纳丁—克鲁匝勒、珍妮·马利巴赫和约翰内斯·尼克曼共同制作。高品质的声音、实用而时尚的话题,融视频优势与广播特点为一体的形态,使得这个节目很受德国年轻人的喜爱。

三、坚守也是一种创新

英国系列广播节目《请别掉线》(*Don't Log Off*)中,主持人艾伦·戴恩通过 Facebook 和 Skype 与世界各地的人聊天,把录下来的对话编辑成半小时的节目在英国广播公司(BBC - 4)播出。

《请别掉线》源自 2002 年的系列广播特写《请别挂电话》,主持人也是艾伦·戴恩,制作人是马克·波尔曼。他们最初的想法是做一个即兴的口传历史形式的节目,采访者和被采访者事先都不做任何准备,没有计划,没有提纲。他们认为,伦敦红色的公用电话亭是一种符号,能够提供一个自然的空间,是一个了解陌生人生活状况完全中立的地方。一开始,他们闭上眼睛,用一支铅笔在英国地图上点一个点,点到什么地方,就问英国电话公司那里有没有公用电话亭、电话号码是多少。等收集到一定数量的电话号码后,他们开始在 BBC 顶层的播音机房里拨打电话并录音,主持人与偶然拿起电话的人聊天,告诉对方这里是 BBC 的播音间,想录下对方的故事,与听众分享。一年以后,他们播出了 5 个 15 分钟的节目,取名《请别挂电话》。后来播音室的电话拨到了冰岛、格林尼达、美国、澳大利亚、新西兰、俄罗斯、德国、阿富汗,在用这种方式制作第二组系列节目时,他们把每个节目的时间延长到了 30 分钟。他们称自己的工作是"坐在播音室里做环游世界的史诗般的心灵之旅",在广播里让英国各地、世界各地的普通人讲述自己的生活、个人的历史,而这一个个普通人的个人历史,却折射出人类的发展史,现代人的心灵史。

坐在电脑前周游世界,用声音探索全球各地普通人的内心世界,记录普通人的心灵史。《请别挂电话》创意独特,新奇感人。节目中展示世界各地普通人奇特的生活状态,现代的生活观念,各种文化的碰撞与融合,既有娱乐性,又有思想深度,常常让听众忍不住大笑或者流泪,在哭泣的同时微笑，在大笑过后落泪。这个节目赢得了听众的喜爱和世界性的影响，获得了英国本土的各种广播奖，以及意大利奖、欧洲奖。两位主创还被邀请到美国第三海岸国际音响节做讲座，分享创作的经历和感悟。

《请别挂电话》一直持续到红色公用电话亭在英国消失。2012 年 BBC 为主持人艾伦·戴恩建立了网络录音室，开设网站"和我聊天"（Talk to Me），系列节目改名为《请别掉线》，制作人改由 BBC 后起新秀担任，目前已经进入第 6 季。

同样的创意，同样的采访编辑制作方式，不一样的交流工具，不一样的讲述故事的人，同样深受欢迎。真实的生活常常比虚构的故事精彩，《请别挂电话》和《请别掉线》充分证明了这一说法。从 2005 年第一次听 15 分钟版的《请别挂电话》，到后来听 30 分钟版的同名广播特写，再到现在的《请别掉线》，笔者一直在思考：为什么一个人会对另一个遥远的、完全陌生的人袒露自己灵魂深处的秘密？英国广播同行的这一成功实践让我们再一次领悟到广播的优势——心灵触媒。声音没有直接显示的画面，但是声音可以借助想象创造图像，可以超越具象的现实而直抵人们灵魂的深处。温暖的、真诚的、善解人意的、源自心底的声音可以通过电波在听者心中勾画出亲切的影像，营造出温馨而又安全的氛围，让听者的心灵完全开启，与对方展开直接而深入的心灵对白、灵魂交流。这就是广播的魅力！广播为我们探索人类的内心世界、精神领域提供了独特的方式，这也是广播作品有时候比电视节目更具深度的原因。《请别挂电话》和《请别掉线》的成功，是因为主创人员对广播这一特点的深层感悟、大胆把握与长期坚守，他们以不变应万变，坚持以广播的特色、广播的优势，在不断出现的新媒体上做同样的节目，借助新的技术手段让传统广播更具吸引力。

四、不可视：广播的主要价值

随着数字技术的出现，传统广播人一直在面对挑战，探索广播在新时代的生存发展之路。2012 年前后，国际广播同行中视频化十分流行，在那年"思想的战车——未来的广播"国际研讨会上，几乎所有演讲者展示的广播作品都在互联网上有视频版的呈现。广播真的只有视频化一条路吗？广播真的只能沦落为网络视频的音频（一个单纯的视频配音）吗？

经过两年多的探索、争论，在 2014 年的国际广播特写大会上，一种共识慢慢在国际广播人中形成："不可视"是广播的主要价值！广播人要坚持自己的这一特点，很多时候要对"广播可视"说"不"！德国资深独立广播节目制作人海尔默特·科派茨基是这一观点的主要代表，他说："本来，广播能在听众的头脑中创造形象，使听众参与作者的创作，成为作者的助手，共同完成作品的创作。假如认为广播的手段过于单调，应该增加画面来丰富它，那就等于德国人常说的'锯断我们正坐着的椅子的腿'。"有一个例子充分证明了海尔默特·科派茨基的这一观点，2013年，在法兰克福举办了德国著名画家阿尔伯来许特·杜勒尔的绘画和木刻作品展。原作只有黑、白两色，策展人为了使展览更具吸引力，给有些画上了色——红色、黄色和蓝色。展览会上的参观者认为，对原作上色以后，作品质朴典雅的特点就消失了，成了"米老鼠式"的动画，"米老鼠式"的动画随处可见，而质朴典雅的阿尔伯来许特·杜勒尔的艺术品只有德国有。"给经典上色，这是艺术上的自杀。"

海尔默特·科派茨基是20世纪90年代中期最早使用电子技术的独立广播节目制作人之一，至今他每天都在享受这神奇的工具——互联网带来的好处。但是他认为，广播与互联网融合，绝不需要"可视化"，绝不能丢弃广播这一行的基本价值：不可视。"以少胜多！简单就是丰富！"

五、声音里有世界的全部

广播因为没有图像，反而造就了自己的优势。缺憾造就特点，没有图像胜过有图像。广播用声音作画，用音响叙事，带听众（用户）用耳看世界，用心听人生。除了人们常常提到的快捷性、伴随性、移动性之外，广播还是这样的媒体：

最具想象的媒体。广播是诗，广播具有诗的本质特征：想象。广播赋予受众更多的想象空间，而不是像图画、视频一样把听众的想象局限于一个已被定义的影像。声音提供无限的创造空间，最能发展想象力，培养创造力。

最有思想的媒体。人除了物质需求、信息需求、读图的需求之外，还有精神需求，有对观点、看法、价值观的需求，因为没有图像，广播能排除外在的干扰让受众关注于观点和思想。广播有表达思想的广阔平台，能够最及时、最全面、最有深度、最有广度地为受众解读新闻，同时表达观点、传播思想、引导舆论。

最具权威性的互动媒体。广播最早是以通信工具的形式诞生的，声音传播具有即时同步效应。电话的出现让广播具备了双向、多向的交流，互联网的出现、微信平台的诞生，让这种互动更方便、快捷、无障碍，让广播与受众之间实现了穿越空间的即时参与、即时回应的互动。据欧洲广播联盟（EBU）的资料，广播电台在欧洲公众心目中的公信力高达65%。这是网络无法相比的，是传统媒体上百年的积淀，是几代广播人奋斗所凝结的财富。

心灵的触媒。声音具有穿越时空、穿越世俗的力量，直抵人的心灵深处，唤起人心灵的共鸣，震撼人的灵魂。广播是受众贴身、贴心的伴侣，从信息服务到思想支撑，再到心灵抚慰，广播用声音与听众的心灵相遇、相知、相守。声音，是广播唯一的介质、唯一的优势。广播将声音作为作品的第一创作立足点与核心，以声音为创意的出发点，以听觉感受去创作，从声音的角度展开思考、采访编辑、设计内容，最终的呈现也依托于声音。声音比图像更具想象力、更有穿透力，体味最美好的感受时，你会自动闭上眼睛。所以，广播人一定要认识到自身的价值，无论在哪个新技术平台上运作，都要发扬广播的基本特质。只有这样，广播才能具有别的媒介不可替代、无法复制的独特性和魅力，才能吸引用户、留住用户。

（作者系中央人民广播电台广播学会秘书长）

广播的视听盛宴
——VR 在广播中的运用设想

【摘　要】2016 年 3 月 18 日，我国发布首份《中国 VR 用户行为研究报告》。调查数据显示，我国 15 到 39 岁人群中，听说过 VR 产品或相关知识，并且对 VR 非常感兴趣的用户，占比达 68.5%。在这个人群中 VR 潜在用户为 2.86 亿。2016 年，VR 的纪元年已经到来，广播离它有多远？在众媒时代的今天，广播是做潮流的跟随者还是抢占先机，在 VR 风暴中彰显广播人的姿态？本文尝试初探 VR 在广播各场景中的运用设想。

【关键词】VR　广播　第三屏

一、VR 舞动第三屏

（一）VR 已经来了

VR（Virtual Reality，即虚拟现实，简称 VR），是由美国 VPL 公司创建人 Jaron Lanier 在 20 世纪 80 年代初提出的。具体内涵是：综合利用计算机图形系统和各种现实及控制等接口设备，在计算机上生成的、可交互的三维环境中提供沉浸感觉的技术。

2015 年，以网红为代表的视频直播呈"井喷"式爆发，一夜之间"视频直播"炙手可热，方便、低成本、即时的效果，让每一个发布者都有机会成为大众关注的焦点。然而另一个"飓风"早在 2014 年已经酝酿，虚拟现实创业公司 Oculu 被 Facebook 以 20 亿美元收购，一个戴在头上的塑料盒子立即吸引了无数人的目光。Facebook 毫不掩饰，他们将会把这项目前用于游戏的优势技术带到更垂直的全新领域，包括媒体、教育、医学等。两年后的 2016 年，VR 已经渗入各个应用领域，包括旅游、驾驶、室内设计、房地产等。VR 立体、生动、全方位的浸入式感受，是过往的技术手段无法比拟的。

2016 年 6 月 30 日，阿里旅行在其官网上发布了"睡在未来，你一定没体验过这样的开房姿势"。在 4 分 18 秒的宣传视频中，给大众展示了未来的 VR 在线选房、人脸识别自动入住、智能门锁……完全颠覆了所有人选酒店、入住、结账的传统概念。而从 2015 年起，我国 VR 企业之战烽烟四

64

起。机构"VR"圈发布的数据表明，从 2014 年到 2016 年 2 月底，我国国内 VR 融资共 67 宗，投资方有人民币基金也有美元基金，57% 是天使轮融资，表明虽然企业尚处在初级阶段，但各方看好其前景，不遗余力争相布局。

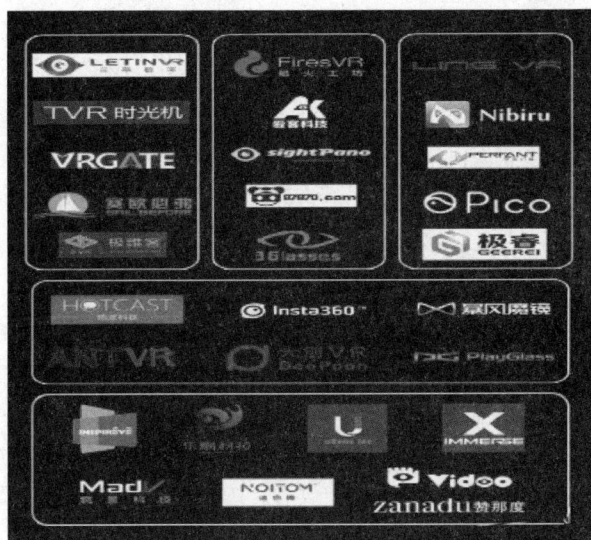

图 1　国内从事虚拟技术的企业（图片来源：中关村在线）

传统广播经历了 2013 年至 2015 年与新媒体的爱恨情仇，目前大部分已经布局各自在新媒体的战略位置，一批以浙江私家车广播为代表的电台已经成功蜕变，"两微一端"带来了巨大的社会效应的同时也带来了令人侧目的利润增长。如果说视频直播、新媒体视频展示在移动端的运用是广播的第二屏，那么 VR 有可能成为广播的第三屏吗？

（二）VR 接地气吗

在回答这个问题之前，我们来看 2016 年 4 月 14 日凌晨淘宝发布的 VR 购物产品——"BUY＋"宣传短片：当你戴上 VR 眼镜时，网购就是身临其境，一切都可触摸、可感知。你可以随便试穿衣裤鞋帽，甚至让模特靠近细看；你可以只拿两根筷子就即兴敲打爵士鼓，而无须顾忌任何人。百分之百的购物场景，简直像潘多拉魔盒一样打开了所有人的购物欲望，一比一复原的商品，让剁手族尖叫，期待着这一刻立即来临。这美好的一幕即将开启。

接着，我们再看产品。再美好的憧憬，归根到底也要落实到产品上，那么，VR 产品接地气吗？目前，国内的 VR 头戴式产品主要有 VR 眼镜、

VR 一体机、VR 头盔三类。在京东购物网站上，搜索 "VR 眼镜" 我们可以找到以下产品：

图 2　京东购物网站上的 VR 眼镜产品（图片来源：京东购物网）

产品价格由 9 元人民币到 20 000 万多元不等，有国产的，也有 "全球购" 的；有手工的，也有带 "体感控制器" 的。其中一款 VR 头盔的销量已经超过 23 万。也就是说，VR 眼镜完全可以进入普通老百姓的家里。

图 3　销量超过 23 万的 VR 头盔（图片来源：京东购物网）

（三）电视初试 VR 应用

2015 年 9 月 3 日，让全国人民振奋的纪念中国人民抗日战争胜利 70 周年阅兵式，当时北京电视台就首次运用了 VR 技术与电视直播相结合，主持人解说时，他的身边就出现了虚拟的武器装备，其生动、直观远胜于以往的图片及文字。如果你错过了阅兵式的 VR 直播，不要紧，在 2016 年欧洲杯足球赛直播上，CCTV - 5 的《豪门盛宴》栏目推出 VR 摄像机运用融合 VR 摄像技术，用户躺在自家沙发上，戴上 VR 眼镜，就如在赛场上，完全融入赛事的气氛当中，央视的大胆尝试让球迷真正尝到了视觉盛宴的甜头与震撼。2016 年另一项体育盛事——巴西奥运会，被称为史上最混乱的一次奥运会，但是主办方宣布的包括开幕式、闭幕式在内的总时长高达 85 分钟的 360° VR 视频直播还是非常让人兴奋。如果相对于电视屏幕为第一屏，智能手机为第二屏来说，VR 屏幕俨然成为传统媒体的第三屏，电视媒体已经在新科技的支持下迈进了第三屏，那么广播呢？我们都嗅到 VR 的硝烟味了，广播人准备好了吗？

二、广播的 VR 未来设想

马云说：梦想还是要有的，万一实现了呢？

《2015 全球新闻编辑室趋势报告》把虚拟现实列入全球新闻业九大趋势之一，新兴的可穿戴技术，以及像 Google Cardboard 和 Oculus Rift 这样经济实惠的虚拟现实设备，正逐步改变着新闻媒体生产新闻的方式。那么我们设想一下广播有可能的 VR 未来。

（一）适配场景

首先我们设想一下使用 VR 产品的用户处在怎样的场景，他们应该是处在相对静止的状态，在家里的客厅、房间，甚至是作为乘客在移动的车里面。这个与广播的伴随性收听的特点有相违背的地方，但谁又能否认，现在的广播已经可以让用户全方位参与其中，动手、动脑、动眼球。接着我们再看 CSM 在 2015 年的调查数据，比较收听市场中最主要的两个市场——"在家"和"车上"，2014 和 2015 两年的月度收听走势表明，"在家"收听率下降的趋势明显减缓，而"车上"收听市场则一直比较稳定。如果已经设定 VR 用户可以在"家"和"车"上使用，接下来我们就要找出适配客厅场景、卧室场景、车内场景的客厅 VR、卧室 VR、车内 VR 的广播节目。

（二）客厅 VR ——沉浸式

客厅场景曾经是广播的重要场景之一。以广州为例，记得 30 年前，每到中午 12 点和傍晚 6 点，每一个人都争相往家里赶，因为大家都要赶着回去听"小说连播",那一刻简直是万人空巷,一家人围坐在一起,听小说,然后是音乐放送,客厅场景占据了广播的大部分收听份额。随着汽车进入家庭,移动终端收听广播时代的到来,客厅场景的主角地位逐渐被移动场景取而代之,"移动",成为电台设置节目的重要考虑。那么在VR到来之际,VR给"客厅"带来的娱乐与狂欢,必定让客厅场景重振江湖地位。以新闻为例,VR沉浸式新闻报道开天辟地地使用户从听新闻、看新闻直达新闻现场,置身其中感知一切。在2015年5月,叙利亚的一家新闻通讯社发布了一则报道,让用户从360°全景视频中看叙利亚内战后的荒废模样。用户可以戴上VR设备,在客厅就可以沉浸式体验展示的这个报道。感受一下,当你与战争近距离接触,废墟就在你眼前触手可及,那是怎样的震撼。VR的体验就是:"你感受到死亡,但你确信你不会死。"在2016年6月,我国"长征七号"火箭在海南文昌发射,广东广播电视台新闻中心派出记者前往采访,并采取多媒体报道的方式作全方位新媒体报道。我们脑洞大开一下,假如这次的报道是VR沉浸式的新闻报道,那么广播将从此迈进一个新的时代。

我们设想,旅游节目的客厅VR,怎样使客厅成为疯狂的娱乐中心。当主持人在绘声绘色地说着旅途的一切的时候,你立即可以在虚拟世界与之同步:翻过高山,穿越森林,潜入深海,随声换景,随境而至。甚至你可以马上在线选择线路,设定自己的出行计划。"听节目"与"我就在节目"中,让"客厅"也疯狂。

《纽约时报》是最早尝试运用虚拟现实技术的传媒机构。他们没有选择新闻,而是选择了类似旅游体验来试水虚拟现实技术。他们推出了"Walking New York"的虚拟技术体验式产品。用户通过《纽约时报》的官网就可以直接看到这款体验式产品的介绍。戴上VR设备,就可以流连纽约街头,选择想去的地方。"沉浸式"的节目体验将为广播打开憧憬之门。

再说这两年被众多传统媒体视为融媒体标配的"+电商",新的VR技术将革命性地把电台节目与电商结合上升到新的境界。试想一下,你在家听节目购物,已经不只是指尖在智能手机屏幕上的舞动,而是戴上VR设备,一家人一起挑选、触摸商品,交换沉浸体验,这种跨屏互动的方式,彻底改变了广播单向传播,听众被动接收的局面。广播的客厅场景即将迎来它的又一个春天。适配客厅VR节目的还可以有体育节目、嘉宾访谈类节目等等。"沉浸"——广播节目借助VR设备在客厅场景乃至消费场景的运用,使互动有了全新的诠释。

(三)卧室VR——互动

如果说客厅VR给用户带来娱乐和狂欢,那么适配卧室VR的节目有哪些呢？可能你会半躺着听音乐节目，戴上 VR 设备，你会置身音乐 MV 当中，感受音乐带给你的愉悦或忧伤。可能你会想，这个时候谁和你一起听节目？签到功能告诉你附近的听众，你可以借助 VR 设备和他们近距离接触，甚至你们一起"坐在"直播间嘉宾席上和主持人侃侃而谈。夜深人静，听着熟悉的情感节目主持人传来让人迷恋的声音，你想"看看"他并且面对面聊聊心事，或许有一天这个愿望确实能实现，主持人和你是无所不谈的好朋友，因为有了 VR，每天晚上你都准时赴约。卧室 VR 的"互动"功能可以有更多的开拓空间，与电台节目相结合，赋予"节目表"新的元素也让用户有着极致的感官和互动享受。

（四）车内 VR——现实与想象

我们再探讨一下适配车内 VR 场景的节目。当你发动汽车之前，是否想知道交通情况？那么使用 VR 装备，你就可以在你去目的地的线路上浏览一番，看看车流情况；或者当你自驾游的时候，通过 VR 设备，你先预览路上的加油站、便利店、吃饭休息的地方乃至沿途风景。当你作为乘客坐在汽车里，可能你想听听音乐，戴上 VR 设备，MV、歌词都可以在 VR 屏幕上出现，甚至可以给你的歌曲营造氛围，或者是雪花飘飘，或者是鸟语花香，让你随着歌曲沉浸在情境中。"现实"与"想象"，让 VR 尽情发挥，那么 VR 装备也就成为车内不可或缺的配置了。

三、VR 社区的构建

（一）VR 社区

众多传统媒体已经在 2013 年至 2015 年布局好新媒体阵容，在"两微一端"一起发力。无论是 PGC（专业内容生产）模式还是 UGC（用户内容生产）模式，都离不开一个关注点，那就是打造社群生态，运营社区经济。什么是"社群"？社群，在广义上讲指的是某些边界、地区或区域内发生作用的一切社会关系的总和。但在互联网时代，指的是具有相同志趣、爱好或者才能的人，以亚文化为指向，形成的现代新型社群。VR 风暴中必然有无数的追随者，他们就是 VR 社群的中坚力量。VR 未来触手可及，随着硬件设备的日益完善和人性化，VR 营销必然成为下一个营销热点。"他们"在哪里？那么从现在开始我们就应该对 VR 社区进行布局与构建，细分服务对象，有意识打造具有商业潜质的社群，为下一个盈利增长点的到来积蓄能量。

（二）用户设想

对于广播与 VR 的未来，被访用户有这样的设想：

人员 A（男，18 岁）："我希望通过 VR 设备参与到节目中，和主持人或者一起听节目的听众交流；当播放歌曲的时候我可以看到 MV 或者歌词；如果 VR 镜有弹幕功能，我还希望看到大家的评论；如果是汽车节目就更爽啦，我希望看到内饰甚至试驾一下。"

人员 B（女，14 岁）："我希望看到节目主持人，听音乐的时候看到 MV，听《大吉利车队》（羊城交通台一档小品节目）的时候同步看到动画片。听天气预报时，可以看到将要到来的天气，例如下雨，小雨或者中雨，或者下雪。"

人员 C（女，17 岁）："亲临节目现场，还有播放广告的时候我可以 360°看到这个产品。"

人员 D（女，30 岁）："我希望可以像直播一样看到主持人在做节目；某些节目如旅游、美食节目可以同时看到主持人说到的内容；或者不需要全程，而是主持人说到某样东西的时候可以看到这样东西，然后可以体验一下。"

人员 E（男，32 岁）："我希望在听电影节目介绍的时候，可以看到预告片。"

人员 F（男，28 岁）："我希望在听汽车节目的时候可以有试驾的体验。"

四、与科技公司合作

光有概念是不行的，广播节目实现 VR 应用还必须有合作平台。就算是《纽约时报》也不可能单凭一己之力打出 VR 牌，VR 设备和 VR 摄影平台缺一不可。所以，尝试和科技公司合作，内容生产＋硬件平台或许是我们广播迈向 VR 的第一步。

大家都在描绘着 VR 的前景和利润蓝图，Facebook 预言，VR 将是下一个最大的社交和通信平台。无可否认，VR 仍处在"纪元年"的初级阶段，但如果 VR 设备清晰、舒适，无须连接手机、PC；如果流量使用无须考虑，VR 镜独立一体，直接连接云端；如果手机也能拍摄 VR 片……那么世界将是何等精彩。

沉浸、互动、想象是 VR 应用的关键词，"身临其境"颠覆了用户对于广播的认识和运用。面对貌似失控的世界和不可掌握的未知，传媒人从来没有停止过思考与奔跑，新兴媒体的运营、线下活动的接力，广播内容产业链跨界延伸、和电商"和亲"无不昭示着广播人的勃勃生机，VR 应用或许就是我们的又一剂强心针。对比答案，我们现在只是畅想，但是打破思维定式，发挥传统广播的内容生产和品牌优势，借力技术革新与硬、软件设备，广播在新一轮大潮中定是出色的弄潮儿。

（作者系广东广播电视台城市之声新媒体部主任）

现状思考与路径选择

中国广播的下行、转型与上行

覃信刚

【摘　要】广播的发展，经历了各种历练，经受住了各种新媒体一波又一波的冲击。从有声电影问世到电视的出现，从音乐电视的诞生到因特网以及当今移动互联网的繁荣，每一新兴媒体都声称敲响了广播的丧钟，预言家也曾预言广播将消亡，但是广播却一再浴火重生，不断创新，在大众传媒中屹立不倒。为什么？本文做了深入浅出的分析，即中国广播的下行、转型与上行。

【关键词】下行　转型　上行　中国广播

我今天是第三次来暨南大学，也是第三次作演讲。我演讲的题目是"中国广播的下行、转型与上行"。下行，是可控的下行；转型，是一场广播文化的大迁徙、大转移；上行，是指一定能再创辉煌。

一、中国广播的下行

中国广播开始下行，已经是一个不争的事实。

（1）两台合并，"台"的影响力日益减弱。截至 2015 年 12 月，全国省市广播电台、电视台，除吉林、河北、河南、广西、新疆、西藏未合并外，其余已全部合并。合并的省市电台、电视台，包括州市电台、电视台，虽然还采取单独核算或明合暗不合两种方式运行，但原人民广播电台的核心"台"已消失。"台"的消失导致电台的整体影响力减弱：台缺乏整体战略、缺乏整体营销，广播在新闻业以及社会的影响力日益减弱。

（2）新媒体的快速发展，使广播听众日益减少。新媒体的快速发展，使传统媒体受到了前所未有的冲击。2014 年，受到冲击最大的是报纸、杂志，报纸的发行量下滑了 30.5%，杂志销量下降了 6.98%。今年，广播、电视也加入其中，电视观众流失惨重，广播虽然要好得多，但听众流失呈现不可逆转的趋势。

（3）新《广告法》生效后，广播广告受到影响，呈下降趋势。2014年，传媒产业总值达 11 361.8 亿元。其中，广播占 2%，略高于杂志的1.5%。2015 年 9 月 1 日，新的《广告法》生效后，广播广告虽然较报纸、电视还算平稳，有的广播台还出现上扬，但总体趋于下降。广播广告在传媒产业中的份额本来就偏少，现在还在减少，日渐下行。

（4）广播人才流失。中国广播90年代后开始再现辉煌，一个重要因素是得益于一批广播业内的领军人物。这批领军人物大都经过一线二三十年的磨炼，有丰富的从业经历。两台合并后，原有的台长工作变动，广播最宝贵的人才流失。我原来想过，我们的专家、学者研究这一批台长会很有意义。当下，又有一批播音员、主持人流失。没有流失的，即便在台内，也暗地在为互联网音频公司打工。

（5）广播类型还有许多空白，事业远未达到高峰。加拿大传播学巨匠马歇尔·麦克卢汉（M. McLuhan，1911—1980）曾把广播比喻成"部落鼓"。其实，马氏的"部落鼓"用广播的术语来说就是类型化、分众化或社群化。类型化是广播的一大文明配方，它曾把濒危广播从死亡线上拉了回来。在欧美，类型化已经成熟。在我国，由于频率资源分配办法几十年不变，广播类型还有许多空白。如全新闻电台、谈话台、音乐台、民语台、校园台、社区台等，广播远未做到按听众所需而无处不在。现在实施媒介融合，广播媒体创办新的电台的热情大打折扣，无力再填补空白类型，广播发展的活跃程度下降。

二、中国广播的转型

中国广播的转型，我们至少已经讲了好些年。在这些年，有培训，有外出考察学习，有尝试，也有一些成果。但总的来讲，观望的多，等待的多，投入的多，回报的少。今年以来，随着移动应用市场涌现出众多集成音频内容的客户端，音频脱口秀节目不断增多，车联网从概念走向大众的现实生活，加之电视断崖式的下滑，广播人真正感到前所未有的危机。

中国广播的转型，首先应是观念的转变。5年前的3月，美国广播电视数字新闻协会凯西·沃克（Kathy Walker）女士对我说："媒介融合并不是只关乎技术层面，更多的是文化观念、工作和生活习惯的转变，这是一场文化的大迁徙、大转移。对广播来说，就是广播文化的大迁徙、大转移。"她谈到的广播文化，主要是指媒介融合，包括融合带来的一系列变革。所以，中国广播的转型，首先要转变观念。

其次是工作的转型。过去我们面对的是听众，现在面对的是用户；过去我们面对的是短波、中波、调频、铁塔、天线，现在我们面对的是互联网、移动互联网。广播与新兴媒体融合，将带来技术的变革，我们应通过创新驱动，努力适应这种变革。比如，我们已经使用了几十年的短波，还可以继续使用多少年，有必要吗？怎样转型升级，也包括中波，都应系统考虑，而不能固守不变。过去，传统媒体也有互动，但现在新兴媒体互动更频繁，而且还有体验。广播发生了重大变化，我们就应适应这种变化。

最后是生活上的转型。过去我们收听广播，主要靠传统收音机和车载收音机。现在不同了，主要靠移动互联网。所以，生活习惯也要转变。

观念、工作、生活都转型了，融合也就比较容易了。

三、中国广播的上行

中国广播不像报纸，也不会像电视，断崖式地下行。中国广播出现下行，是大势所趋，但又是可控的下行。中国广播下行，继而转型，最终完全可以上行。我们的目标，也是要上行。

面对日新月异的新媒体——高清晰度电视、互联网、移动互联网，以及电台、电视台合并，传统广播似乎被人们遗忘。但是，我要说，广播经历了各种历练，经受住了各种新媒体一波又一波的冲击。从1920年代后期有声电影问世到1940年代电视的出现，从1980年代音乐电视的诞生到1990年代因特网以及当今移动互联网的繁荣，每一个新兴媒体都声称敲响了广播的丧钟，预言家也曾预言广播将消亡，但是广播却一再浴火重生，不断创新，在大众传媒中屹立不倒。

这是因为什么呢？

广播与新技术天然契合。现在的新兴媒体，讲资讯要快，广播早已做到；微博讲多少多少字，全新闻电台30秒、45秒一条新闻，更短。所以广播与新兴媒体融合并不是那么难。

广播是部落鼓，与当下所谓的社区、社群、朋友圈也天然契合。广播是部落鼓，这是麦克卢汉的原话，他说这句话时，美国的类型化电台已经成熟。部落鼓与类型化有相似之处，也包括部落化、分众化、社群化等。麦克卢汉还有一个公式：部落化—非部落化—重新部落化。这可以当成今天广播与网络传播的运行公式。

网络是一个平台，更是传播的天堂。只要我们勇于实践，勇于创新，广播就完全可以重振雄风。

（1）广播要上行，首先要打造广播新型智库。全国广播智库太少，这适应不了广播快速发展的需要。现在，各种各样的智库像雨后春笋般生长，唯独广播智库欠缺。另外，学界、业界对广播学术的研究相比电视、报纸、网络也不太多。这种局面应该改变。在历史上，我们有两次对广播的学术研究不够，错失良机。一是类型化电台理论的研究，如果我们在20世纪80年代就加强对类型化电台理论的研究，那今天中国的电台，就不会还出现空白的类型；二是广播文化强国的研究。中央提出建设文化强国的时候，如果我们集中力量，研究攻关，那广播发展也会好一些。同样，现在中央已经做出了媒体融合的顶层设计，广播与新兴媒体融合的研究应该出现一个高潮，从而引领广播的发展。

（2）培养新型广播人才。近8年时间，我曾经数十次组织对广播员工进行新媒体培训。由于受体制、机制方面的限制，传统广播的采编播人员在观念、工作上仍然难以适应新媒体的发展。我感到媒体融合的人才应该在大学就抓好。近10余年我在高校做兼职教授，也发现原有的教材适应不了媒体融合发展的需要。媒体应多支持高校新闻传播院系，多联合培养广播需要的人才。今天，在座的许多同事来自全国各省高等院校的新闻传播学院或传媒学院。我觉得我们的学院应办成传播型学院。比如，传播型传媒学院。这类学院要有校园电台、电视台，要有报纸、杂志、网站。网站太大，可先做微信公众号，继而 APP + H5，再到网站。在学院，院长就是台长、社长、主编，学生就是记者、编辑、主持人。这样，学生跨入社会工作就可以立刻上手。另外，我们的新闻教授应到全国乃至世界各地讲学，教材应东学西渐。在新闻传播教材方面，应撰写大书、厚书，并"走出去"。

（3）填补广播的空白类型，让广播真正做到无处不在。媒体融合，并不是要消灭传统广播，而是应把传统广播做得更好。目前在全国广播的空白点比较多，如前面提到的民语电台、谈话电台、社区电台等。建议国家有关部门改变频率资源分配的办法，丰富广播类型，满足不同口味用户的需要。现在美国有一个趋势，就是公共广播电台在增多，而商业电台在逐步减少。资本主义国家可以做到，社会主义国家更不应该例外。

（4）提升广播的文化品位。电视出现急剧下滑，有许多因素。其中有一个因素，就是内容缺乏文化品位。广播要想在竞争中走出一条融合发展、转型升级的新路，应吸取电视的教训。广播的文化品位提升了，也就是张振华老领导讲的内容做好了，才能在竞争中站稳脚跟。

（5）大力推进广播融合媒体的云建设，推进终端的多样化、智能化。要构建面向多渠道、各种类型、多种终端的节目制播体系，实现多种手段采编，云平台制作一次生成，多个终端使用的广播制播新业态，从而做好媒介融合工作，做好转型，并逆势上行。

（作者系云南广播电视台原台长、党委书记，云南师范大学传媒学院教授、博士研究生导师）

移动互联时代广播音频产业发展路径探析

王 宇 龚 捷

【摘 要】在移动互联网的时代大背景下，音频广播只有不断规避克服自身的弱点，充分挖掘自身的优势，找到与互联网高度融合的节点及发展途径，来努力打造具有品牌影响力的网络广播平台，并为受众提供高品质的音频内容服务，以赢得受众的选择，才有可能在未来的媒体竞争中获得生存发展的空间。

【关键词】移动互联 音频产业 发展路径

移动通信技术迅猛发展的今天，传统媒体行业正在经历着转型、改革的阵痛。曾经书写潮流风尚、铭刻着时代记忆的杂志画报接连停刊，各大报纸发行量、广告额与日俱减，就连称霸大众传播领域数十年的电视媒体，面对网络视频、移动视频的冲击，也不得不调整姿态，转变发展思路，积极拥抱新技术、新媒体。而广播作为以声音为媒介的大众媒体，却以其伴随性、便携性与移动互联时代信息传播不受时空限制、内容碎片化等特性完美贴合，因此，无论是广告收益的增幅，还是用户数量的增长速率，广播媒体的表现在传统媒体中均可算是翘楚。另外，移动互联时代信息海量生产，用户的注意力和时间成为稀缺资源。而声音媒介作为人的听觉的延伸，以其伴随性特征使得用户能够实现多任务同时运行，解放了用户的注意力，对用户时间的非独占性，使得音频产业很有可能成为继互联网视频产业之后的另一个竞争热点。

一、移动互联时代广播音频产业发展的新特性

（一）终端的移动化

2016 年 1 月发布的《第 37 次中国互联网络发展状况统计报告》（CNNIC）显示，截至 2015 年 12 月，手机网民规模达 6.20 亿，网民中使用手机上网人群的比例高达 90.1%，手机网民中通过 3G/4G 上网的比例则为 88.8%。手机成为被使用频率最高的移动终端，用户通过手机 APP 应用进行广播收听也成为主流。而声音媒介的伴随性、移动性特征随着移动互联网络的发展以及移动终端的普及被充分利用。移动互联时代广播音频发展重心正在朝着移动化方向发展，而终端的移动化则是一切的基础。终端的移动化意味着广播音频的发展逻辑与方式的改变：从传统的调频广播升

级为点播式收听客户端；收听的地理位置不再受限，基于位置信息的共享功能为移动广播 APP 更多功能的开发提供数据支撑；在时间上不可逆的线性传播转变为随点随听的非线性传播，用户的被动接收变为主动选择。

（二）跨平台发展

与终端移动化发展趋势相匹配的信息传输和云存储技术迅猛发展，这又使得音频内容的跨终端共享成为可能。目前，手机、平板电脑等移动终端间的音频内容共享早已不在话下，而车载智能硬件也正在成为移动互联网音频产业开发的新目标。例如，蜻蜓 FM、喜马拉雅 FM、多听 FM、考拉 FM 等移动终端的软件服务商们正在尝试与汽车厂商合作，将音频软件预装入智能车载系统中，开启"内容服务 + 智能硬件"的车联网广播发展模式。另外，通过外置硬件，接入车载 USB 口，建立车载音响与手机间的无线局域网，并在手机上启动相应的 APP，即可通过车载音响播放手机缓存的网络音频节目。例如，多听 FM 开发的"多听 V 电台"即是如此。

（三）内容碎片化

移动互联时代，以微博为代表的短小精悍型表达方式成就了用户接收习惯的碎片化。如何实现多场景下的伴随使用，也相应成为进行移动互联网产品设计时考虑的主要因素。在这种背景下，传统电台节目中常用的大板块、长时段的节目类型既不能适应移动互联网用户的需求，也不符合广播新生代用户的接收习惯。移动网络电台则多数将每个音频节目的时长设置在 5 ~ 20 分钟，并增设离线缓存功能，可以将节目提前下载下来，既编排灵活又能兼顾节目收听的完整性。

（四）用户关系社交化

尽管在四大传统媒体中，电台是最容易也最大程度实现了媒介传播者与媒介使用者之间的互动，但传统的电台广播经由大众传播的方式传递信息，除少数热衷于节目参与的听众外，电台受众的反馈往往需要通过收听率调查获得。而在移动互联时代，收听人次可以通过后台统计获知，听众的好评可以通过点"赞"使人人可见。由于节目碎片化传播的特点，移动广播 APP 的每一期节目都可以单独通过转发到微博、微信等社交平台的方式进行人际传播或者小群体传播，节目用户也可以通过声音投稿的方式参与节目互动。

二、移动互联时代广播音频产业发展存在的问题

目前我国互联网音频产业主要由传统广播上线和音频网站构成。传统广播作为专业音频内容（PGC）生产者，制录团队专业、稳定，节目内容优质有保障，但由于其自身被严格限制在现行体制之内，导致其传播内容

与互联网信息传播特性出现格格不入的情况。而音频网站通过用户生产内容（UGC）又呈现出节目质量不稳定，水平参差不齐，专业化程度不够等缺点。加之二者的融合又存在一系列问题，这都对移动互联时代广播音频产业的发展形成了一定的阻碍。

（一）体制不匹配形成束缚

作为大众传播媒介的广播媒体，其组织形式和内容生产方式都被限制，与互联网信息传播开放、多元、自由等特性格格不入，存在着音频内容个性化不足、播出形式不够灵活、受众群体萎缩与关注度下降等问题。传统广播虽然提出了"互联网＋广播"的发展思路，但本质上仍然是在原有广播生产体系下制作互联网产品。而依托于 APP 迅速发展的网络广播则是完全按照互联网的规律来制作音频内容，牢牢抓住"移动互联网＋广播"和"移动互联网＋音频"的发展特点，打造具有移动互联网特色的音频播出平台，这与传统广播的上线发展，形成了鲜明的对比。移动互联时代广播音频产业的发展，不是简单将原来广播生产体制平移至互联网业务，而是要在互联网体制下，运用互联网思维对传统广播进行体制和生产流程上的再造。

（二）传统广播上线转型不理想

面对"互联网＋"汹涌而至的时代潮流，传统广播紧跟步伐，提出了诸多拥抱互联网的对策，但是这些对策，并没有取得多少成效。大多数传统广播的转型路线都是依托自身平台，开办音频网站，并把自己的节目内容上传到网站，以实现媒体转型。这种对传统广播节目内容不做改动，将大段播出内容直接上线的传播方式，明显不符合当今网络受众碎片化的收听习惯。不根据受众需求而有针对性地制作个性化优质产品内容，深挖网络广播的优势，而是一味将传统广播产品内容直接搬上网络充数，这使得节目虽然是在线上但与互联网产品的特性显得格格不入。这种做法不像是发展网络广播，而是简单地把广播音频网站当成了传统广播的另一宣传平台。在互联网时代，传统广播运用此种方式来谋求发展出路，显然行不通。

（三）音频受众市场不成熟

从网络媒体的发展态势来看，传统广播打造的音频广播网站发展并不好。广播音频的受众市场很不成熟，受众还没有养成收听网络广播的习惯，甚至没有一家受众所熟知的品牌音频广播网站，这与纸媒转型的新闻门户网站、电视转型的视频网站有着不小的差距。网民在观看新闻时，往往会选择搜狐、腾讯、澎湃等；而在观看视频时也会习惯性地点开优酷、爱奇艺；但网民在收听网络广播时，却没有一家为受众所熟知的音频广播网站，这对于受众收听习惯的培养是很不利的。

此外，受众日常收听广播音频的生活场景也很少，除了在搭乘交通工具时，受众习惯收听音频广播外，其他空闲时间大部分受众更喜欢使用移动终端设备玩游戏、聊微信、看小说等，这使原本就碎片的使用时间被进一步压缩，原本就稀缺的受众市场被进一步占据。

（四）网络广播运营困难

在整个产业链中，网络广播运营困难是产业的一个大难点。目前对于网络广播的发展，学界并没有全面的理论做支撑，无法对其发展思路给予预判指导；再加上业界的网络广播经营模式落后，盈利能力较差，并可能在之后相当长的一段时间里都不能实现亏转盈利，这使得整个产业的运营都很困难。网络广播的发展需要人力、财力和技术上的支持，然而鉴于传统广播转型的现状，不太可能实现这种高要求。现今大多数传统广播只是跟着传统媒体拥抱互联网的潮流，将网络广播网站作为其官方网站，传统广播把网络广播当作渠道在发展，而没有深入挖掘网络广播自身的优势，没有将其放进整个产业链来考虑，依旧按照传统广播的运营方式来发展网络广播。在网络广播经营模式落后的情况下，甚至没有专业的经营团队来做节目的推广营销，仍然只是将它作为传统媒体宣传与发布信息的附加平台，无法创造收益。传统广播与网络广播目前还处于最初的台网互动阶段，单纯地利用网络广播来服务传统广播，也就无从谈起网络广播的产业发展。

而网络广播 APP 的发展，在前期需要大量烧钱，因为 APP 的存活，需要庞大的用户量和较高的用户留存率。APP 的发展对于受众的理解程度、融资能力、平台的运营、话题制造能力、内容生产、吸引用户都有很高的要求。除此之外，即使在 APP 发展的后期达到这样的要求，在我国现今的市场环境下，也很难探索出一种适合自身的盈利模式，例如，新浪微博背靠数亿量级的用户，其盈利模式仍然没有真正探索出来。喜马拉雅 FM、蜻蜓 FM 等音频 APP 目前更是处在市场扩张、用户争夺的烧钱阶段。

（五）APP 更新换代速度快

在移动互联网迅速发展、移动终端使用受众激增的情况下，APP 的竞争也呈现出白热化状态。现今的 APP 不仅要与同类型的 APP 竞争，而且还要和其他领域的 APP 争夺用户有限的时间和精力，这在一定程度上也加速了 APP 的更新换代速度。广播音频 APP 相较于其他 APP 的竞争更加激烈。因为用户在智能手机、平板电脑等移动终端设备上收听音频时，不可能同时使用两款广播音频 APP，这也就迫使音频 APP 之间发生"不是你死就是我亡"的惨烈竞争，如今网络广播 APP 的移动应用发展很是火热，一些知名度较高的 APP—网络广播的移动应用开始出现，像"考拉 FM""喜马拉雅 FM""懒人听书"等，之后又出现了"窄播""听听"等一系列广播音频 APP，市场竞争非常激烈，一旦用户量降低，就可能被迅速淘汰。

竞争的同时，还出现了同质化严重的问题。众多广播音频 APP 为了吸引用户使用，都在尽可能地迎合受众，为他们提供感兴趣的内容和喜爱的用户体验。但这些相似的服务和内容已经慢慢由以前的创新点变得普通。所以，广播音频 APP 为了形成自己的特色、找到新的出路，只得不断开发新的内容和服务，这自然就加快了 APP 的更新换代速度。

三、移动互联时代广播音频产业的发展策略

（一）培育音频听众市场

培养新生代听众，打造听众社交圈，是网络广播首先要解决的问题。目前，网络广播除了车载人群外，还没有一个固定的具有收听习惯的受众群体。而要发展网络广播，首先得培育市场，让人们慢慢养成收听广播的习惯。网络广播应深度挖掘自身的特点，并将之与受众的需求相结合，以此来培育受众市场。例如，网络广播的伴随性特点，可以迎合受众排挤孤独的需求，无论受众是在家、外出，还是工作闲暇之余，移动音频都可以随时随地陪伴在他们左右，为他们提供各类感兴趣的音频节目，以打发无聊的时间；特别是网络广播 APP 与智能手机的结合，使其具有很强的便携性特点，受众可以在照看小孩、做家务或是运动时"一心二用"，边听节目边做其他事儿，这样既节省了精力又丰富了生活；同时，移动音频还被部分受众看作是学习新知识的新渠道，这可以满足受众学习的需求。除此之外，网络广播还应加强对精品音频节目制作的力度，只有以优质的节目内容去迎合受众的日常生活需求，才有可能培育出较为稳定的受众群体。

（二）碎片化内容迎合碎片化时间

"传统的社会关系、市场结构及社会观念的整一性——从精神家园到信用体系，从话语方式到消费模式——瓦解了，代之以一个利益族群和'文化部落'的差异化诉求及社会成分的碎片化分割。"随着移动互联网和移动终端设备的迅速发展，受众已打破了原本接触媒体的接收习惯。以往人们在固定地点按时收听节目的模式已成为过去式，现在的受众可以随时随地通过互联网收听到自己喜欢的节目内容，网络广播已打破了时空的限制。同时受众也改变了以往花整段时间来收听节目的习惯，而是利用碎片化的时间来收听自己喜欢的节目。

在此情况下，网络广播应认真分析受众这种利用碎片化时间对互联网产品内容进行消费的习惯，并为其提供相适应的碎片化音频内容。碎片化

音频内容在制作上要求短小精悍，主题明确，让听众能够在最短的时间内获取信息点。同时，还要适应移动互联时代信息传播碎片化、个性化、社交化的特征，并对音频节目进行设计编排上的处理，让节目能够在最短时间内激起受众的兴趣点，从而抓住受众。这种"碎片化"内容的编排手法能极大地提高信息的传递效率。此外，由于在信息爆炸时代信息产量过剩，已远远超出供需平衡的范畴，使得受众缺乏对节目的包容度和忍耐性，一旦产品内容开始不吸引人，便很难再让受众继续收听下去。因此，网络广播运用精细的碎片化内容迎合受众的碎片化时间应是网络广播发展的一个重要举措。

（三）增强网络广播运营能力

网络广播要实现发展，增强其运营能力实现盈利，是一个必须解决的问题。而要增强运营能力，那么建立传统广播与网络广播的协同联动机制就很有必要。传统广播首先应从观念上改变网络广播是非主流媒体的思想，进而与网络广播进行亲密合作，并加大对网络广播的支持力度，向其提供内容资源、人才资源以及财力支持，扶持网络广播发展。而网络广播则应按互联网思维对传统广播的内容进行再生产，使其具备互联网传播的特质，同时运用自己的传播渠道对其进行推广，以促进双方的共同发展，达到互利互惠。

此外，由于目前我国的网络工程还处于发展的阶段，数据流量的费用较高，这对于"移动互联网＋音频广播"的发展造成了一定的限制。因此网络广播还应加强与电信运营商的合作，构建良好的网络运营环境，以促进用户的进一步增长。这种与电信运营商合作的方式，已有视频 APP 做过尝试，并取得了不错的效果。例如，咪咕视讯科技有限公司与中国移动通信集团公司的合作，中国移动公司向咪咕旗下的"和视频""咪咕视频"提供定向低价流量，用户每月只需 15 元就能享用 3GB 本地定向视频流量，并且可以无广告享受"和视频""咪咕视频"全站高清 VIP 视频内容。这种"流量＋第三方应用"的定向流量合作模式，不仅能够通过中国移动的短信推送宣传自己的品牌，同时开通这项业务的受众还会下载"和视频""咪咕视频"的 APP，成为其固定的用户。这种新型的合作模式，在给受众带来新体验的同时，也给网络广播的发展提供了一个新的启示。

（四）按需生产，分众传播

美国未来学家阿尔文·托夫勒于 1970 年在《未来的冲击》中首次提出"分众"这个词语，当时他就已经注意到媒介领域市场分化这一现象。之后，他又在其著作《第三次浪潮》中指出"非群体化传播"将取代"大众传播"成为时代趋势。"按需生产，分众传播"其实就是对广播受众市场进行更加精细的划分，走分众化传播路线，针对不同特性的人群传播不同类型的内容，以满足读者个性化的收听需求，逐步实现"私人订制、按需生产、分众传播"的生产传播模式。

同时，网络广播要依托互联网大数据的优势，及时收集受众的反馈信息，了解他们各自不同的兴趣爱好，并以受众体验为重点来调整对其推送信息的内容，变"广"播为"窄"播，变被动收听为主动推送，以满足各类用户的不同需求。此外，网络广播还应分析互联网大数据的记忆信息，挑选出与受众所听过节目相似的音频内容对其推送，为受众提供准确、迅速、个性化的信息服务，以赢得受众的关注。

（五）车联网音频的优化策略

2010年，中国国际物联网博览会暨中国物联网大会上，第一次提出了"车联网"这个词，对于这一全新的理念，学界和业界都十分关注。目前业内对于"车联网"比较认可的定义出自中国汽车工程学会与清华大学团队共同给出的定义："车联网是以车内网、车际网和车载移动互联网为基础，按照约定的通信协议和数据交互标准，在车车、车路、车与行人、车与互联网之间进行无线通信和信息交换的大系统网络，能实现智能交通管理、智能动态信息服务和车辆智能化控制的一体化网络。"

简言之，就是将汽车连入互联网，使其变为一个移动终端。但从本质上讲，车联网就是一套车载系统，而车载系统所强调的最重要一点就是安全性，能让司机在操作系统时不分神。这就使得网络广播在车联网里具有天然的独占性，因为行车安全是司机的刚性需求。至今为止，音频广播仍然是车载人群接收信息的主要方式。网络广播的自身优势与车载系统要求安全的特点是高度契合的，因此网络广播应针对车载人群进行详细的受众分析，了解他们的需求，并推出与之相适应的个性化音频服务产品，来争取受众的选择，以稳固在车载媒体中的垄断地位。同时，网络广播还应与车载系统运营商进行合作，以实现充分对接，共享利益。此外，网络广播还可以自主开发音频APP，实现内容与位置融合，基于用户位置信息推送音频产品，在交通资讯、旅游服务等领域培育新的产业增长点。

在移动互联网的时代大背景下，音频广播只有不断规避克服自身的弱点，充分挖掘自身的优势，找到与互联网高度融合的节点及发展途径，来努力打造具有品牌影响力的网络广播平台，并为受众提供高品质的音频内容服务，以赢得受众的选择，才有可能在未来的媒体竞争中获得生存发展的空间。网络广播，还大有可为。

参考文献

1. CNNIC. 第 37 次中国互联网络发展状况统计报告［EB/OL］. http：//www. cnnic. net. cn/gywm/xwzx/rdxw/2016/201601/t20160122_53283. htm.

2. 喻国明. "碎片化"语境下传播力量的构建［J］. 新闻与传播，2006（4）.

3. ［美］阿尔文·托夫勒. 未来的冲击［M］. 蔡伸章，译. 北京：中信出版社，2006：154.

4. 谢伯元，李克强，王建强，等. "三网融合"的车联网概念及其在汽车工业中的应用［J］. 汽车安全与节能学报，2013（4）.

（王宇，中国传媒大学学科建设处处长、教授、博士研究生导师；龚捷，中国传媒大学博士研究生）

"声音产品"，一播三屏

樊晓峰

【摘　要】新闻节目要做到情真意切，要坚持马克思主义新闻观，确保旗帜的正确性，坚持马克思主义新闻观就是坚持新闻宣传的党性原则。坚持新闻立台、言论强台，确保内容的权威性。文化节目也是广播的一个重要内容，笔者认为文化节目应该有鉴赏性，还应该有丰富的节目形态。

【关键词】新闻节目　文化节目　声音产品　多媒体

　　非常高兴能在这个广播学术研讨会上做一个发言。因为我是搞广播的，虽然没有专门研究过这方面的东西，但是每天在做这方面的工作，所以也有一点儿感受，给大家分享。我讲的题目是"'声音产品'，一播三屏"，这是在互联网高速发展下，广播传播研究意义方面的一个课题。我们知道我们现在身处一个媒体变革的年代，新媒体可以说是势如破竹，越来越多的人开始接触和了解新媒体并对其加以重视，广播传统媒体和新媒体融合也就成为一种趋势，并分流了传统广播一部分的受众。那么在这样的背景下，广播如何加强传播力成为我们广播人不得不讨论的问题。今天大家都在探讨这个问题，那么我认为最核心的突破口就是主打声音产品，一播三屏播出，为目标受众做好服务。

　　调查发现，科技的进步为人们获取信息提供了多样化的渠道，文化高的人、老人喜欢听广播，文化低的人喜欢看电视，年轻人更喜欢选择网络和手机。以广播收听最活跃的家庭收听、车载收听为例，车载收听受众呈现出明显的男性化、中青年化、高学历和高收入化，而家庭广播收听群体趋向于老龄化、低学历和低收入化，以退休人员为主力。例如内蒙古，我们的目标受众对于广播的依赖性特别强。大部分牧民表示在放牧的时候腰上都要挎一台收音机，在蒙古包里休息和干活的时候也开着收音机，他们收听广播的目的就是了解国际国内新闻，了解本地新闻，了解生活资讯，了解医疗保健信息、娱乐消息，放松心情，消磨时间，陪伴解闷。收听广播在我们内蒙古广大牧区牧民群众中已经成为主流，成了一种生活方式，成了生活的重要组成部分，平均每天收听广播在一个半小时到两个小时。

　　在农村广播收听相对偏少一些，但也不乏一些忠实听众。我们在包头市的固阳县调查发现，村里的老农们收听广播的相对比较少，他们主要通过电视了解新闻，主要看电视剧度过空闲时间，而对于有车一族，一般都是打开车载收音机收听广播。在县里从事文化工作的人，一般都喜欢收听《中国之声》，喜欢收听我们内蒙古电台的新闻广播和当地的广播，主要是了解国内外大事和听歌曲。那么基于受众选择媒介的碎片化趋势，广播节目必须采取多媒体化的展示方式，实现内容多终端联动与融合。也就是说，手机屏、电脑屏、电视屏三屏和广播联动，一播三屏播出，让节目在三屏和广播上进行个性化表现，使我们的节目动起来活起来，进而扩大节目的有效传播和影响力。

一项媒体接触调查表明，人们接触时间最长的媒介是手机，平均每天每个智能手机用户接触手机的次数超过 150 次。手机离开我们半个小时，我们也许会感到莫名其妙的恐慌失落，好像有和社会脱节的一种恐慌感。既然手机的影响面和影响力那么大，那么广播就必须做好自己的客户端。经过近几年的实践发现，这样做也不是一个好的办法。调查表明，在智能手机移动使用中，尽管可以下载的终端有上百万个，但是大约只有23个下载到手机客户端，一个星期至少被点开使用一次的客户端只有 7 个，也就是说，如果不能为广大的用户所普遍接受和使用，作为一个终端，你的价值，你的影响力，你的意义就很低了。所以这告诉我们，如果传统广播今天还热衷于做客户端，基本是一种无效的努力。我们可以与一些知名的客户端联合，把我们的广播应用于他们的平台，进行利润分成，实际上也是保护我们自己的版权。比如在蜻蜓 FM，我们的广播可以说是在无偿地为他们服务。所以广播在与新媒体融合的过程中，解决了传播方式之后，还要认清自己的优势，做好自己的声音产品，把内容、服务价值变现，凡是与声音相关的内容，都是广播媒体可以尝试的对象，凡是用声音可以展现的节目，都是广播媒体可以合作的目标。这就需要我们采编人员努力，做好我们的内容，也就是做好我们的老本行。所以内容还是最主要的。

下面我从新闻节目和文化节目方面做一点阐述。第一，就是要坚持马克思主义新闻观，坚持新闻宣传的党性原则。新闻事业具有意识形态属性，在阶级没有消亡之前，新闻事业必须具有阶级性。我国的新闻事业是中国共产党领导的具有中国特色社会主义事业的有机组成部分，因此广播要接受党的领导，坚持党性原则，要始终与党中央保持一致，自觉地宣传党的主张。要从党的工作全局出发，把握好党的新闻舆论工作并积极推动党的方针政策的贯彻落实，为国家的发展大局，提供良好的舆论环境。加强马克思主义新闻观可以增强政治意识、大局意识和责任意识，用正确的舆论引导人，能够更好地全心全意为人民服务。

第二是有情有理，深入基层。广播媒体是大众传播，其基本功能是传播信息，终极目的是影响社会。我们所报道的主要对象是人民群众，受众也应该是人民群众，人民群众在哪里？在基层。所以我们要转变思维方式，从过去的思维中走出来，认清楚"为了谁""依靠谁""我是谁"这些问题，把深入基层，了解基层生活，把用群众语言表达群众的思想感情，作为责任承担起来。基层采访活动也不能只追求稿件的数量，而要追求质量，因此要为深入基层采访的记者提供充足的后勤保障和时间保障，解除为资金发愁、为数量达标的顾虑，使他们有充足的时间和精力去了解基层最真实的生活状态，了解老百姓的所思所想，把党的主张和人民的心声和谐统一起来，把坚持正确导向和通达社情民意结合起来。我们内蒙古党委从去年开始推出了一个会议工程叫"十个全覆盖"，最近中央的各大媒体包括《新闻联播》都进行了重点报道。我台在报道这项重点民生工作的时候，探索了广播电视和新媒体的融合，形成合力，深入全区12个基层单位进行了长达两年的深入报道，目前仍在紧锣密鼓进行当中。

第三，用群众的语言说群众的事，确保传播的有效性。新闻作品是新闻工作者在一定的社会、政治、文化等语境下叙述构建新闻事实的产物，是一种再现事实的话语。对新闻作品而言，文风是采编播人员尤其是我们记者的思想感情，精神面貌感染力通过作品表现出来，只有深入基层，深入生活，深谙新闻写作的记者才能写出短、实、新的作品，那些坐在电脑前进行复制，套用文件简报的记者，其作品必然是假、长、空的。所以要学会倾听人民群众的声音，用朴实、生动鲜活、言简意赅、具有生活气息的语言，用群众的话说群众的事，改掉空洞、言之无物、刻板、生硬的风格。从普通话与方言而论，当下媒体使用的语言是现代汉语，在言语上表现为汉语普通话，即使是在我们这样的少数民族地区，我们的语言也有普通话和方言的区别。像我们蒙古语，他的普通话来自于我们锡林郭勒正蓝旗的语言，当地的话为标准语，其他的东部和西部地区，也有很多的方言。就书面语与口语而言，媒体所使用的大多为书面语，群众所使用的语言恰恰是口语，所以广播媒体要多运用群众的口语来传递新闻资讯。

第四就是坚持新闻立台、言论强台，确保内容的权威性。在当今信息独家占有越来越困难的情况下，新闻竞争已经由信息时代进入管理时代，广播不但要坚持"新闻立台"，还必须突出"言论强台"，要树立广播的权威性，既要有独家新闻，又要有解读新闻的能力。为此我们要强化联动机制、快速反应能力和独家解读能力，在本土报道国内外的大事，把本土的新闻推向全国，推向世界。我们内蒙古台安排的目标是60%以上的本土新闻在与中央台竞争中形成合力，同时言论不是一员谈，而是全员谈。因为我们的智力有限，我们现有的信息资源和评论资源有限，所以我们一定要"开门办评论"，把专家、学者请进来办节目。我们内蒙古台，尤其是我们的新闻节目建了一个200多人的专家库，经常上我们节目的也有五六十人，通过这些专家学者来扩大我们的影响力。

第五就是注重叙事技巧，确保叙事的真实性。新闻世界是一个多维的世界，如果单单以记者的视角向受众呈现新闻事件，就显得有点单薄和干瘪，事实真实性上就打了折扣。对于以声音为媒介的广播媒体，用语言还原为言语的媒体，在叙事中更应该注重采访的视角，加强音响的应用。广播新闻使用"我在现场"的叙事视角会使作品显得灵活、亲切，可以让听众听到事件本身的发展过程，给听众身临其境的感受。

再简单讲下文化节目。文化节目也是广播的一个重要内容，我觉得应该有鉴赏性，可丰富节目形态。现在我们的广播节目在形态上大多是以直播为主，直播最大的优势就是缩短了叙事时间与事情发生时间的距离，尤其是现场直播，把广播"快"的优势发挥到了极致。但是对于优秀的文化节目来讲，不仅需要零距离感觉的同步直播，还需要有稍显老态的录播。优秀文化节目中那些音响性强的文化精品，只有采用录播的形式才能保证其音质的原生态和完整性，呈现出文化的韵味和灵魂，否则就失去了文化的情趣和美感。像我们内蒙古草原文化中存在的"三里不同风，五里不同服"，即各地风俗文化不尽相同，因此广播传承优秀文化不能固守一隅，要针对不同民族、不同文化、不同地域的听众播出不同的文化内容。另外要注重文化的开放性，优秀文化之所以能够流传到今天，是因为它们具有稳定性和开放性。广播文化类节目要注重文化的开放性，要根据文化的不同为文化注入新的内容和活力。只有这样那些优秀的文化才能被人们理解，被人们认同，才能传承下去，否则文化节目就不能满足人们的心理需求，不能适应改变了的社会心理的需要。所以我们的文化节目不能仅仅停留在文化的介绍上，还要对其做必要的解读。解读的过程其实就是文化吸收新元素的过程，正如柏拉图在《饮宴》中所说："要是诗人听见评论家们正在头头是道分析他的作品，一定会感到忍俊不禁，甚至感到莫名其妙。"因为评论家的理解远离了作者的原意，而成为一种特殊的创造。文化不会因为广播的解读而消失，只会因广播的解读而源远流长。正如我们大家常说的"一千个读者有一千个哈姆雷特"一样，但哈姆雷特作品一直流传到现在。

另外要满足听众个性需要，不同文化程度、不同行业、不同年龄听众因受自身因素影响，对节目的要求也不尽相同，因此我们的文化节目必须进行分众，针对不同地位的人、不同行业的人办不同的节目。要真正从受众的角度出发，积极加强节目与受众的互动，在做节目的过程中及时了解和发现受众的需求和市场的变化，以满足不同听众个性化的需要。最后还要完善节目的评价体系。

（作者系内蒙古广播电视台副总编）

广播媒体融合发展的三种策略

——基于当前国内多家电台融合实践的整体分析

熊科伟

【摘　要】新媒体裂变式的发展，加速了媒体新生态的形成，给广播媒体带来很大冲击。信息传播方式、公众触媒习惯、媒体盈利模式不断被互联网的新技术、新思维冲击着，广播媒体的公信力、传播力和影响力正经历着前所未有的挑战，广播媒体面临着前所未有的生存困境。在此背景下，广播媒体开展了包括融合发展在内的一系列新的探索和尝试。2014 年，中央全面深化改革领导小组第四次会议首次就"媒体融合"作出明确的顶层规划和决策部署，标志着我国传统媒体与新兴媒体融合发展将进入一个新阶段，也意味着媒体融合乃大势所趋。2014 年注定将以"融合年"写入中国广播发展史，以怎样的姿态面对融合，是对广播媒体眼光与智慧的考验。国内多家电台走在了媒体融合探索的前列，初步形成了"造船"融合模式、"借船"融合模式和"买船"融合模式。本文旨在对这三种融合发展策略进行梳理、归纳和总结，以供广播业界和学界参考与借鉴。

【关键词】广播媒体　新媒体　融合实践　发展策略

近年来，天然具有媒介因子的互联网汹涌澎湃，以惊人的速度发展，已蔚为大观。随着通信技术的迭代加快，智能手机的日益普及，基于移动互联网的新媒体形态不断嬗变，渐成燎原之势，促使媒体格局发生深刻变化，呈现出既分化又融合、既转型又回归的态势。新媒体的快速崛起，将广播媒体推到十字路口，走融合发展之路成为媒体管理者的共识。媒体融合并非新鲜事物，而是衍生于广电网、电信网和互联网的融合。作为媒体融合的主力军，处于融合实践前沿的广播媒体和新媒体的融合发展一直在进行，先后经历创办网站、台网互动、推出"两微一端"（微博、微信和移动客户端）三个发展阶段。然而，无论业界还是学界，大多认同媒体融合的核心理念和发展取向，但最棘手的是具体路径问题：广播媒体与新媒体的融合如何切入？选择哪些项目及运营方略？采用何种实操模式和风险管控机制？这些都是困扰广播业界的突出难题。囿于现有管理体制的制约和运营思维的牵绊，以及融合理念认知的模糊和传播技术掌握的滞后，广播媒体与新媒体的融合踟蹰不前，大多只是内容或形式的嫁接。

2014 年被誉为国内媒体"融合改革元年"，这蕴含着业界有志之士对媒体改革的崭新认知和炽热期待，也意味着媒体融合从市场的自发选择演进为行业的自觉行动。8月19日，中央全面深化改革领导小组第四次会议审议通过了《关于推动传统媒体和新兴媒体融合发展的指导意见》，要求推动传统媒体和新媒体在内容、渠道、平台、经营、管理等方面的深度融合。这是国家从发展战略的高度所确立的一份媒体改革纲领，明确了媒体发展的方向，具有重要的现实意义与指导价值。长期以来，广播媒体习惯将新媒体视作固有板块的延伸，而非战略发展的一环。"8·19会议"将对未来广播业产生路标性影响。它表明媒体融合已上升为国家意志，并纳入国家深化改革重大任务的范畴，新一轮媒体改革即将开启。可见，无论从广播媒体发展状况还是从国家战略层面看，加强与新媒体融合是大势所趋。在此背景下，从中央到地方，长期饱受新媒体冲击之痛的各级广播机构掀起融合实践的热潮，根据"差异化竞争"原则探索富有特色的融合模式。本文梳理当前广播媒体融合发展实践的三种模式，探讨广播媒体和新媒体融合的规律、路径和前景，试图为广播媒体和新媒体未来的融合提出一些具有启发性的观点，以供学界研究和业界实践参考。

一、"造船"融合模式：以广播媒体为引擎，独立运营自己的新媒体，通过互动实现融合发展

"造船"融合模式是指将新媒体定位为广播媒体升级的重要工具，促进新媒体与广播媒体深度融合、协同发展，最终使新媒体超越并反哺广播媒体，实现广播媒体的转型。在这种模式下，作为融合引擎的广播媒体以强大的品牌影响力和内容生产力，为新媒体平台提供人力、资金与物资支持，并为新媒体平台输送高活跃度及高黏度的用户，实现资源与用户的融合，驱动新媒体快速成长为平台性媒体。新媒体通过丰富的手段与广播媒体进行互动，将用户带回广播媒体，实现广播媒体与新媒体在内容、终端、用户等方面的融合。

1. 创新内部运行机制，推进组织结构及业务流程再造

媒体融合实际上是广播媒体适应数字技术与网络技术的发展，在新平台上推出新形态的服务。为适应这一需求，广播媒体必然要对原有的运行机制进行创新，对组织结构、业务流程进行再造。中央关于融合发展的指导意见出台后，广播媒体做出顶层设计，制定全局战略，在融合方面风起云涌、动作频频。

代表国家媒体融合发展水平的中央人民广播电台（以下简称"央广"）和中国国际广播电台着力于集团式推进，主打全媒体传播，试图实现多点

融合，发挥中央级广播媒体的领头羊作用。央广提出"网台一体，以网带台"的发展思路，明确了"进平台"与"建平台"双路并进的策略。其融合发展具有两大特点：① 进行新媒体企业化改制。央广成立两家全资子公司——运营新媒体业务的央广新媒体文化传播有限公司和央广视讯传媒股份有限公司，形成以央广新媒体为龙头，央广视讯、央广之声、银河互联网电视为支柱的新媒体企业格局。② 围绕视听媒体终端开展业务。央广依托央广网、央广手机台、央广广播电视网络台、央广银河 TV 四大平台，开展互联网广告、信息、技术、版权等服务。同时，央广从"云、管、端"多点入手推进融合发展：在"云"方面，借助自身内容优势，建立中国广播云平台，做国内最为丰富的音频资源库，提供电台素材采购、个人音频订制、个人原创音频交互等多种服务；在"管"方面，开发各种各样的管道、通路对信息传播的使用；在"端"方面，开发音频、视频、户外、平面等多种类型的传播端口，实现央广原创内容的有效传播。中国国际广播电台在夯实自办新媒体平台并重组运营企业的同时，启动"吸铁石计划"等新媒体建设项目，重点通过借力 4G 技术开展品牌、平台、用户、机构和资本的全方位融合，推动与开放平台的合作，打通线上线下资源，积极推动融合发展产业模式。其中，中文国际在线推出移动广播平台和移动客户端，中华网 22 个文种网站、6 个语种移动客户端上线运营，哈萨克文"知中国"等类型化客户端也相继上线，多语种优质广播节目陆续登上新媒体音频节目平台。这些举措加快了广播与新媒体融合发展的产业升级。

一向以锐意创新而闻名业界的上海文广和南京广电把握良机，率先主动出击，在升级为新型主流媒体的过程中迈出了关键一步，成为地方广播媒体融合发展的风向标。上海文广在整合旗下 12 个广播频率以及原广播新闻中心、东方广播公司、第一财经广播、五星体育广播四大业务板块的基础上组建东方广播中心，形成广播新闻中心、音乐节目中心、第一财经节目中心、综合节目中心、广告经营中心 5 大中心以及办公室、总编室、人力资源部、计划财务部、新媒体部、战略发展部 6 个职能部门的新组织架构。这是广播向新媒体转型的顶层战略设计，打破原有分散管理的格局，进一步整合内容、品牌资源。东方广播中心随后启动"广播全媒体制作中心"项目，搭建全媒体采集与分发技术系统，实现广播节目"多信源采集、多媒体编辑、多平台分发"，提升广播的新闻策划、资源整合、数据分析的综合实力。南京广电进行"节目招标制"改革，将所有主持人的人事关系集中到广播中心统一管理调配，所有节目面向全集团招标，各频率的主持人全部打散重新组合，让合适的主持人做适合自己的频率，优秀电视主持人可兼职做广播。这一改革利用市场配置资源，不仅有效整合、充分放大广播媒体的核心资源和优秀主持人的品牌效应，也打破了频率与频率之间、频率与频道之间的壁垒，调动了主持人创新节目的主动性、积极性和创造性，拉开了传统广播面向互联网机制创新的序幕。

其他地方广播媒体在深化系统改革、重新整合资源方面齐头并进，加快媒体融合的基础建设。江苏广播由原来的广告中心运营变为三大主体综合运营，另外以中波两套节目平台为基础，成立东部公司和东品公司，分别在文化演艺和生活服务领域进行节目、广告、活动和延伸产业的整合运营。湖北广电成立音乐广播部，打通湖北经典音乐广播和楚天音乐广播两套频率的原有体系，实现完全意义上的共享。

一些实力强大、经济基础雄厚的地方广播机构投入大量人力、财力，融合内部资源，打破"事业符咒"，纵深打造"集团化航母"。原广东电台、南方广播影视传媒集团、广东电视台、南方电视台、广东广电技术中心整合为广东广播电视台，对旗下 9 个广播频率、13 个电视频道、10 个有线数字付费电视频道统一经营，成为集多种业务于一体的省级广播电视大型综合传媒机构。河南广电整合旗下河南经济广播等 4 家传统媒体单位和河南电台新媒体公共智能终端等 8 个媒体公司资源组建成立河南大象融媒体集团，集聚 14 类主流媒体业态和 38 个媒体传播平台，全面启动打造新型媒体集团的战略布局。

2. 加强自有平台建设，重构新旧媒体对接界面

平台对接是实现广播媒体与新媒体优势互补的关键。随着移动互联网的兴起，人们越来越习惯于使用移动设备收听节目，在与节目互动的过程中获取新闻资讯。作为一项比较成熟的技术应用，客户端是用户访问移动互联网的主要入口。广播媒体选择音频客户端作为自有平台建设的重点突破口，将传统业务适时向移动网络迁移，加速广播业的变革与转型，促使媒体融合平台化和移动化，实现不同媒介资源的无缝链接和战略重心的转换。

央广借助移动传播技术自主研发音频客户端，在视听媒体跨屏融合、渠道终端井喷式增长、云计算与大数据应用相继落地的背景下抢占新媒体发展高地。央广推出"中国广播"客户端，支持 3G、Wi-Fi 网络环境，优化音频质量，与中国广播官网内容同步更新，内容汇集多个分类数万条版权音频节目。自主研发音频客户端，成为央广适应移动时代需求，进行跑马圈地、争夺移动互联网阵地的重要着力点，也成为其向新媒体融合转型的标配。

地方电台不甘示弱，加紧构筑移动版图，在音频客户端建设方面表现

出强劲势头，呈爆发式增长态势。北京电台打造移动互联网音频产品"听听FM"，定位"移动音频分享平台"，汇聚全球范围内多家电台直播节目，以及海量音频资源和个性化原创播客，涵盖在移动端最受欢迎的音乐、新闻、交通等音频内容。河北电台上线以音频为主的"即通"客户端，发挥广播传统优势，整合特色频道、栏目、主持人等资源，实现资讯传播、生活服务、娱乐等多重功能。上海东方广播中心推出移动广播APP"阿基米德"，用户可自选节目，也可自建频道，还可就节目内容、热点事件、记者报道与电台新媒体团队及主持人开展互动交流，"我的节目我做主"式的用户生成内容思路已初见端倪。浙江交通之声推出基于智能交通信息服务的APP应用"听说交通"，将整个广播平台互联网化，利用手机软件记录、分析用户行为，提供更为具象和精准的服务。江苏电台推出"微应用"项目，以自主开发的广播手机"微站点"为核心，实现微信公众账号用户之间的互通互联。苏州广播电台打造新闻生活类城市应用客户端"无线苏州"，将广播与智慧城市建设理念相结合，延展广播与大众生活基于刚性需求的关联，对扩大传播、服务用户、探索盈利模式、彰显新媒体价值等具有引领作用。广东羊城交通广播研发的"羊城出行易""交通在手"等智能交通信息服务软件系统，在广州、深圳以及珠三角其他主要城市的用户已超过50万。

　　"造船"融合模式是广播媒体的自我革新，以风险最小化为前提，以广播媒体主营业务为根基，开展比较熟悉或擅长的新媒体项目，借此带动广播媒体与新媒体融合发展的运营模式。该模式是目前国内多数广播媒体已经开展或正在试验的媒体融合推进策略，也是广播媒体比较青睐的融合发展路径。其优点是稳妥、可控性强，不仅能根据自身的发展战略和需求规划新媒体平台的发展方向，还可以利用广播媒体优质的内容资源、强大的社会公信力、完善的新闻生产机制、专业的人才队伍以及个性化的产品开发培育自有品牌并见到一些实效。其缺点在于缺乏前期的用户支撑，市场开发难度较大，经营维护成本较高（包括在移动互联网上推广和获取用户的成本），新媒体仅被作为广播媒体圈地的平台，从人员管理到内容制作，并没有被作为独立媒体来管理和经营，始终处于从属地位，无论经济效益还是内容制作，都没有突破广播媒体的影响范围。换言之，这会让新媒体业务沦为当前广播媒体制度体系在新媒体领域的延伸，从机制到人才都基于原有模式，成为披着新媒体外衣的广播媒体运作平台。互联网的精髓是开放、共享与互联，"造船"融合模式的一大特点是自家设备和自有品牌的匹配，容易出现自有平台与公共平台的冲突。按照中国人民大学喻国明教授的说法，这种模式是在传统广播发展逻辑基础上对互联网因素的某种粗暴简单的植入，其收效乏善可陈。广播媒体的老员工不懂新媒体，他们做新媒体也很难保证成功。相关数据显示，大多数广播媒体自主研发的音频客户端日均活跃指数并不让人满意，音频客户端的粉丝数和使用率令人失望。在商业化运营方面，广播媒体的音频客户端能否作为独立项目实现盈利，目前还看不到曙光。此外，这种模式还存在发展速度缓慢的问题。

二、"借船"融合模式：与网络应用平台合作，通过内容产品的平台化实现跨界融合发展

互联网技术迭代快速，完全依靠广播媒体自建的生产闭环已不能满足实际需要，必须把生产和服务从单打独斗转变为平台协作，具体协作方式既可以是直接外包、业务定制，也可以是参与投资、共同开发。这实际上涉及广播媒体在融合发展中如何处理与网络应用平台的关系。网络应用平台在移动客户端、手机浏览器、应用商店等方面的技术比较成熟。这就要求广播媒体具有战略观念，增强借力发展意识，以开放的心态积极关注，善加利用，借助其技术平台，扩大覆盖面和影响力。

"借船"融合模式指广播媒体借助独立的网络应用平台，生产、分发、推介自己的内容产品。广播媒体在融合过程中逐渐认识到自身的短板，即尽管有了音频客户端等自有平台，也能够不断更新信息填补空窗期，但平台还是太小，自家的天地依然十分逼仄，无法抵达互联网广阔的空间。借助网络应用平台上位，扩大用户群和影响力，成为广播媒体将自身小空间与外界大空间相连的一条捷径。因此，"借船"融合模式日益受到广播媒体的重视。

1. 与微博、微信合作，拓宽社会化传播渠道

微博、微信两大网络社交工具已深入我国社会的方方面面，多数政府部门、企业、社区、商店及娱乐场等都在微博、微信上注册，并通过它们发布重要信息。在微博、微信上，基于用户关系的碎片化信息以浓缩式的"微内容"即时迅速地传播，影响大，覆盖广。微博、微信时代的到来，给广播媒体融合发展带来更深入的影响。对广播媒体来说，微博、微信是布局移动互联时代不得不下好的一盘棋。目前，广播媒体在利用微博、微信这一成熟的社会化传播渠道上驾轻就熟，促进社交平台与新闻传播平台有效对接，增强黏性，集聚更多忠实用户。

微博方面，广播媒体运营更加积极主动，推出精准短小、鲜活快捷、吸引力强的信息产品，实现即时的信息发布和良性的话题互动。央广时政

记者在国家领导人活动报道中，发出大量微博，在李克强总理考察活动报道中，尝试发布带音频的微博，凸显广播特色。精彩独家的微博已成为广播新媒体报道的一大亮点。特别是 2014 年末习近平主席出席 G20 会议和李克强总理出席东盟系列峰会，央广在微博上推送专为网络传播而撰写的报道花絮《习行漫记》和《总理去哪儿了》。报道以图片、视频为主，文字为辅，由前方记者抓住精彩瞬间进行独家发布，打破时政新闻一贯的神秘感，力求亲和、贴近、接地气。APEC 会议期间，中国之声官方微博阅读量达到 1 亿次以上，转发评论超过 1 万条。而郑州经济广播的微博消息获第三十一届河南新闻奖，显示电台微博的媒体属性已经被充分肯定，具有标志性意义。

微信方面，广播媒体逐渐找到感觉，借助自身在区域和行业现有优势，精耕细作，推出大量主题细分、个性鲜明的公众号。电台与微信有着天然的相伴属性，微信可以和广播媒介完美融合。有调查显示，广播微信公众账号用户与广播原有听众的重叠率高达 88.96%。通过微信平台培养的广播新受众占 11.04%，新受众中约三成的人仅依赖微信收听广播节目，而剩下约七成的人通过微信接触广播后会采用多种方式收听广播。因而，微信成为电台进行全媒体转型的"新宠"。俄罗斯索契冬奥会期间，上海东广新闻台前方记者根据编辑部需求，提供图、文、音视频等各类报道，编辑部在安排广播组合报道的同时，利用微信平台推出前方记者雅东的网络视频独家报道《东游冬奥》，并在微信平台上开展"雅东体"造句互动，力求"病毒式"扩散传播。截至 2014 年 11 月，全国范围内电台开通微信公众平台的数量超过 3 300 个，其中已经认证的微信公众平台超过 90%，微信矩阵遍地开花，成为各类电台试水信息传播新方式的公众试验场。

2. 与网络媒体合作，深化台网互动营销

广播媒体承认自己不熟悉新媒体，就主动站在巨人的肩膀上，与实力雄厚的网络媒体合作，各自发挥优势，实现共赢。网络媒体因广播媒体的内容而日益丰富并做大做强，广播媒体因网络媒体的渠道和技术得以延伸和补充。

广播媒体与视听网络平台的台网互动融合越来越广泛而深入，要素和业态等方面渐成一体化态势。央广中国之声在 APEC 会议期间与"蜻蜓FM"合作推出"中国之声 APEC 新闻台"，播放量超过 100 万次，开创重大新闻报道的新模式。上海东广新闻台与爱奇艺网站开展视频广播领域的合作，在广播新闻内容可视化、传播渠道多元化等方面发力，为听众提供多渠道的新闻报道方式以及更优质的新闻报道内容。东广新闻台一线记者在采访现场使用爱奇艺视频录制工具拍摄新闻，并上传至爱奇艺平台，网友在打开爱奇艺视频页面后，即可在第一时间听到和看到由东广新闻台记者提供的广播新闻。在"马航失踪事件"报道中，东广新闻台前方记者在北京、吉隆坡、越南金瓯等地拍摄并上传25条视频新闻，共计获得1 300多万点击量，大大扩展了广播新闻内容的用户覆盖。这表明广播媒体为取得视频用户的支持而开始用更具表现力的形式传播信息。东广新闻台还与喜马拉雅音频网站开展合作式探索，台内各位主持人在喜马拉雅上设立账号，并不断丰富个人专区，与粉丝开展互动交流，在电波之外开辟与听众沟通的全新渠道。

广播媒体具有强大的公信力和内容生产能力，而网络媒体具有较强的用户思维，能够敏捷地捕捉到用户特征，广播媒体和网络媒体统一起来，容易形成新的生产力。

3. 与互联网公司合作，实现技术和资本的融通

作为移动互联网市场版图的主导者，百度、阿里巴巴、腾讯等互联网公司因布局较早、卡位较准而找到盈利点，游戏、广告、电子商务、O2O、互联网金融等商业模式不断涌现。广播媒体以互联网公司为借力对象，互联网公司则看中广播媒体积累多年的内容与价值平台，准备进行相关产业链的布局。

中央人民广播电台中国之声与百度数据平台合作，开设《两会大数据》栏目，经济之声推出《姚景源说数据》，邀请国家统计局原总经济师姚景源解读两会发布的数据背后的经济学意义。广东羊城交通广播与腾讯公司合作，建立起以微博、微信、四维立体城市实景、车载接收交通信息APP为平台的智能运营管理系统，向听众提供多种增值服务。

广播媒体与互联网公司的合作从技术层面的简单对接转向资本层面的深度融合，这不仅促进了技术和资金的流通，还为双方带来许多无形资源。

4. 与电商平台合作，拓展广播产业布局

媒体融合不仅是渠道和内容的创新，也是盈利模式的创新。如果总是处于"烧钱"状态，广播媒体在财力上将难以为继。当下，广播媒体利用自身的传播影响力、社会公信力与电商平台合作，两者在互动中产生一种互惠互利关系，这对双方而言都是发展良机。

央广与京东商城合作，开发内容分发渠道。央广购物公司推进覆盖，拓展多元电子商务平台，2014年全年实现销售收入7.24亿元。北京电台《吃喝玩乐大搜索》节目推出一款客户端，着重解决受众旅行中的吃喝玩乐等问题，线上受众通过客户端满足线下生活需求，电台借助客户端与经营商户分账，从而实现线上节目线下消费的闭环。浙江交通之声尝试电商

化的品牌运作，与电商联合定制"氧气曲奇""氧气环保包"等衍生产品，并与淘宝网、壹基金合作。浙江城市之声推出"巨欢乐"全媒体品牌，与频率的微信服务号和淘宝、微店等端口契合，将线上内容产品和资源融合产品转化为线下用户体验和销售行为，形成"一个全媒体＋一组社会资源＋一组商业品牌"的新型运营模式。山东经济广播与山东网络广播电视台联合打造由一个广播节目、一个手机客户端和一个互联网社区组成的跨终端母婴全媒体项目——"贝果"。该项目是媒体、用户与相关商家同步交互、共同生产内容的融合型平台，实现收听节目、分享经验、推广产品的结合。

"借船"融合模式的优点在于广播媒体能够搭上合作方的"顺风车"，投入小，见效快，能够在短期内实现社区化、社交化、产品化和平台化的转型，即以大数据为核心，向多产业链延伸，完成融合型枢纽式媒体形态的重新构建。"借船"融合模式也是广播媒体通过细分产品引入资本、实现交叉补贴的策略选择。其缺点是作为内容提供方的广播媒体易受制于合作方，缺乏产品研发、用户大数据掌控、利润分配以及沟通协调等方面的自主权，在与合作方的博弈中常处于不利位置。广播媒体的新媒体发展也以合作方自身的发展为前提，这使得广播媒体的新媒体运营不得不依赖于合作方对平台的升级。在"借船"融合模式下，广播媒体如何保持自己的独立性，确保核心价值不失，避免沦为为他人作嫁衣的工具，这些问题都需警惕。

三、"买船"融合模式：以资本为纽带，通过并购完全市场化的新媒体企业实现融合发展

广播媒体与新媒体融合发展的难点是突破广播媒体经营的惯性思维，在新媒体领域探寻新的增长点。"买船"融合模式指广播媒体以资本运作为核心，以跨界产业融合发展为路径，通过并购商业网站、广告公司、动漫公司等新媒体平台这一超常规方式迅速进入高风险、高收益领域的跨越型、激进型策略。在"买船"融合模式下，新媒体不再是广播媒体庞大组织机构中一个无足轻重的子媒体、小平台，而是广播媒体向新型主流媒体发展乃至转型的一个崭新母体或传播主平台。相对于前两种模式，"买船"融合模式具有风险大、成本高的特点，不具备普适性。但高风险通常与高收益相伴，借助高水平的资本运作，广播媒体有望在短时间内找到新的发力点，实现经营模式的巨变，因而是一种值得重视的思路，也受到一部分敢于冒险的广播集团的青睐。这些广播机构清醒地认识到资本运营"四两

拨千斤"效应，充分运用资本力量推动媒体融合发展。

在探索"买船"融合模式方面，中国国际广播电台强化资本驱动导向，整体借壳上市，实行资本运作，通过推动旗下业务跨地域、跨所有制重组联合来换取用户、技术、市场和资源。为进一步统筹新媒体发展，建设现代综合型国际传媒集团，国际台旗下国广环球传媒控股有限公司于2013年8月整体收购中华网。国际台依托中华网及其域名打造"中华云"平台和"中华网"品牌，建设多语种国家级对外传播的全媒体平台。国际台的上市公司华闻传媒，发挥上市平台优势，以并购为抓手，以细分行业的龙头企业为对象，在平面媒体、广播、互联网、手机电视、互联网电视、楼宇广告、动漫、大数据等领域进行布局，"成为国内目前传播渠道覆盖最广、牌照最全的综合传播集团，并且作为国际台旗下唯一的文化传媒上市平台，拥有稀缺的海外互联网电视渗透渠道"，公司市值达253亿元。

不论中央电台还是地方电台，都在持续发力资本市场，借助资本力量壮大发展自身。"买船"融合模式的优点在于广播媒体采用高强度的资本运作方式，以超常规收购的策略进入新媒体热点领域，改变广播媒体经营业务单一、陈旧的被动局面，提升新媒体经营收入的比重，进而在短时间内获取新媒体市场的领先优势。"买船"融合模式能够让新媒体带动传统媒体，发挥协同效应，通过资源整合推动融合发展。其缺点在于新媒体项目未来能否实现收益目标、能否在政治力量和市场力量之间找到足够大的弹性空间尚待观察，项目试验的经济成本和政治风险难以进行全面评估。

媒体融合在国内外都处于探索中，不同政治制度、不同产业现状甚至社会文化传统，都在影响传媒变革的走向。在我国，媒体融合的实质是传媒产业的重新洗牌，相对固态的传播格局已经"液态化"，经历哪些变革与什么时候、以什么格局能重新相对稳定，仍是个未知数。各家媒体拥有的资源优势和面临的市场境遇不同，创新能力不同，决定了具体融合路径的不同选择。广播媒体的融合战略要因地制宜、各取所需，在自身运营中寻找突破。广电业的融合发展并不永远只是朝着一个方向，成功的形态也一定不是单一的，随着媒介环境的变化，广电媒体的改革势在必行。所有的内容起源于受众的需要，所有的服务、创造都是为了能够呈献给受众真正想看的内容。上述三种模式可以交互使用，形成融合发展的合力。从三种模式可以看出，未来广播媒体与新媒体融合发展有两大趋势：一是广播媒体的资源优势在融合发展中的作用越来越突出，提升信息内容质量和品牌综合优势仍是广播媒体的基础性任务；二是广播媒体与新媒体融合涉及的领域越来越广泛，户外数字媒体、动漫游戏、移动增值服务等是新的热点领域。无论哪种融合模式，都应重视新媒体的建设和发展，同时找准自己的特色和定位，发挥本媒体原有的比较优势，使之成为带动发展的龙头。

当前，新媒体技术正迅速向前发展，广播媒体处于至关重要的变革节点上。以收听率持续下滑、广告收入增长放缓为显著指征，广播媒体的困境由一台的衰落逐渐蔓延至全行业的生存危机。在此背景下，广播媒体拥抱融合既是"救亡图存"的顺势而为，也是创新发展、履行责任使命的战略任务。广播媒体这一轮转型以及与新媒体的融合显然和以往有所不同，开始尊重新媒体的传播规律，开始思考互联网思维下的用户价值，开始摒弃大而全的理想情怀而专注小而精的特色产品，开始适应新媒体平等交流、互动传播的特性，开始认识内容与渠道的不同价值并实施网络版权保护措施。"用户""产品""体验""定制""个性化"等成为广播媒体经常谈论的字眼，标志着广播媒体真正尊重与理解互联网，真正接受与融入新媒体。广播媒体融合发展还有很大的空间等待业界和学界去发掘，现阶段的广播媒体仍需要脚踏实地，夯实业务水平，提升软硬实力，完善服务体系，在未来的发展当中占据一席之地。

参考文献

1. 刘旸. 跨屏、转型、融合——广电业态变革的三大关系重构［J］. 传媒，2015（3）：22－24.

2. 李勇华，王武彬. 2014 年媒体融合发展年度盘点［J］. 新闻与写作，2014（12）：12－15.

3. 朱新梅. 媒体融合发展模式研究［J］. 声屏世界，2015（1）：9－11.

4. 吕岩梅，刘旸. 互联网思维与广电媒体的融合发展［J］. 声屏世界，2015（1）：5－9.

5. 杨子. 2014 年电视媒体与新媒体融合概观［J］. 广播电视信息，2015（1）：23－26.

6. 陈力丹，廖金英. 我国传媒产业将如何重新洗牌？——2014 年话媒体融合［J］. 广播电视信息，2015（1）：27－30.

7. 孙璐. 2014 年中国新媒体融合发展的七个现象［J］. 广播电视信息，2015（2）：17－19.

8. 陈俊. 整合与重组，跨界与融合——2014 中国广播媒介的嬗变［J］. 青年记者，2014（24）：16－17.

9. 孟伟. 2014 年中国广播发展图景［J］. 中国广播电视学刊，2015（3）：14－21.

10. 孟伟，李运. 2014 年中国广播发展关键词［J］. 中国广播，2015（2）：14－21.

11. 杨明品，周菁. 2014：广电媒体融合发展进行曲［J］. 新闻战线，2015（2）：10－13.

12. 田园，宫承波. 2014 年广播媒体发展的十大关键词［J］. 广播电视信息，2015（1）：19－26.

13. 孙宝国. 两台合并 台网联动 制播分离——2014 年中国广电的体制机制创

新 [J]. 新闻战线，2015（2）：21 - 23.

14. 张君昌，吴浩，熊英. 解读 2014 广电"新政"关键词 [J]. 电视研究，2015（3）：41 - 43.

15. 李岚. 生态式改革：广电转型全媒体的体制机制创新 [J]. 声屏世界，2014（4）：36 - 40.

16. 史安斌，赵涵漠. 运用互联网思维夯实第一媒体——2014 年中国电视业践行媒体融合战略的回顾与反思 [J]. 电视研究，2015（3）：47 - 50.

17. 李岚，黄田园. 集约　理性　多元　转型——2014 年广播电视产业经营情况盘点 [J]. 新闻战线，2015（2）：24 - 27.

18. 詹新惠. 2014 新媒体回望与思考 [J]. 传媒，2015（3）：28 - 30.

19. 张君昌. 媒体融合的政策背景及转型方略 [J]. 传媒，2014（12）：9 - 13.

20. 李晨雨. 略论广播媒体与微信公众平台的融合 [J]. 中国广播，2015（8）：50 - 52.

（作者系暨南大学新闻与传播学院博士研究生）

"两微一端"下我国传统广播的现状与发展

【摘　要】与新媒体的融合是传统广播新的必然的尝试，许多广播电台已经在微博、微信上建立了自己的微博号、公众号，也建立了自己的客户端。但是传统广播媒体对于什么是用户、怎样的信息才能满足用户需求、内容怎样转化为产品、与用户进行正确的互动等问题上仍有欠缺。本文主要从内容服务、使用体验以及与用户互动上对广播的媒体融合进行探析。首先，要 UGC 与 PGC 并重，避免同质化的信息生产。其次，通过"标签"功能，更为细致地对信息进行分类，为用户提供更精准的信息服务。最后，与用户互动时不能太过死板，线上线下的互动要有主题，单纯地发布一个话题或新闻内容并不能吸引用户的注意，并促使用户参与到其中。同时还要选择在不同的时间对用户进行不同的信息推送，以此培养出用户在碎片化时间点开公众号、微博、客户端的习惯，这样才能产生用户黏性。

【关键词】传统广播　媒体融合　"两微一端"

一、引言

广播，以声音为载体的媒介，也是最早的电子媒介，在诞生之初就获得了天然的发展活力，它打破了信息传播在时间与空间上的限制，给人类传播带来了巨大的变革。在我国，广播的发展历史可以分为六个部分。在旧中国时期，诞生之初的广播主要以播新闻为主，只是"新闻的有声形态"，单纯作为媒介在使用；新中国成立后，广播开始自己采写新闻与评论，成为真正的媒体；20 世纪 80 年代，以"珠江模式"为代表的广播开始探索自己的特色，并获得了快速的发展，有着里程碑的意义；在 80 年代后期，广播受到了来自电视媒体的冲击，广播迎来了它的第一个寒冬；但是 90 年代后，汽车保有量的上升，广播探索出了为汽车保有者提供专业化的信息服务的发展道路，重新焕发了生机，这一时期也是广播电台发展最为成功的时期。在新媒体快速发展的时期，广播媒体似乎将要迎来它的第二个寒冬。

与新媒体的融合是传统广播新的尝试，许多广播电台已经在微博、微信上建立了自己的微博号、公众号，也建立了自己的客户端。但是，早在 2012 年，就有学者指出网络广播存在很多缺陷：受众群体不成规模，盈利模式不够成熟，广播内容同质化，风格定位与受众定位差异小（周小普、韩娜，2012）。根据央视—索福瑞媒介研究［CSM］（2014）收听率调查数据显示，人均日收听分钟数较2013年降低了4分钟；车上收听出现了首次下降，车上人均日收听分钟数下降到18分钟。一边是与新媒体融合的缓慢发展，一边是收听率的下降，广播媒体如何保持自身长久、持续的发展，是当前乃至未来几年需要共同探索的问题。

作为传统媒体，广播电台面临新媒体的冲击相对报纸与电视要小，但是不少业界人士已经开始对广播的发展忧心忡忡，如何在移动互联时代焕发新活力是当前广播行业的主要研究方向。在新媒体融合的问题上，广播媒体也作出了许多方面的探索。2003年，我国手机广播业务开始出现，广播媒体与电信运营商合作，为用户提供语音服务。网络广播电台通过客户端向手机用户扩展，利用移动通信网络实现收听与点播功能，甚至在手机中植入芯片，以移动多媒体广播网络实现节目的传输（周小普、韩娜，2012）。除了传统的广播媒体，新媒体的发展更是带动了无数独立广播新媒体的成立，如蜻蜓FM电台、豆瓣电台、微电台等。广播行业的发展呈多样化的发展趋势。然而，广播新媒体融合之路并不成功，其转型存在着较为严重的问题，如忽略用户群的转移和用户习惯的变化、受众市场细分不精确、机械的数字化媒体融合（沈婷，2015）。

在转型失败的基础上，不少学者针对如何将广播媒体与新媒体成功融合也进行了探索。冉华与王凤仙（2015）指出广播应当发挥音频内容制作的优势，坚守补缺型的生态位，通过本地化和服务性的内容生产，充分发挥作为其核心价值的伴随性与互动性。阙林福（2014）认为广播必须朝着多元化、市场化的方向发展，要满足用户的多功能需求，还要创新节目的内容与形式，发展出自己的品牌特色，同时体制机制的改革也必不可少。宫承波与田园（2014）提出要以用户为中心，提供个性化定制服务，以精准推送的营销手段并结合社交网络的用户使用依赖特点，真正实现传统广播媒体的转型发展。

在过去的研究中，学者们大多是集中在新媒体与传统广播媒体的融合发展问题上，主要是针对新媒体与广播媒体本身。然而移动互联网的发展带给广播媒体的影响不仅仅是在于如何融入新媒体的问题，更是在于如何在移动社交网络中获得自己的生存之地。碎片化阅读是移动互联时代带给传统媒体的巨大挑战，如何利用移动社交网络弥补广播媒体自身的基因缺陷，走出广播媒体发展的困境，是一个更具有现实意义的研究问题。

因此，本研究着眼于当前用户使用最多、影响最大的"两微一端"（即微博、微信、客户端），以此为基础，分析我国广播媒体在移动互联时代的现状，探析其未来发展的可能性。

二、"两微一端"简介

2010 年被称作中国的微博元年，微博在 Web2.0 时代迅速在中国的社交网络上占据领先地位，并发展成为中国最有影响力的媒体之一。一种传播媒体普及 5 000 万人，收音机用了 38 年，电视用了 13 年，互联网用了 4 年，而微博（特指新浪微博）只用了 15 个月（谢耕耘、徐颖，2011）。此后微博持续快速发展，影响力与日俱增。根据中国互联网络信息中心［CNNIC］（2015）《第 36 次中国互联网统计报告》显示，截至 2015 年 6 月，我国微博客用户规模为 2.04 亿，网民使用率为 30.6%，微博的社交媒体属性逐步得到客户市场和用户市场的认可，并且逐渐成长为社交媒体领域最具营销传播效果的社会化媒体平台。

在 2.04 亿的微博用户中，手机端微博客用户数为 1.62 亿，占总体的 79.4%，比 2014 年底上升了 10.7%。微博客用户逐渐向新浪微博迁移和集中。CNNIC 数据还显示，微博客用户中，使用新浪微博的用户占 69.4%。根据艾瑞网微博博客的排名数据显示，新浪微博的覆盖数 UV 为 42 500.00，浏览量 PV 为 2 500.00，远远高于其他微博博客。因此本文集中对新浪微博的广播媒体进行研究。

随着互联网的飞速发展和智能手机的普及，作为即时通信的微信目前已经成为中国用户最多的社交类平台，它为智能手机移动终端提供了跨通信运营商与跨操作系统平台的语音短信、文字、视频及图片的服务。微信具有"既公开又封闭"的信息传播方式，让用户的信息有了介于私密和公开之间更值得信赖的释放方式（白雪竹、郭青，2014）。其服务插件"扫一扫""朋友圈""公众号"等搭建起了基于实际人际关系的网络关系平台，从而演变成了移动互联网发展中不可或缺的角色。

随着人们越来越倾向于即时性、碎片化的新闻，传统新闻获取渠道已经无法满足手机网民追求多样化新闻的需求，而手机新闻客户端凭借其快速便捷、可实时推送的阅读方式，得到了用户的认可，为传统媒体在非线性传播的环境中增加了新的传播途径。一般而言，客户端本质上就是智能设备上的应用程序，它直接为用户完成某种特定功能所设计的程序，而新闻客户端就是新闻类的应用程序（杨立、刘彧扬，2013）。据艾媒咨询（iiMedia Research）数据显示，截至 2015 年上半年，中国手机新闻客户端用户规模已达到 4.89 亿，相比去年底增长 9.2%，手机网民中的渗透率已达 74.5%。手机新闻客户端仍然是手机网民新闻获取的第一渠道。

三、我国传统广播创建微博、微信、新闻客户端的现状和典型例子

《中国广播电影电视发展报告（2015）》统计显示，截至 2014 年底，中国网络视听产业规模 378.4 亿元，同比增长 48.8%。全国共有 604 家机构获批开展互联网视听节目服务，其中广电机构 224 家，占比 37%。省级以上的广电媒体一般都设有本台的新闻客户端。广电媒体的新闻报道也都通过微博、微信等平台，吸引受众积极互动传播。目前，全国 33 个地区的 500 个电台与微电台进行合作，拓展自己在网络电台上的渠道；同时，经过认证的 1 647 家广播电台与栏目在微博开设有自己的官方微博；将近 600 个广播电台公众号每日活跃在微信上（新媒体指数每日官方广播排行榜，2015.11.14）。

以中央人民广播电台中国之声为例，从 2010 年开设微博至今已有粉丝 1 470.6 万，发布微博 67 000 条，平均每日发布微博 37 条。中国之声官微每日会根据"今天我值班""节目互动""看图"等话题或是推荐相关新闻与网友互动。中国之声官微在电台类的新媒体势力榜上位居前列。在微信公众号方面，中国之声在新媒体指数中也位于前列。就最近几日的发布看，中国之声公众号每日发布两到三次，发布时间较为稳定，大多是在中午或傍晚以及晚 10 点，总阅读数超过 40 000 次。两相对比，中国之声在微博与微信上投入的时间与精力有着显著的差距。中国之声客户端更像一台网络收音机，但目前下载量并不多，根据仅有的用户评论看，好评率不高。其内容包含中国之声的五个重点新闻节目板块：央广新闻、新闻纵横、央广晚高峰、央广夜新闻、全球华语广播网。实时更新新闻资讯，与新闻广播同步。在服务设置上，中国之声 APP 并没有很好的用户体验。

曾经的北京交通广播电台创造出了中国广播发展史上的奇迹：连续三年在全国广播单频率广告创收中名列第一，在流动人群中收听率达到 84.7%（孙树凤，2003）。作为交通广播，其听众必然是移动人群，在 2000 年左右这些人群是整个广播行业的主要收听群体。北京交通电台的成功更多还是因为其内容专业并提供个性化定制服务、树立自己的频率品牌以及与社会建立多元的网络关系。如今北京交通广播官微已有 136 万左右的粉丝，每日平均发布微博 12 条，但是微博下方的评论转发与点赞数非常少。其公众号基本上每日发布一次，在广播类新媒体指数排行榜中位于 108 位，日平均阅读数 1 229。"交通广播"是北京交通广播的官方客户端，拥有报路况、查违章、天气信息、限行信息、聊天、互动、听广播等功能，用户可以与听众参与各类话题讨论、与主持人互动、参与线下活动等。由此可见，"交通广播"在各方面的设置比较完善，为用户带来了较好的体验。

上海交通广播也于 2010 年 6 月开通了微博，目前拥有粉丝 70 多万，平均每日发布 9 条微博，其微博与网友互动效果并不乐观，大多数网友并没有对信息给予反馈。微信公众号方面，上海交通广播平均每日发布一次，日平均阅读数为 4 471.7，新媒体指数位列前 50。到目前为止，上海交通广播没有创建客户端。

同样在 2010 年开通新浪微博的珠江经济广播，至今拥有粉丝 26 万左右，发布微博仅 3 019 条，平均每日发布两条左右。其微信公众号每日发布 1～3 次，发布时间段不固定，较为随机。珠江经济广播与其所属的广东人民广播电台都没有创办客户端。广西交通台官方微博至今也有近 36 万粉丝，发布微博 61 813 条；在微信公众号中大概每天发布一次，时间也较为随机，日平均阅读数 1 421。今年 6 月，广西人民广播电台整合了各个电台频率，通过创办客户端"微路"，弥补了广西交通台在客户端上的短板。

总的来看，传统广播媒体的单个电台频率大部分在客户端上没有深入发展，而是依托于整个电台的力量联合开发服务完善的客户端，正如中国之声所属的中央人民广播电台客户端、广西人民广播电台"微路"；也有的会基于要建立自己的频率品牌而创建了自己的客户端，注重用户体验，如北京交通广播；也有的电台或电台频率完全没有推出自己的客户端，如上海交通广播与珠江经济广播。它们在节目形态与内容服务上都比较拘泥于旧式的音频节目，更多满足的是收音机和车载设备前的听众，而没有深入了解移动端的受众的多样化信息需求。

四、我国传统广播创建微博、微信、新闻客户端的问题与发展

彭兰教授认为，传统媒体天然地缺乏新媒体的基因，比如不能将内容当作产品进行全面开发、对信息消费的认识不充分。传统广播媒体同样也有这样的问题。正如传统广播媒体在微博、微信上创办官微、公众号，虽然可以直接共享到微博与微信的庞大用户群，但正是由于数量庞大，广播电台的官微和公众号在如何脱颖而出、如何适应用户需求上才会遭遇新的难题。

微博作为一个弱关系社交平台，其活跃度相对微信要低。中国之声官方微博虽然有着一千多万的粉丝，但是在发布微博之后，网友、评论转发和点赞的数量并不大。其他传统广播微博也同样如此，许多微博消息下方并没有粉丝的反响。这些官方微博只是将传统电台上的内容重复传播，因此在与微博网友互动时，没能调动起网友的积极性。

而微信上的情况相对要好。传统广播公众号推送的消息，网友阅读数与点赞数都比较乐观。但是微信公众号的定位是帮助媒体打造并推广自己的品牌，广播媒体对微信公众号的运营力度仍有欠缺，大多数公众号每日

发布次数过低，对社交媒体的开发还不够深入，也没有依据用户的喜好进行更为精准的优质内容推送，这也导致了微信用户的活跃度不高。

传统广播媒体的客户端仍然需要将内容深化成产品，提供更优质的服务，使之成为一个真正的客户端，而不只是一个网络收音机。艾媒数据显示，用户在选择移动电台 APP 时，最看重的是内容丰富，占比达 72.9%；其次是操作的便捷性，用户占比 54.2%；还有 39.6% 的用户关心应用的美观性，优质内容与使用体验是吸引用户的关键因素。传统广播媒体如果只是像之前那样将内容生搬硬套到微博、微信以及客户端上，并不有利于广播媒体的转型。

据 iiMedia Research 最新发布的《2015 年中国移动电台市场研究报告》显示，预计到 2015 年底，中国移动电台 APP 用户总规模将达 1.8 亿。用电台收听广播的人群规模如此之大，广播媒体的发展前景仍是不乐观。因为传统广播媒体要面临的竞争不在于收听人群的下降，而在于收听人群的转移。调查还显示，2015 年中国移动电台用户活跃的分布上，位列前十的 APP 几乎都是属于网络科技公司或传媒公司的产品，仅有一个凤凰 FM 来自传统媒体。而传统广播媒体的客户端缺乏与之抗衡的能力。

传统广播媒体首先可以尝试用新广播媒体的思维进行媒体融合，甚至要思考得更为全面。以用户满意度最高的荔枝 FM 为例，荔枝 FM 最初并无独立 APP，而是一个基于微信公众平台的 H5 网页，凭借着"微信收听电台"的卖点，借助于社交力量快速获得粉丝，这些用户成为后来荔枝 FM 的基础（移动网络电台下一个金矿在哪，2015）。

在内容生产上，要 UGC 与 PGC 并重。草根主播虽然在原创性、多样性上占有独特优势，并且能带动用户参与的积极性，增加用户黏性，但同时草根主播们在内容质量方面很难保证。因此，传统广播应发挥自己的优势，以专业化的团队与思维开发出能满足用户需求的产品，如相关新闻评论、趣味资讯、行业信息等。同时要避免内容同质化，立足本土或创意开发出独具特色的节目。要将内容转化成产品，还应基于网友碎片化的信息需求对内容进行包装，包括在语言、风格定位上，使之更富于趣味性、专业性、多样性。

提升用户使用体验应把重点放在信息获取方面。互联网时代信息过剩，用户要如何在海量的资讯中获取自己所需的信息是相对困难的。如中央人民广播电台重点打造的中国广播客户端，虽然该 APP 设计了 19 种分类，但是这些分类比较宽泛，用户仍然需要在这些分类中再次筛选。目前许多广播客户端都是采用这样的点播形式。大的分类必不可少，同时还需引入"标签"的功能。标签选择更为细致化、年轻化，更符合年轻人的使用习惯。如荔枝 FM 就通过标签的选择更精确地满足了用户的需求，还可以基于标签反馈给用户更精准的推送。

传统广播媒体除了要重点打造客户端，还要依托微信、微博维护并扩大与用户之间的联系，拓宽自己的传播渠道，而不仅仅是将微博、微信作为一个食之无味弃之可惜的补充媒体。从中国之声官方微博粉丝互动的启示中，传统广播媒体要懂得在微博、微信上与网友进行线上线下的创新性互动，通过网友之间的影响产生"裂变"式的传播。单纯地发布一个话题或是新闻内容并不能吸引用户的注意，并使用户参与到互动中来。

传统广播媒体要了解用户在新媒体上的使用习惯，根据用户的日常程序安排推送时间。因此，要了解什么时候是用户的碎片时间，什么时候是较长的娱乐时间。时间的长短影响着用户的信息需求，适时推送可增强用户黏性。根据艾媒资讯数据显示，2015 年 48.3% 的移动电台用户主要在搭乘交通工具或自驾时使用电台 APP；50% 的用户在白天休息时使用移动电台；58.3% 的用户每天晚上睡觉前使用电台类 APP。以上三个场景均是用户较长的休闲时间，广播媒体可以针对时间性质推送相关性较强、时间较长的内容。除了这三个场景之外，其余的更多是用户的碎片时间，广播媒体可以在微博、微信、客户端上推送一些时间短、阅读性强的资讯，方便用户吸收，填补用户的碎片时间，培养用户在碎片时间点开公众号、微博、客户端的习惯。

五、结语

在听众向用户转变的市场环境下，广播媒体需要重新建立与用户的联系。但是好的内容并不一定能带来黏性，有时候，界面形式、用户体验、服务产品等变量的作用更为显著（彭兰，2015）。实现媒体融合，首先要做好的就是内容，这是媒体的本质要求；其次提供良好的用户服务，了解用户在什么时间需要什么样的信息，只有了解用户的阅读习惯与需求，才能更好地将作为产品的内容传播出去；此外，传统广播媒体要走出原有的与用户互动的思维，更多地关注与用户进行新媒体互动，充分利用新媒体的特性吸引用户的关注。每一个媒体都能制造好的新闻，但是站在这同一起跑线上，各大广播媒体要想跑入梯队前列就要增强自己的素质，不能只是照搬电台中的内容，而是要将内容看做一个产品，它的包装、营销都必不可少。传统广播媒体也曾有过被边缘化的时期，依赖汽车保有量的上升，虽开辟出了自己的生存空间，但是互联网的发展改变了生存环境，未来变得更难以预测。因此适应时代的发展，找到自己的生存之道才是传统广播媒体必须认清的现实。

参考文献

1. 孙树凤. 北京交通广播的借鉴意义［J］. 中国广播电视学刊, 2003（10）: 15-17.

2. 张爱凤. 微博空间的"意见领袖"与广播媒体的影响力提升［J］. 中国广播, 2012（3）: 23-26.

3. 沈婷. 新媒体环境下广播媒体如何绝处逢生［J］. 中国报业, 2015（4）: 30-31.

4. 韩冰. 我国广播新闻的历史沿革与发展趋势研究［J］. 传播与版权, 2014（5）: 11-12.

5. 阙林福. 论新媒体时代广播的创新发展策略［J］. 现代传播, 2014（9）: 165-166.

6. 彭兰. 传统媒体缺少哪些新媒体基因［J］. 新闻与写作, 2013（11）: 1.

7. 彭兰. 好内容不一定能带来用户黏性——新媒体时代服务思维的转变［J］. 新闻与写作, 2015（2）: 1.

8. 冉华, 王凤仙. 从边缘突破: 移动互联网环境下广播媒体的融合发展之路［J］. 新闻界, 2015（8）: 34-39.

9. 白雪竹, 郭青. 微信——从即时通讯工具到平台级生态系统［J］. 现代传播, 2014（2）: 130-133.

10. 周小普, 韩娜. 我国广播电视新媒体发展现状及未来趋势［J］. 国际新闻界, 2012（12）: 83-91.

11. 杨立, 刘彧扬. 新闻客户端: 网络新闻内容的整合与创新——以网易新闻客户端为例［J］. 新闻与写作, 2013（8）: 30-33.

12. 张亮, 戴婷文. 广播与新媒体融合的三大法宝［J］. 中国广播, 2015（8）: 99.

13. 宫承波, 田园. 融合传播时代广播媒体的角色更新路径探析［J］. 中国广播电视学刊, 2014（5）: 13-15.

14. 谢耕耘, 徐颖. 微博的历史、现状与发展趋势［J］. 现代传播, 2011（4）: 75-80.

15. 崔忠芳. 全国广播业媒体融合调查报告［J］. 广电独家, 2015, 见 http://chuansong. me/n/1745285.

16. 移动网络电台下一个金矿在哪?［N］. 南方日报, 见 http://finance. china. com. cn/roll/20150309/2990944. shtml.

17. 新媒体指数每日官方广播排行榜（2015 年 11 月 14 日）. 见 http://www. gsdata. cn/rank/detail? gid = 12591&gname = 官方广播榜.

（曾凡斌, 系暨南大学新闻与传播学院副教授; 玉凤, 暨南大学新闻与传播学院硕士研究生）

我国移动音频 APP 的现状及其发展策略探析

李倩珺

【摘　要】在"互联网＋"的推动下,"移动互联网＋音频"成为目前广播的新样态。近几年,移动音频 APP 呈现井喷式的发展,引发各界人士的思考。本文中笔者着重阐述了我国的移动音频 APP 的现状,指出目前移动音频类 APP 存在的问题,并结合当前的媒介信息环境特点提出了改进策略。

【关键词】广播　移动互联网　移动音频 APP

　　根据赛立信媒介关于《2014 年收听市场综述》的研究,2014 年全国广播听众收听工具的选择中,手机在众多收听工具中居首位,其使用率超过40％。2015 年作为"互联网＋"元年,随着4G网络的规模化发展和智能移动终端的普及,对以声音为传播载体的广播行业来说,"移动互联网＋音频"是目前的广播新样态。

　　移动音频 APP,是指装载在智能手机、车联网等移动终端的第三方应用程序,通过在线下载等方式提供全方位的音频内容及音频平台服务,其内容包括传统电台、音乐电台、相声评书等,比如蜻蜓 FM、荔枝 FM、喜马拉雅 FM 等。移动音频 APP 开辟了音频节目传播的新模式,实现了传统广播在互联网领域的创新。近几年,移动音频 APP 呈现井喷式的发展,资本市场对此尤其青睐,其前景似乎一片光明。但是,移动音频 APP 存在竞争乱象、版权纠纷等问题,它们亟待寻求突破口和出路。本文将对国内移动音频 APP 的现状进行研究,总结移动音频 APP 目前存在的问题,并结合当前的媒介信息环境提出改进策略。

一、我国移动音频 APP 的现状

　　总体来讲,我国移动音频 APP 近几年发展速度较快,在数量、种类、用户等方面相比前几年都有较大的提高。以创办主体为分类依据,目前市面上的移动音频 APP 主要分为两大类:一类是传统广播 APP;另一类是商业互联网公司创办的音频 APP。

(一) 传统广播 APP 整体所占比例小

　　传统广播 APP 是由传统广播电台开发并提供数字化延伸广播服务的应用,它依托广播媒体专业内容生产的优势,以播出本电台频率内容为主。

根据数据显示，最早的移动音频 APP 是湖南电台交通广播，于 2011 年 12 月 8 日推出，次年湖南广播电视总台又分别推出了 893 汽车音乐电台和金鹰 955 的 APP。据人民网研究院的 2014 年《中国媒体移动传播指数报告》显示，百强广播频道中 45 家有独立 APP。但截至 2016 年 1 月，笔者在苹果 APP Store 的"广播"类别中查找此类 APP，仅搜得寥寥几个，如中央人民广播电台的中国之声、央广新闻、经济之声等。通过观察这几个仍在架上的广播 APP，发现它们存在下载量少、评分低等问题。以中国之声 APP 为例，最近一次迭代更新时间为 2013 年 12 月 3 日，经济之声 APP 最近一次迭代更新时间为 2014 年 2 月 22 日。据此，笔者推断传统广播电台已经停止自主开发广播 APP。由于受技术（带宽、服务器）、资金等所限，传统广播电台将新媒体传播阵地转入微信公众平台或积极融入其他的 APP 平台。

目前，影响力较大的音频 APP 比如蜻蜓 FM、喜马拉雅 FM、荔枝 FM 等均由商业互联网公司创办。这一类音频 APP 由于诞生于互联网公司，它们深谙互联网的传播与营销规律，其内容与上述的传统广播 APP 不同，它们以集合平台为原则融合了广播电台、私人电台等的音频产品，在产品开发、用户管理、运营维护等方面更具优势。根据速途研究院《2015 年一季度"移动电台"市场分析报告》（见下图），截至 2015 年 3 月 31 日，蜻蜓 FM 的 APP 累积下载量以 16 713 万次位列第一，考拉 FM 以 13 606 万次位列第二，而喜马拉雅 FM 以 12 290 万次排在第三位。

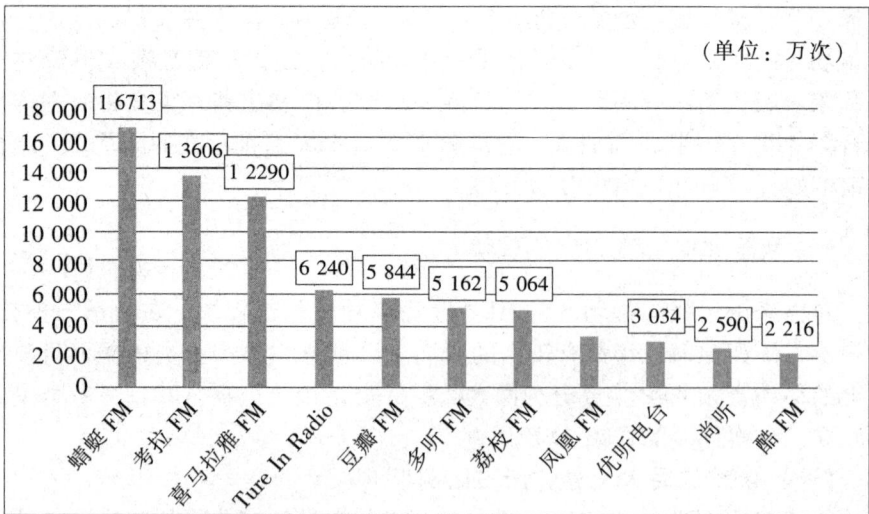

移动电台累积下载量图（截至 2015 年 3 月 31 日）

可见，这类移动音频 APP 用户市场十分广阔。由于掌握了海量的用户市场，这类音频 APP 备受资本的青睐。据不完全统计，目前至少有蜻蜓FM、优听、多听、窄播、凤凰 FM、懒人听书、喜马拉雅 FM 7 家在线电台获得天使投资。占据下载量榜首的蜻蜓 FM 已获得行业中金额最大的 C 轮融资，其首席执行官杨廷浩还称，公司考虑在两三年内启动 IPO。于 2013年成立的荔枝 FM 至今也完成了三轮融资，而优听、多听 FM、喜马拉雅FM 等先后也完成了近千万美元的融资。2015 年，BAT 巨头的腾讯推出"企鹅 FM"，企图加入这场资本大战。

（二）聚合类音频与专业类音频共存

笔者在苹果 APP Store 的"广播"类别中以关键词"网络""电台"进行搜索，共搜得 60 余款 APP。根据目前存在的移动音频 APP，可按内容将它们划分为两类：聚合型音频 APP、专业型音频 APP。（详见下表）

不同内容类型的移动音频 APP 的基本情况表

分类	类型	代表 APP	主要内容
聚合型音频 APP	以 UGC 生产为主	喜马拉雅 FM、荔枝 FM	以脱口秀、播客节目、相声、娱乐段子为主
	以 PGC 生产为主	蜻蜓 FM、凤凰 FM、考拉 FM	以聚合不同地区、不同电台频率的电台节目为主
专业型音频 APP	音乐类	落网、豆瓣 FM	推送音乐歌曲
	听书类	懒人听书、多乐	有声小说、书评
	情感类	情咖	情感节目
	心理类	心理 FM	心理课程

1. 聚合型音频 APP

聚合型音频 APP 是以广播整合平台为基础，基于不同计算机应用程序语言的 Mobile Apps 型客户端，收录了各级传统广播电台、个人网络电台、播客电台等的节目，将移动终端变成了不受无线电波发射范围限制的"移动"收音机，为听众免去在收音机上苦苦搜寻各种频率或者在网络上下载各种应用的麻烦。

此类 APP 又可细分为两类：以 UGC（User-Generated Content，用户生产内容）为主的音频服务和以 PGC（Professionaly-Generated Content，专业生产内容）为主的音频服务。

荔枝 FM 以"人人都是播客"为定位，是 UGC 内容生产的典型代表。该平台通过录制音乐、脱口秀、书评等有声内容为用户提供音频服务。不仅如此，用户还可发挥自身的特长优势，录制属于自己的私人电台节目，这项功能充分契合了"后广播时代"中人们"玩广播"的需求。

而以 PGC 生产为主的音频 APP 较为复杂，其中包括以下几类：第一是电台、电视台授权；第二是向视频网站等购买版权；第三是艺人、主播、评论人士等专业员自制上传；第四是自制节目。以蜻蜓 FM 为例，该款音频 APP 是"基于广播电台的聚合平台"，通过购买广播电台的音频版权向用户提供音频服务，平台上集合了全国 3 000 多家电台频率，丰富的音频资源为用户提供广泛的选择。而凤凰 FM 也是 PGC 生产的代表，该平台上拥有丰富的音频资源。其不仅聚合了凤凰卫视中文台和咨询台的王牌节目，比如《锵锵三人行》《一虎一席谈》《鲁豫有约》等音频产品，还提供凤凰优悦广播（URadio）的独家音频节目。此外，平台还购买了相关的热门音频版权，比如《晓松奇谈》等。

2. 专业型音频 APP

专业型音频 APP 以传统广播电台中的"专业电台""单选频道"为基础，通过精准的受众定位，有针对性地在应用中推送对应主题的音频内容。目前专业型音频 APP 主要包括音乐、听书、心理咨询等。专业型音频 APP 虽然在内容形式上没有聚合型的种类繁多，但因其用户精准的特性，仍占据一定的市场份额。

以听书类音频 APP 为例，"懒人听书"是典型代表。该平台通过与出版机构（长江文艺出版社、北方文艺出版社等国内 50 家出版机构）、专业音频机构、网络文学网站等内容提供方进行版权对接，将小说、曲艺、文学读物等内容有声化，向用户提供有声阅读内容。而音乐类的音频 APP，以豆瓣 FM 为例，它基本是一款纯音乐类的音频应用。从内容组织形式看，该款 APP 上按照音乐年代、风格流派、情感等对音乐进行分类，用户可以选择与自身契合的场景，歌曲风格及节奏将随场景变换。

通过对比聚合型与专业型的音频 APP，笔者认为这些音频 APP 符合移动互联时代下碎片化、私人化的特点，更符合"后广播时代"中的"微播"特质，用户根据自身的需求，创建属于自己的私人电台。

（三）移动音频 APP 用户群年轻化

"老年化"是以往广播电台的标签，而随着移动音频与车载广播的迅速发展，近年来，整个广播的听众主体已经悄然发生变化。根据赛立信媒介研究数据显示，2014 年广播的核心听众主要是 25～44 岁这一社会中坚力量，占比超过 60%，且较 2013 年增长了 8.2 个百分点。55 岁及以上听众仅占 9.2%，较 2013 年下滑了 3.6 个百分点。

对于移动互联时代下广播的新形态——移动音频 APP，其用户群体更趋于年轻化。根据速途研究院 2015 年 1 季度移动电台市场分析报告的显示，移动电台用户中，20～29 岁人群占比达到了 53%，超过全部用户的一半，30～39 岁的用户占比也达到了 34%，而 19 岁以下用户占比仅有 5%，40～49 岁人群占比 7%，50 岁以上仅占 1%。可见目前移动电台的用户群体主要集中在 20～39 岁的年轻群体。

其实，我们可以从音频 APP 的整体设计窥见其主要服务的用户群体。首先，从音频 APP 的界面设计来讲，目前的音频 APP 应用界面均以简洁为主，用户可以在相关应用的设置选项中更换应用界面的风格和颜色，它符合年轻群体个性化的追求；其次，从节目内容来讲，这些音频 APP 所提供的内容，诸如相声、音乐等都比较符合年轻群体的审美口味；再者，从互动社交来讲，这些音频 APP 都附带社交功能，连接"微信""QQ""微博"等社交软件，可以满足年轻用户的社交需要，也让年轻用户参与"分享经济"。由于年轻用户群体逐渐具备消费能力，他们将成为未来的消费主体。所以，这些音频 APP 不管在产品的设计还是内容的提供上都充分契合并满足年轻用户群体的需求，只有受年轻用户群体的青睐才能具备更长远的发展前景。

二、我国移动音频类 APP 发展中存在的问题

（一）产品内容：内容同质化与版权隐患并存

目前音频 APP 的内容主要以 PGC 模式或 UGC 模式为主。PGC 模式是指音频 APP 通过整合全国各省市成百上千的电台资源或购买电视台的视频内容再将其转换为音频格式，这些内容基本涵盖音乐、有声小说、综艺娱乐、相声评书、新闻资讯、脱口秀等，但自制内容很少，原创性低，鲜有能够体现独家特色的品牌节目。另外，一些热门的节目资源会引发内容的同质化。比如《晓松奇谈》，笔者在喜马拉雅 FM、考拉 FM、蜻蜓 FM 中都发现有这档节目，这些同质化的内容削减了每款音频应用的个性。

其次，这些照搬过来的节目内容极易引起版权纠纷。2015 年 4 月，蜻蜓 FM、喜马拉雅 FM、荔枝 FM 等电台 APP 都被苹果 APP Store 等主流平台下架，下架的 APP 疑遭行业竞争对手恶意竞争、版权投诉。喜马拉雅 FM 曾因侵犯著作权被央广之声告上法庭、考拉 FM 以侵权为由起诉蜻蜓 FM、懒人听书涉嫌未经授权向用户提供金庸小说集等。UGC 模式主要源于用户上传，比如荔枝 FM 主打的"人人都是播客"，但这部分内容首先存在质量良莠不齐的问题；其次，在越来越倡导版权意识的大环境下，一旦这些内

容得到商业化或广告商的赞助，将牵扯到利益的分配，也可能引起版权纠纷。

（二）产品设计：应用界面过度视觉化

移动音频类应用作为新媒体时代的广播新形态，应充分结合声音媒体的特点，在满足应用的移动性、社交化等功能后应回归声音媒体的艺术特征，让用户真正得到眼球的解放与非视觉化的满足。在内容组织上，应根据每款音频应用的特性，科学、简洁地安排节目，减轻用户视觉疲劳；在界面设计上，应以简洁、方便为主，让用户聚焦到声音的本身，避免由于过度的视觉化而影响用户的专注度。

广播作为声音的艺术，在互联网信息时代有着一定的优势。当汹涌的文字图像等信息洪流冲击人们的视觉感官时，人们几乎淹没在信息过剩的资讯中。而此时，单纯的声音介质将发挥其伴随性与解放性的功能，让人们在视觉疲劳时得以减负并获得非视觉化的满足。数字时代媒介融合的趋势正在颠覆传统的广播影视艺术理论，电影、电视、广播这些传统的艺术类型的边界日趋模糊。文字、图像与声音这些信息与审美符号之间不再泾渭分明，超文本多媒体的审美环境与艺术形成向传统的艺术与美学理论提出新的课题。如何让一款电台类应用既满足用户的社交需要，又体现声音符号的审美艺术，这是值得深思的问题。

（三）产品运营：盈利模式尚未发掘

移动音频应用前期开发的投入成本高，为充实节目、吸引用户以及维持日常的管理、人员、设备等的开销都需要大量资金的支持。目前多数互联网音频平台还处于积累用户规模的阶段，尚未探索出适合自己的盈利模式。开发者可能觉得谈盈利模式还为时尚早，尤其面对已经习惯使用免费资源与服务的国内用户，过早推出盈利模式可能意味着牺牲掉好不容易聚拢起的用户规模。但是若无法及时发掘有效的商业模式，一旦资本离场，这些电台应用将陷入绝境。

目前，移动音频的盈利模式主要有两种：一种是广告植入，另一种是VIP增值服务。第一种模式的实质是流量变现，对站点访客流量的要求极高，并且周期长、效率低。如果收听率不高，投放客户少，广告效益有限，那么实现盈利就很难。第二种模式是用户付费，比如音乐类的电台APP中，豆瓣FM整体以免费为主，但对于高品质的音频与精准的音乐推荐将向用户收取会员费用。这一模式的弊端在于，国内人们免费下载音乐的习惯已经养成，培养付费的思维与习惯很难实现。还有其他一些能够为开发者们所普遍认可的电商、游戏、虚拟道具互动、与第三方机构或艺人合作等盈利方式又都处于理论构想阶段，移动音频客户端的商业化之路可谓举步维艰。

三、我国移动音频类 APP 发展的对策思路

（一）以内容为驱动，贯彻版权意识

内容是信息类产品的核心竞争力。移动音频类 APP 应依托其音频信息提供商的特性，以内容为驱动构建平台化生产。首先，丰富平台上的内容资源，引进 PUGC 内容生产。PUGC 是专业用户生产内容的模式，目前许多音频 APP 都重金布局 PUGC 战略，比如蜻蜓 FM 宣布打造其 PUGC 战略下的"声态圈"；考拉 FM 进行 PGC + UGC 的转型，扶持非专业主播，推出人人都可直播的功能；喜马拉雅 FM 尽管获得了强势版权，依然在推出 PUGC 战略。赛立信研究总裁黄学平认为，这种专业人员加入移动网络电台的在线内容生产，是撬动资本市场以及市场机遇的重要支点。其次，音频 APP 应根据每款产品的定位及受众需求，打造独特的音频产品以避免内容的同质化。以用户最多、占据市场份额最大的美国互联网广播潘多拉为例，它开创的"定制广播"模式取得较好的效果。根据用户的收听行为，通过系统的独特运算方法，判断出人们的个性喜好，从而建立根据其个性需求订制的播放列表，带领广播进入"播放列表"（Playlist）时代。

再者，版权意识是重要一环。2015 年国家版权局发布《关于责令网络音乐服务商停止未经授权传播音乐作品的通知》，"基于网络音乐服务商未经授权传播音乐作品比较严重的情况，现责令各网络音乐服务商停止未经授权传播音乐作品，并于 2015 年 7 月 31 日前将未经授权传播的音乐作品全部下线"。《关于责令网络音乐服务商停止未经授权传播音乐作品的通知》下发后，立即引起了音乐产业领域的强烈反响。但是，该政策的监管将推进移动音频版权市场更加规范。所以，音频 APP 应贯彻版权意识，对非原创内容进行版权购买，对原创内容进行版权保护，由版权所带来的频繁下架问题，将影响品牌的口碑。

（二）打造个性化平台，增强用户互动性

目前活跃于市场上的移动音频客户端风格各异、定位多元，单从名称上看就可以窥见不同客户端的内容侧重。以差异化的内容为出发点来思考营利渠道，从而搭建个性化的运营模式，将是未来移动音频客户端商业竞争的成功之道。

另外，在移动互联时代，传播的互动性与用户的参与性都极为重要。美国皮尤研究中心的克里斯汀·赛尔（Kristen Purcell）将社交媒体比喻成"线"，把移动媒体比喻成"针"，他认为广播不能像过去那样只是把完成的产品交给听众，要善于利用社交媒体，在不同的平台上形成社区，促成

用户在社区内的沟通交流。但是，目前音频 APP 产品的互动应用层次尚浅。点开某些 APP 就可发现其平台上的互动界面形同虚设，对用户的吸引力有限。目前，移动音频 APP 在用户互动、用户参与形式的开发上仍不外乎三个方面：第一，调用微博、QQ、人人等社交软件的登录接口，甚至直接导入通信录，引入社交关系链；第二，开辟评论平台，让主播和听众之间以及听众与听众之间可以进行实时或延时的交流；第三，在内容生产上引入 UGC 模式，允许用户自主录音，并进行发布。而音频 APP 在未来的发展中，应进一步挖掘用户的参与价值，在互动模式上进行创新。比如企鹅 FM 引入视频网站中的弹幕功能，让用户在听节目的时候进行吐槽、评论。但笔者认为，在发挥这些互动的基础上应适度掌控互动的尺度，避免由于频繁的互动而分散听众对音频的注意。

（三）盈利模式多元化，延伸增值业务

在当前收费订阅尚难成气候的情况下，移动音频类 APP 应扩大平台的盈利模式，依托资本的扶持与单一的广告并非长久之计。

对音频类 APP 的盈利模式探讨多集中于车联网时代的到来，考拉 FM 公关总监石颖指出，需等到车联网的到来，网络电台的商业价值才会爆发。目前，许多网络电台与汽车厂商达成合作，推出车载网络电台。比如多听 FM 推出"车听宝"，QQ 音乐与福特汽车合作，蜻蜓 FM 涉猎汽车前装领域，与沃尔沃、福特、宝马、上汽集团、标致、雪铁龙均有预装合作。但车联网本身也要面对研发布局周期太长、配型车型受限、智能系统不兼容等种种难题。而笔者认为在这之前，音频 APP 可借鉴信息服务产品，如视频网站、新闻类 APP 等的盈利模式。在互联网时代，单纯的内容提供已无法满足用户的需求，音频类 APP 应在向用户提供优质音频内容的基础上，对内容、服务、用户体验等盈利模式作进一步探索。比如，基于 LBS 技术整合周边商家进行 O2O 营销联动，向粉丝销售衍生品、硬件增值、版权分销及出版等。

参考文献

1. 中国互联网络信息中心. 第 36 次中国互联网发展状况统计报告 [R]. 2013：4.

2. 梁毓琳 . 2013 年中国广播收听市场分析 [J]. 声屏世界·广告人，2014（5）.

3. 梁毓琳，蔡奕璇 . 2014 年中国广播收听市场综述 [EB/OL]. http：// www. bpes. com. cn/zh – CN/displaynews. php? id = 3549.

4. 李国琦 . 速途研究院：2015 年 1 季度移动电台市场分析报告 [R]. http：// www. sootoo. com/content/646857. shtml.

5. 翟剑峰. 我国广播电台类移动应用发展观察 [J]. 中国广播电视学刊，2015 (2)：47.

6. 何淑华. 网络电台 APP 完胜传统广播 APP 的启示——兼论传统广播的媒体融合之路 [J]. 声屏世界，2015 (5)：59.

7. 于斌. 电台 APP 痴迷融资：同质化严重、烧钱是主流，想上市只能过嘴瘾，ht-tp：//news. pedaily. cn/201505/20150504382081. shtml.

8. 叶培森，吴侠. 关于新媒体视域下广播整合平台问题的思考 [J]. 中国广播电视学刊，2014 (5)：10.

9. 陈佳宁. 移动音频类应用对传统广播的冲击与启示 [J]. 中国广播电视学刊，2015 (6)：58.

10. 许幼雅. 新媒体环境下网络电台的特点与问题 [J]. 艺术科技，2015 (2)：91.

11. 姚争. 新媒体竞合下的中国广播 [M]. 北京：中国广播电视出版社，2014：36.

12. 张晓菲. 国外音频全媒体发布的趋势分析 [J]. 中国广播，2014 (9)：92.

13. 高贵武. 移动互联时代广播媒体的生态与发展逻辑 [J]. 新闻记者，2014 (10)：31.

14. 张锋. 一种基于社交的移动互联网音频媒体 [J]. 中国有线电视，2015 (11)：1235.

15. 易观智库. 中国移动音频市场专题研究报告 2015 [R]. http：//www. wtoutiao. com/p/11e2flg. html.

16. 王明琴. 广播移动化的困境与出路 [J]. 中国广播，2015 (4).

17. 黄学平. PUGC 将成为移动网络电台的引爆点 [J]. 声屏世界·广告人，2015 (9).

18. 国家互联网信息办公室. http：//www. cac. gov. cn/2015 - 07/10/c_1115878658. htm.

（作者系暨南大学新闻与传播学院硕士研究生）

编外广电从业人员从业生态与职业发展的现状、问题与路径

陆高峰

【摘　要】广电从业人员是一个既关系到广播电视业做大做强的经济效益，又关系到国家舆论与文化安全等社会效益的特殊群体。当前广播电视用人机制发生了根本性变化，大量编制外人员成了广播电视业的主要力量。他们与正式在编的从业人员事实上存在的身份差异、政治经济待遇差异、养老医疗保障差异、工作稳定性差异等，给他们带来了精神和物质上的双重影响，如果处理不好，不仅影响编外广电从业人员的身心健康、职业发展，而且影响他们的职业效能发挥和传播力的提升。在当前编外广电从业人员已经成为广播电视业用人的主要形式和业务主力、骨干的情况下，必须给予特别重视，以便优化其从业生态，为其职业发展提供良好环境，进一步发挥好他们的创新力和创造力。

【关键词】广播电视　从业人员　从业生态　职业发展　编制外

改革开放，特别是建立市场经济体制改革目标明确提出后，我国广电业迎来了新的发展机遇。随着广电行业市场化运营步伐加快和节目播出数量的增多与播出时间的快速增长，加之中央和一些地方广播电视台采取了超常规发展的频道、频率扩张战略，原有的广电用人机制和人员数量、人才结构已经无法满足广电行业快速发展的需求，于是广电行业逐渐打破原有事业单位依靠编制用人的束缚，开始大量使用编制外的"临时工""合同工"以及"组聘""频道聘"和"台聘"等"聘用人员"，导致编外人员大量增加。

有资料显示，"截至 2003 年 5 月底，央视台本部共有各类人员 9 500余人，其中正式编制内职工 2 500 余人；编外人员达到 7 000 人，占人员总数的 73.48%，是正式员工的 2.8 倍"。而 1994 年成立的湖南经济电视台更是硬性要求"实行全员招聘，绝不允许产生新的铁饭碗、大锅饭"。截至 2004 年，湖南广电集团"4 200 多名员工中，有 2 000 多名员工属于聘用制"，聘用人员接近 50%。

早在 2003 年，湖南大学戴松曾对湖南省广播电视人员作过调查，被调查的 65 家湖南广播电视媒体总人数为 7 216，其中在编人员 5 050 人，招聘人员 1 643 人，临时人员 523 人，分别占 70%、22.8%、7.2%。招聘和

临时聘用的非在编人员总体占 30%。其中省级电视台非在编人员高达 55.3%，市级电视台非在编人员占 39.3%，省市电台非在编人员也占到 44.3%。而且越是一线采编人员，非在编人员比例越高。"调查显示，招聘及临时编制的新闻采编人员，在省级广播电视台已占 74.5%，在市州广播电视台（频道）占 42%。"

如今，劳务派遣、人事代理等通过公开招聘的编外用人方式已经成为广电行业，特别是中央和省市级广播电视单位最主要的用人方式，这些通过公开招聘进入广电行业的编外人员具有年纪轻、学历高、精力旺盛特点，并已经成为广电单位的业务主力和骨干。编外用人方式在给广电业蓬勃发展带来活力的同时，身份差异、经济待遇差异、政治待遇差异、劳动和养老保障差异、工作稳定性差异等，也导致了大量编外人员出现心理失落，职业认同感和单位依附感、归属感的降低，职业流动性增加，职业效能降低等消极影响。

由于广电行业具有经济和社会效益的双重功能，更有引导舆论、维护意识形态的重要功能，如果不能及时消除、减少这些负面因素的影响，不仅不利于广电行业的长久发展和广大编外广电从业人员的职业发展，而且还会给国家对内对外传播的舆论安全带来隐患。

一、编外广电人从业生态与职业发展研究现状

目前国内对传媒从业人员从业生态和职业发展研究的成果甚少，至于专门研究编外广电从业人员从业生态与职业发展的研究文献更是鲜见。

1. 国内编外广电从业人员研究现状

从中国知网（www.cnki.net）包含期刊、硕士学位论文、博士学位论文、国内会议、国际会议、学术辑刊、商业评论等的数据库的联网检索来看，研究文献以"编外""编制外""非编"和"体制外"等编外传媒从业人员为题进行相关及相近研究的文献只有寥寥数篇。

分别为：杨晓民的《坚持制度创新 推行编外人员劳务派遣制度》（《电视研究》，2005 年第 5 期）、李柳的《媒体用人制度的创新——推行劳务派遣制度，探索创新编外辅助人员用工机制》（《东南传播》，2006 年第 3 期）、陆高峰的《体制之痛：谁来给"编外记者"雪中送炭》（《青年记者》，2007 年第 21 期）、杨亚初与吴雪海的《对于当前传媒编外人员管理的思考》（《视听纵横》，2008 年第 12 期）、朱玉华的《体制内循环 体制外流动——江苏广电总台主持人管理的认识与实践》（《视听界》，2010 年第 7 期）、顾玉平的《加强县级台编外人员队伍建设的探索与思考》（《视听纵横》，2012 年第 1 期）、蒋萍的《做好广电编外专业技术人员的

思想政治工作初探》（《东方企业文化》，2012 年第 3 期）、王晞建与杨晓民的《中央电视台人事制度改革之前瞻》（《电视研究》，1997 年第 5 期）、李如军的《发行员用工制度改革探析》（《新闻实践》，2012 年第 11 期）、刘国华的《关于电视媒体人员聘用制度的思考》（《山东视听》，2006 年第 8 期）10 篇。

其中专门研究广电编外人员的只有《坚持制度创新推行编外人员劳务派遣制度》《加强县级台编外人员队伍建设的探索与思考》和《做好广电编外专业技术人员的思想政治工作初探》等 5 篇文献。

2. 国内广电从业人员职业发展研究现状

专门研究广电人员职业发展的文献目前同样十分稀少。目前分别只有吴胜、徐犇的《电视购物节目"主持人"职业发展的思考——以西安电视台"乐购"频道为例》（《新闻知识》，2008 年第 10 期）、吴玉玲与宋华的《电视财经新闻人才专业素养与职业发展调查——以央视财经频道为例》（《当代传播》，2013 年第 7 期）、孙璐与林小的《电视新闻节目主持人职业发展的层级性主观诉求》（《科学咨询（决策管理)》，2008 年第 12 期）、王森的《专业化——主持人职业发展的必由之路》（《视听纵横》，2013 年第 3 期）、吕慧杰的《新媒体时代电视节目主持人的职业发展路径》（《新闻世界》，2014 年第 7 期）、杨锦的《电视节目主持人职业发展的瓶颈与突破》（《新闻窗》，2014 年第 10 期）6 篇文献，以及费爱菊的《我国广电产业人力资源管理实践与员工忠诚的实证研究》（首都经济贸易大学硕士学位论文，2006 年 5 月）、杨磊的《电视行业从业人员胜任能力模型研究》（首都经济贸易大学硕士学位论文，2006 年 5 月）、牛英豪的《全媒体时代电视节目主持人职业发展的瓶颈与突破研究》（河南大学硕士学位论文，2013 年 5 月）、李艳的《合肥电视台员工职业生涯规划与管理》（安徽大学硕士学位论文，2007 年 11 月）4 篇硕士学位论文。专门研究编外广电人员职业发展的文献尚未发现。

3. 海外广播电视从业人员职业发展生态研究现状

由于历史文化差异和现实条件所限，国外学者对于广电从业人员职业发展生态状况的研究，经过查找 EBSCO、PQDT、Elsevier 等大型外文数据，除了少量如 "Traumatic stress in Japanese broadcast journalists"（*Journal of Traumatic Stress*，2010，23）涉及广播电视从业者心理压力等研究文献外，其他尚未发现。即便是境外学者研究国内传媒人职业发展的相关文献，也只有美国威斯康星—麦迪逊大学潘忠党教授和香港中文大学陈韬文教授发表的《中国新闻改革过程中的媒体范例评价、媒介角色信念和工作满意度——对两个城市的新闻从业者的问卷调查》（2003 中国传播学论坛暨 CAC/CCA 中华传播学术研讨会论文集）等少量文献。

4. 现有研究的不足之处

现有的少量关于广播电视从业人员职业发展的研究存在以下不足：①数量极少。现有关于广播电视从业人员职业发展研究的文献只有 10 篇左右。②缺少系统性、整体性的深入研究。现有的广播电视从业人员研究，研究范围大都针对某一地区、某一单位，没有全国性较大范围的，缺少对广播电视从业人员整体和全局的准确把握与分析。③缺少实证调查研究。现有广播电视从业人员研究，研究方法大都通过主观判断和定性分析，缺少实证调查的定量分析，研究成果的准确性和指导性都存在不足。因此，有必要以媒介从业生态视角并采用实证调查的方法，在全国性较大范围内对广播电视从业人员职业发展进行系统、深入的研究。

二、编外广电人从业生态与职业发展研究的重要性

美国经济学家西奥多·W. 舒尔茨认为人力资本的收益高于物质资本。舒尔茨研究发现，"在美国经济半个多世纪的增长中，物质资源投资增加 4.5 倍，收益增加 3.5 倍；人力资本投资增加 3.5 倍，收益却增加了 17.5 倍"。人力资源也因此被认为是第一资源。

对高智力、高技术行业的广电单位来说，人力资源的重要性更是非同一般。在编外人员当前已成为一些中央和省市广电主流媒体主要用人方式和业务主力的情况下，如何准确把握他们精神心理和物质待遇上的需求，及时消除编制外用人及其制度供给不足带来的负面影响，对于提高他们的职业效能，促进他们的职业发展，提高广电行业的经济社会效益，促进广电行业的良性可持续发展，提高广电媒体的舆论引导能力和国际国内影响力，共建和谐有利的国内国际环境等，都具有重要的现实意义和紧迫性。

本研究的理论和实践价值主要体现在以下几个方面：

1. 理论价值

目前，国内对于广电行业人力资源和从业生态研究成果相对较少，对于编制外广电从业人员的从业生态和职业发展研究更是稀少，研究成果对于丰富我国广电业人力资源、从业生态和职业发展理论，弥补相关研究不足方面具有较强的理论价值。

2. 现实意义

进行编制外广电从业人员从业生态与职业发展现状研究，对促进广电人和广电业自身发展，以及整个社会的健康发展，增强广电业的整体实力，以及在国内外的舆论影响力等方面，均具有重要的现实意义。具体为：

（1）有利于编外广电从业人员职业发展和职业效能发挥。

编外用人机制在给广电业带来活力的同时，也使大量编外广电从业人员的工作、生活和发展环境发生了很大变化。特别是与在编从业人员存在的身份差异、政治经济待遇差异、养老医疗保障差异、工作稳定性差异等给编外广电从业人员的心理、生理带来了精神和物质上的双重影响，如果处理不好，不仅影响编外广电从业人员的身心健康，而且影响他们的职业发展和职业效能的发挥。

进行编外广电从业人员的从业生态和职业发展研究，可以及时发现其中存在的问题，拿出对策，从而更好地促进编外广电从业人员从业生态的优化，增加广电从业人员的职业满意度、忠诚度，促进广电从业人员的职业发展与职业效能的发挥。

（2）有利于及时化解编外广电从业人员从业生态与职业发展中的消极因素，构建更加和谐的社会生态。

广播电视行业与意识形态密切相关。广电从业人员是一个既关系到广电业做大做强的经济效益，又关系到国家舆论与文化安全等社会效益的特殊群体。如果编外广电人的从业生态与职业发展中的诸多消极因素不能有效化解，从业生态不能及时优化，不仅影响到他们职业效能的发挥，影响到广电行业的经济效益，而且，编外广电从业人员心理上的不平衡、失落感和边缘化，还有可能导致其中部分从业人员对一些事件和理论进行与主流话语、主流价值相异的边缘化解读，从而极易给宣传舆论工作带来潜在的风险。相反，构建健康和谐的编外广电人员从业生态，有利于编外广电从业人员发挥主动性与积极性，从而更好地引导舆论、构建和谐社会环境。

（3）有利于广电产业的快速、健康发展和国家软实力的提高。

广播电视业是一个高创造型、高智力型的行业，其人力资源环境直接影响到广电从业人员创造力和积极性的发挥，影响到广电业的经济效益、整体实力和传播力的提升。广电从业人员是提升广电业传播力、影响力和竞争力的重要资源。实现广电业的快速、健康发展，提高广电业的国际传播力和国家软实力，都离不开广电从业人员从业生态和职业发展生态的优化改善。进行编外广电从业人员从业生态和职业发展研究，及时有效化解其中的消极因素，不仅有利于广电业快速健康发展，实现做大做强，而且有利于广电业传播力、舆论引导力和国际影响力等国家软实力的增强。

三、编外广电人从业生态与职业发展研究的主要路径构想

加强编外广电人员从业生态与职业发展研究，主要目的是了解我国编

外广电从业人员从业生态与职业发展的现状，为优化其从业生态，提高其职业发展水平和职业效能，进而为促进广电人和广电业的健康发展提供理论依据和对策。具体研究内容和路径可以从以下几个方面着手：

（1）编外广电从业人员从业生态与职业发展总体现状、问题及需求研究。

通过对全国范围内编外广电从业人员的从业生态现状与职业发展状况进行抽样调查、实地调查与个案访谈，了解编外广电从业人员的从业生态、职业发展总体状况、存在的问题及改进需求等内容。这是本研究的基础性部分，也是最有难度最重要的部分。

（2）编内编外广电从业人员从业生态与职业发展状况对比研究。

利用抽样调查、实地考察和个案访谈的资料和数据，通过对比编内编外从业人员职业稳定与保障状况、生理心理健康状况、职业满意度与忠诚度状况、薪酬福利状况，以及职业压力、职业发展与培训状况等，了解编内编外广电从业人员从业生态和职业发展状况差异。

（3）编外广电从业人员从业生态与职业发展影响因子研究。

通过了解编外广电从业人员从业生态和职业发展现状、利益需求，以及对比编内编外广电从业人员在职业稳定与保障状况，生理心理健康状况，职业满意度与忠诚度状况，薪酬福利状况，职业压力、职业发展与培训状况等方面存在的差异，找出影响编外广电从业人员从业生态与职业发展的影响因子。

（4）编外广电从业人员从业生态优化与职业发展水平提升的国内外经验研究。

通过调查分析、案例分析和文献分析等方式研究国内外广电从业人员从业生态优化、职业发展、人力资源管理等方面的经验教训，为编外广电从业人员从业生态优化与职业发展环境优化，提供借鉴和理论基础。

（5）编外广电从业人员从业生态与职业发展的对策研究。

在借鉴国内外编外广电从业人员从业生态与职业发展经验教训的基础上，结合对编外广电从业人员从业生态与职业发展调查的研究成果，尝试构建一套具有一定普适性和实用性的编外广电从业人员从业生态与职业发展水平提升的基本理论，进而提出改善我国编外广电人员从业生态与职业发展水平的具体对策措施。

当前编内编外"双轨制"的用人方式在一定程度上给编外广电从业人员带来了职业稳定性、忠诚性、归属感降低，以及心理失落感增加、精神压力增大、职业倦怠感增强和事实上的同工不同酬、福利保障不一等现实问题，必须引起足够重视，并及时加以解决。

按照现代管理学之父彼得·德鲁克的说法，知识型员工很难被有效管理。提高他们的职业效能必须将组织目标与个人职业生涯规划有机契合。编外广电从业人员从业生态的优化和职业发展水平的提升是一项综合性的系统工程，需要整合国家、社会、单位和个人多方面的力量，优化宏观制度环境、单位用人机制和提高从业者个人心理素养等，以更好地发挥从业者的创析力与创造力。

［本研究系 2014 年浙江省教育厅科研项目（编号：Y201432035），浙江理工大学科研启动基金项目（编号：13122189 – Y），2014 年专业建设项目新闻学院共建专项（编号：xwzx）部分成果。作者系浙江理工大学文化传播学院传播系主任、副教授］

新媒体时代的广播发展趋势

申启武

【摘　要】传统交通广播的一路红火给我们一个启示，即遵循广播的传播规律，强化服务意识，为听众提供精彩实用的信息内容，有效解决听众车旅生活中遇到的各种问题，是广播经营者的不二选择。
【关键词】新媒体　传统广播　经营

为适应新媒体时代不断变化的生态环境，中国广播在未来的岁月里将会在确立传统广播主体地位的基础上，一方面借助媒介融合的发展契机，通过与新媒体的深度融合变革传统广播的节目形态，丰富传统广播的节目内容，拓展传统广播的传播渠道；另一方面紧随新媒体的发展脚步，充分利用传统广播的资源优势，积极推进新媒体建设。

一、传统广播的主体地位一时难以撼动

尽管新媒体来势汹汹，发展迅猛，但是由于进入新媒体的门槛较低，无论是个人还是媒体组织都可以从事新媒体的业务经营，所以新媒体行业的竞争一直非常激烈，新媒体的生存与发展并不像人们想象的那么乐观。就广播产业发展而言，虽然广播行业涉足互联网业务已经有十多年的时间，但是许多电台往往用传统广播的思维经营互联网业务，将传统广播的节目原封不动地搬上广播网站，把互联网作为传统广播的延伸和补充，导致广播网站和网络电台只是作为传统广播新的传播渠道，多数的广播网站和网络电台成了无人问津的摆设。一些电台试图通过经营音频 APP、互联网穿戴式产品以及手机电视、网络广播电视等新媒体业务培育新的经济增长点，因为产品的个性化不足和盈利模式的缺失仍然无法带来可观的经济效益。目前，传统广播依然是广播产业发展主要的经济支柱。

在新媒体的强力冲击下，电视媒体的广告营收普遍减少，报纸广告营收更是急速下滑，而广播媒体的广告营收却基本平稳，甚至出现逆势上扬的态势。不仅如此，一个利好的现象是：2014 年，互联网企业在上海广播全年广告额实现了 91% 的奇迹式增长；2015 年上半年，奇迹仍在继续，1~6 月，互联网企业的广告投放同比增幅高达 72%，攀上了新的高峰。

当然，用互联网思维经营新媒体业务非常流行，并为许多经营者所接

受。但是，思维的转换尤其是付诸经营活动的实际需要一个缓慢的过程。就广播的新媒体业务而言，其现行的管理体制、运营机制及其所拥有的技术、资金和人力资源都与用互联网思维经营新媒体的要求有一段距离。从根本上改变这一状况绝不是一朝一夕的事情。未来5~10年的时间里，广播行业领域中的新媒体业务与传统广播的差距无法从根本上得到改变，传统广播的主体地位一时难以撼动。

二、"内容为王"：传统广播不变的生存逻辑

新媒体的迅速崛起在一定程度上动摇了人们对"内容为王"的信念，也影响了传统媒体的决策者对"内容为王"的态度和认识。一时间，诸如"渠道为王""平台为王""关系为王""营销为王""数据为王"以及"智慧为王"等不同的观点与说法频繁地出现在人们的视野中，似乎"内容为王"与传统媒体格格不入。当然，互联网的开放性、交互性、平等性特征决定了新媒体的经营除注重内容生产以外还需特别强调用户的感知体验，"内容为王"的生存逻辑在新媒体那里确实需要加以修正。为了适应和满足新媒体时代新兴受众的媒介接触习惯和消费需求，用互联网思维改造传统广播有其合理性和必要性。问题是，传统广播有自己的生产方式和运营规律，在诸多方面与新媒体存在巨大差异。用互联网思维改造传统广播并不是将传统广播改造成新媒体广播，而是通过与新媒体融合凸显传统广播的功能和优势，搭载新媒体的信息平台和终端拓展传统广播的传播渠道。换句话说，用互联网思维改造传统广播也是在强化内容生产的基础上进行的，传统广播不能因为互联网思维的改造而丧失主体的信息传播功能。

汽车社会的早日到来为广播媒体提供了规模庞大的潜在受众群体，潜在的受众群体具有成为传统广播现实受众的可能性，但是并不一定会成为传统广播的现实受众。要把规模庞大的潜在受众群体变成传统广播的现实受众并不是一件容易的事情，关键看传统广播究竟能够给受众带来什么，是否能够满足受众的收听兴趣与收听需求并不断激发受众的收听欲望，让受众处于一种由想听到必听的心理状态，是因为对于传统广播来说，内容产品永远是受众真正需要消费的东西。对于传统广播来说，基于媒介融合的"渠道为王""平台为王""关系为王""营销为王""数据为王"以及"智慧为王"等观点虽然从不同的角度看都有其合理性，但是无论是渠道、平台、关系，还是营销、数据、智慧都是为内容服务的。之所以这样认为，因为渠道是为了拓展内容传播的路径，平台是为了更方便地搭载节目内容，传受双方良好的关系需要内容来搭建，营销是为了更有效地传播内

容，数据是为了了解节目内容的传播效果，智慧则是为了生产更好的内容。因此，"内容为王"是传统广播创新发展的铁律，是传统广播创新发展的永恒追求。

三、新媒体广播在涅槃后重生

新媒体时代，用传统媒体思维经营新媒体广播业务显然是一条死路，取而代之的应该是互联网思维。唯其如此，新媒体广播才会在涅槃后获得新生。

1. 大数据推送服务：新媒体广播未来发展的主流

置身于信息爆炸的新媒体时代，网络用户选取信息的自主权越来越大，对信息的要求也越来越高，只有那些能够满足个人兴趣和偏好的信息才能进入用户的选择范围，成为用户的消费对象。但是，面对网络世界中眼花缭乱的海量信息，用户往往会手足无措、无所适从，因为究竟什么是自己真正感兴趣的信息，用户一时也难以定夺，需要花费大量的时间进行信息的甄别与辨识。从某种意义上说，超载过量的信息不仅无法给用户带来快速便捷的消费选择，反而会给用户的消费选择带来诸多负担，让用户感到困惑与迷茫。于是，一种为登录用户提供快速、准确的信息内容，具有个性化特征的推送服务应运而生。

个性化的推送服务不是像传统媒体那样通过前期的市场调查获取受众需求信息，而是建立在大数据运算的基础上对登录用户的兴趣和需求进行综合分析后进行推送服务的。一般说来，用户从推送中获得的信息往往是自己感兴趣和需要的信息。美国的潘多拉网络电台之所以受用户欢迎，除了注重内在的品质和功能建设以外，其个性化的推送服务功不可没。而在国内目前较为活跃的两类移动音频 APP 中，喜马拉雅 FM、荔枝 FM 等以传统电台节目和 UGC（即用户）自行上传节目的点播模式虽然为用户提供了展示自己的平台，但是将传统广播节目作为网络广播的基本内容无法体现自身优势，应该不会成为网络广播未来的发展方向。而以考拉 FM 为代表的大数据个性化推送的音频流模式比较适用于未来移动环境中网络用户的消费需求，将会代表网络广播未来的发展方向，成为新媒体广播未来发展的主流。

2. 多功能的跨界产品跻身新媒体广播的行业领域

传统交通广播的一路红火给我们一个启示：遵循广播的传播规律，强化服务意识，为听众提供精彩实用的信息内容，有效解决听众车旅生活中遇到的各种问题是广播经营者的不二选择。

传统的交通广播将驾乘者们最为关心的路况信息安排在节目中穿插播

出，确实会给他们带来诸多的通畅和便捷。但是，传统广播线性式的通用播报决定节目中的路况信息并不是所有驾乘者都希望获取的，而且即使驾乘者对某些节目不感兴趣，也必须耐着性子坚持听下去，否则，自己所关心的路况信息便无法及时获取。这是传统广播难以克服的先天性缺陷。不仅如此，驾乘者的车旅生活是丰富多彩的，他们对信息的消费需求也是多元化的。虽然传统的交通广播通过提供相关的服务信息一定程度上能够满足驾乘者的某些消费需求，但是无法满足听众个性化的感知体验和多元化的信息消费需求。于是，敏锐的经营者善于在媒介融合的大潮中发现商机，在互联网思维的作用下尝试跨界经营，将产业触角延伸到广播以外的其他行业领域。目前，除一些较为活跃的音频 APP 通过推送服务能够满足网络用户个性化的消费需求以外，已经面世的广播跨界的新媒体产品，如上海东方广播公司的"驾车宝典"就利用传统的交通广播的信息资源优势通过大规模定制的方式向驾乘者推送路况信息。

与"驾车宝典"不同，深圳广电生活传媒公司的跨界产品"优伴"手环则属于移动互联网穿戴式产品。虽然目前该产品中的广播模块依然停留在传统广播的网络化传播状态，而且只是深圳广播的节目，但是经营者表示，这个实时广播模块未来经过深度开发应用将集成频率包装、听众互动、活动召集、数据分析、节目碎片化、定制点播、产品营销、购买支付等多种功能。届时，"优伴"将成为广播在移动互联网上独立的、多功能的应用平台。这些功能设计为广播产业向互联网产业拓展延伸提供了无限的可能。

四、移动人群：传统广播与新媒体广播争夺的市场焦点

长期以来，凭借移动性和伴随性的独特优势，移动受众市场对于传统广播而言似乎成了一种其他媒体难以进入的"无竞争空间"，但是当车联网由理想变成现实后，新媒体广播势必会全面渗透到移动受众市场里。这样，不仅传统广播的"无竞争空间"将不复存在，而且移动人群尤其是私家车主还会成为传统广播和新媒体广播争夺的市场焦点。

1. 传统广播不同的专业频率将对移动人群展开争夺

移动受众市场的扩大并不意味着广播受众市场总体规模的扩大，在视觉媒体尤其是新媒体的强力冲击和影响下，尽管移动受众的市场规模有所扩大，但是居家受众的市场规模则相对缩小，所以广播受众市场的总体规模与过去相比基本持平。这意味着传统广播要想获得生存与发展的机会，就必须占领移动受众市场。而且，移动人群尤其是私家车主往往属于"高学历、高收入、高消费"的群体，是最值得开发的受众群体，这对传统广

播所有的经营者都充满着诱惑。在频率专业化、受众细分化的传播格局中，除交通广播以外，其他的专业广播也都会想方设法抢占这一市场。仅就目前情况看，首先，路况信息播报已不再是交通广播的专利，包括中央人民广播电台中国之声在内的其他一些专业广播也会在自己的节目中播报路况信息。其次，在受众细分的过程中，许多电台将过去因定位模糊、效益不佳的专业广播纷纷更名为"私家车广播"，将目标受众锁定在私家车主。再次，即使有些专业广播没有将频率呼号更名为"私家车广播"，其内容的设置与安排也努力向私家车主靠拢与倾斜。笔者认为，传统广播未来的受众市场将主要集中在以驾乘者为主体的移动人群。在频率专业化、受众西细分化的传播格局中，传统广播的不同专业频率将会对移动人群展开残酷激烈的争夺之战。

2. 新媒体广播将全面渗透传统广播的"无竞争空间"

就传统广播目前发展的实际情况看，纵然 CD、MP3 以及新媒体音乐线下的蓝牙收听在丰富以驾乘者为主体的移动人群的娱乐生活的同时，对传统广播的"无竞争空间"也有所渗透，但是其基本功能主要是满足受众收听音乐的消费需求，相较于传统广播丰富多彩的新闻资讯、时事评论、情感交流、文化娱乐、时尚生活和社会服务等节目内容，还显得非常单一，最多只能作为移动受众信息接收的一种补充，对传统广播并没有构成多大威胁。因此，短期内，传统广播在移动受众市场的优势地位一时无法撼动。不过，当车联网由理想变成现实以后，新媒体广播将利用车联网为自己提供的发展机会直接进入驾乘者们的车旅生活，传统广播的"无竞争空间"将不复存在。

新媒体广播中的音频 APP 与车联网智能系统有着天然的契合，所以任何一家汽车企业的车联网智能系统都离不开音频 APP。资料显示，2013 年6 月的亚洲移动通信展览会上，福特发布了基于 AppLink 平台的智能电话应用，其中就包括蜻蜓 FM。而到了 2014 年，已经有超过 30 家整车厂和TSP 厂商开始与蜻蜓 FM 合作。另外，从 2014 年开始，上海通用已经为旗下的"安吉星"系统大规模采购 SIM 卡。而运营商方面，针对汽车使用的语音流量套餐也在制定中。

总之，广播媒体在未来发展中其形态特征可能会有所变化，传播渠道也会有所不同，但是作为广播媒体的"根"的声音符号永远是广播媒体赖以生存发展的基础，会伴随着广播媒体永远飘拂在天空，飘进听众的心间。

（作者系暨南大学新闻与传播学院教授、广播电视系主任、博士研究生导师）

个案研究

区域性广播媒体突围的郑州实践

葛向阳

【摘　要】未来收听方式的变化将为广播带来一场新的革命，短波、中波已经基本退出市场，调频广播也同样受到网络音频和数字广播的挑战。有可能作为媒体的广播电台（频率）会消逝（失去受众），但是，音频内容不会消逝。

【关键词】区域性广播　突围　郑州电台

我国目前是"四级办广播"，除中央台之外，省、市、县都可以称为区域性广播媒体。但是，省级媒体的覆盖范围还是较大，如河南省台就可以覆盖18个地级城市、1亿人口，而县级广播的实力太弱，个别县级广播台只有十多个人，全年仅10万元的广告收入，因此，城市广播是最适合在一定区域发挥作用的传统媒体。随着移动互联网对传统媒体的冲击，唱衰传统广播的论调纷纷出现。笔者认为，城市广播作为一座城市的"部落鼓"，有其一定的生存空间，目前仍然应坚守"内容为王"，强化调频广播的节目质量，满足听众需求。随着4G技术的进一步发展和资费的下调，受众接收音频媒体的方式会发生变化，要能够"借船出海"，主动融合创新。

一、城市广播媒体的生存危机

区域性的广播与电视整合没有带动区域广电媒体的大发展。在媒体融合的大背景下，全国大多数广播电台与当地电视台整合，成为新的广播电视台。或许，有强势卫星频道的省级广电整合，对部分份额不大的广播会产生一定的促进作用，但是，城市电视媒体人员远多于广播，且受到新媒体冲击更大，广播电视整合在一起面临的困难可想而知。在整合过程中，有的地方广播保留了自己原有的呼号，并且争取到经营上的相对独立，如郑州广播电台；也有的地方实行化学式的深度整合，希望避免广播电视在资源上的浪费，实际上造成了广播媒体被行政弱化。新《广告法》实施之后，由于专题广告被停播，广播电视的广告收入均出现急速下滑。大多数城市的电视部分已经没有能力支持广播，即使发展较好的广播部分，也由于体量小，仅能满足自己的温饱。由此可见，城市广播的生存状况各不相同，求生欲望却都一样。

广播媒体有自身优势，但同样面临巨大压力。相对于报纸、电视与新媒体的激烈竞争，广播的优势更加突出，除了广播媒体自身的伴随性、互动性、低成本等优势之外，作为城市广播拥有贴近老百姓生活的本土性，和几十年作为主流媒体积累下的权威性。但是，网络技术的发展对任何传统媒体的压力都是一样的，当然也包括广播。有人认为，私家车在每个城市的增长数量非常可观，广播的春天还在，十分风光。其实，随着4G网络普及和汽车生产技术进步，FM在车载收听方面并不是不可替代的。原来只在特斯拉等高端车上才有的车联网设备，现在已经涌向中低端轿车。据说，福特已经有1 200万辆车搭载SYNC App Link平台，目前SYNC App Link平台支持60余款基于IOS和安卓平台的应用程序。车主可以在目不离路、手不离方向盘的情况下，通过语音使用自己喜欢的应用程序，听音频完全可以通过蜻蜓FM等APP来完成。

机制老化、人才流失是城市广播需要面对的非常严峻的现实。作为传统媒体的机制老化和作为事业单位的种种限制是城市广播媒体面临的很大困难。广播媒体在财务、人事等方面是严格按照事业单位来管理的，同时，又要做强产业，参与激烈的市场竞争。例如，原有事业单位遗留下来的员工的多种身份并存导致的"同工不同酬"问题，严重影响优秀员工能力的发挥。在产业经营、新兴媒体技术等无法回避的人才门类上，城市广播严重缺失。媒体的平台所限，导致城市台人才向省级台流动。培养一个优秀成熟的主持人一般需要3～5年时间，过多的人才流失势必会对节目造成影响。

二、城市广播发展的关键在机制与人才

虽然，传统媒体在一定程度上还会纠结于事业与产业属性的矛盾，但是，充分利用现有的政策，如新闻采编与经营分开、干部公开竞聘、职工"同工同酬"等，也是可以推动传统媒体自身向前发展的。

近年来，郑州电台紧密结合实际，积极稳妥地推进内部机制改革。一是完成采编与经营分离。从2008年开始，郑州电台就开始推行广告代理经营，把新闻采编与广告经营彻底分离开来，一线人员不再参与广告经营活动，绩效分配明显向优秀主持人、编辑、记者倾斜。每年评选首席主持人（记者）、十佳主持人、优秀主持人（记者）、技术标兵等优秀人才，给予特殊的奖励，如首席主持人享受台长待遇等。二是推行总监负责制。从节目收听率、广告承载量、广告收入等多个方面明确总监的具体责任指标，并在节目定位及改版、频率人员选聘及绩效考核分配、广告招标等方面赋予总监应享有的权力，较好地调动了频率总监自主经营、创新发展的积极

性。总监的收入与总体贡献率挂钩，可以高于台长。在各自频率里，又强化总监的自由分配权，优秀主持人的收入可以高于总监。坚持"党管干部、群众公认、注重实绩、公开平等、竞争择优"的原则，实行频率总监组团竞聘，让管理团队的思路高度统一，减少内耗。三是推进人事制度改革，严把进人关。健全了"逢进必考"的人才录用机制，保证收入增加，职工总数稳定。2011年郑州电台广告收入5 900万元，在岗职工390人，2015年广告收入1.2亿元，职工总数为381人。按照"按需设岗、以岗定人、动态管理、能进能出"的原则，实行定岗定责，推行人员淘汰制。短期内以引进一线主持人为主，主要通过主持人大赛等形式公开选拔。按照"以岗定酬、按劳分配、同工同酬"的原则，打破原有的身份限制，取消所谓"台聘""部聘"等说法，统一为事业单位聘用制人员，实行绩效收入与个人贡献、所在部门业绩和全台整体效益"三挂钩"。

三、围绕"内容为王"，城市广播媒体突围的四项重点工作

做大优势频率、做强新闻影响力、做好广告经营、做活线下活动应该成为目前城市广播媒体要重点做好的四项工作。

做大优势频率。一般城市广播都会有3~5个频率，加上中央、省的频率，省会城市听众可以收听到10~20个频率的节目。频率多，栏目多，主持人多，各方竞争激烈，但收听市场有限，所以，在发展思路上应有所侧重。例如，在品牌推广上，可确定统一的经费切分比例，郑州电台目前是将频率广告收入的2%作为品牌推广费，收入高的频率的费用就会相对充裕。根据广播媒体的传播特点，品牌推广的重点应首先放在频率上，主推频率名称呼号、频点，其次再考虑对优势栏目和优秀主持人的品牌塑造。

做大优势频率的前提还是"内容为王"，要有符合频率定位的节目内容。郑州新闻广播重点落在"新闻立台"上，突出城市广播频率的权威性、公益性、服务性。郑州新闻广播构建起以热线节目为特色的新闻节目平台，使用全天大时段热线直播的方式为听众服务，由听众通过热线电话、微博、微信等互动方式完成节目的生产（UGC）。7：30—9：00播出《百姓热线》，以听众热线投诉为依托，为市民解决了许多生活上的难题，被誉为"温暖城市的声音"。上午的《百姓阳光热线》、中午的《午后阳光热线》、晚间的《城市热线》、午夜的《今夜不寂寞》，形成全天热线服务格局。该频率从2006年开始收听率一直呈上升趋势，目前超过了郑州收听市场份额的23%，在蜻蜓FM中，对该频率的收听人数，30天超过160万，排在河南各频率的第一位。做强新闻影响力。作为新闻媒体，如果不在新闻传播上占有一席之地，就失去了媒体本身的价值。据赛立信2015上

半年听众调查数据显示，70% 以上的听众收听广播的目的是获取新闻资讯，比例已经远远高于音乐类节目等。广播作为纯声音的媒体，在新闻传播上拥有速度快等优势，但是也存在过耳即逝的缺陷。

做强广播新闻影响力，首先是做好早间时段传统广播的新闻节目，充分发挥广播音响的特色，集全台之力打造，多频率重播。郑州电台目前四套频率都在播出《郑州早新闻》，索福瑞的数据显示，该节目总的市场份额超过 70%。其次，打破传统广播的发稿流程，通过新媒体及时发布新闻。与 SMG（上海东方传媒集团有限公司，原上海文广新闻传媒集团）合作引进融媒体采编系统@radio，通过新技术优化节目采制，提升编播速度与质量。重视微博、微信的新闻内容传播。都市广播的官方微信拥有 30 万"粉丝"，每天可以向用户推送 3 次，微刊内容的阅读数、影响力不容小觑。例如，上合组织成员国政府首脑（总理）理事会第十四次会议在郑州召开时的交通管制方案信息，第一时间通过郑州都市广播的微信发布，3 小时阅读量就超过 20 万人次。

做好广告经营。广播的专题广告一直被广大听众诟病，要清醒认识违法专题广告对广播媒体的伤害，饮鸩止渴的做法最终会导致广播媒体经营的全线下滑。郑州电台从 2012 年开始，主动调整广告，通过广告代理制逐步加大品牌广告份额，减少专题类广告。成熟频率采用广告资源公开拍卖，使得频率经营价值最大化。2015 年郑州电台广告收入 1.2 亿元，其中，仅郑州都市广播一个频率就有广告收入 7 050 万元。除传统广播广告之外，频率还与代理公司合作，通过新媒体等拓展经营创收渠道。郑州新闻广播推电商平台"百应易购"，收到较好效果。

做活线下活动。城市广播媒体在经营上需要线下活动的强力配合，许多广告商在广告投放上，已经从综合宣传部门转到销售部门，广告投放与销售业绩捆绑，因此，单纯的品牌"硬广"已经不能满足客户需求。郑州电台每年各种活动超过 500 场，例如，郑州都市广播推出 2015 年房车露营大会暨新型生活方式主题展，三天两夜的户外房车露营，超过 2 000 个家庭、逾 7 000 人参与。郑州音乐广播在 2015 年 9 月 25—27 日，独家举办郑州迷途音乐节，郑钧、罗大佑、黑豹等四十组艺人（乐队）登台，共吸引约 40 000 人观看。对媒体举办线下活动，行业内外有不同看法，有人认为做过多的商业线下活动，将媒体办成会展公司，这样会影响主业。其实，创新性的线下活动是电台媒体挖掘商业价值的法宝。作为声音媒体，线下活动是媒体自身品牌宣传的需要，只要把握好创新、频次和品位，对媒体本身不会有太多伤害。2015 年 10 月 29 日，郑州都市广播在《大河报》刊登整版宣传广告，听众只要在报纸留白处画下自己心目中主持人的画像，拍下照片发给频率的官方微信，就有可能获得丰厚的奖品。此次线下互动，使当天报纸脱销，郑州不少人在询问如何购买更多报纸参与活动。广播的一次线下传播，使此次活动获得了 N 次传播。

通过大型线下活动能够有效提升广播媒体的美誉度和影响力。郑州电台连续 9 年组织全球华语电台参与"黄帝故里拜祖大典国际大联播"，仅 2015 年就依托中国广播联盟邀请近百家广播媒体参与。郑州电台连续两年在俄罗斯、芬兰、土耳其、肯尼亚等国家分别推出 4 期"郑州广播周"海外推广活动，成为郑州市对外宣传工作的一个亮点。

四、城市广播在媒体融合中以"借船出海"为宜

无论是"互联网＋广播"，还是"广播＋互联网"，传统广播都必须与互联网，特别是移动互联网融合。在移动互联网上竞争，技术是最为重要的一环，而城市广播媒体由于资金、人才等限制，很难以自有力量直面挑战，这就需要借助外力。

与微博、微信紧密结合。城市广播媒体的主业还是调频广播，但是，"两微一端"的作用也要发挥好。城市广播媒体依托频率、节目、主持人的优势可以在市场化的社交媒体（微博、微信）上开办各自的公众号，与社交媒体进行互动。郑州电台多位主持人的微博"粉丝"超百万，全台各频率、节目都有各自的微信公众号，其中，仅郑州新闻广播、郑州都市广播两个微信公众号的"粉丝"就有 40 万。"粉丝"量大的微信公众号不仅是与听众的互动通道，也是推广频率节目的通道，还是参与广告经营的通道。

音频的网络传播是自己开发 APP "造船出海"，还是依靠外援"借船出海"呢？2001 年郑州电台推出网上直播，2011 年委托开发出郑州电台手机客户端，几年过去，下载数微乎其微。从 2012 年开始，蜻蜓 FM 等移动互联网的音频聚合平台迅速成长。他们一方面是靠传统广播的直播流，另一方面是靠拥有海量版权的互联网音频产品来吸引网络用户。这里面有两个方面是城市广播媒体无法逾越的鸿沟：一是互联网音频的转码技术。互联网音频流媒体平台在整合传统的 FM 电台时采用的一般是"源流方案"，即让客户端直接播放电台方给出的原始直播流。该方案工作量小、成本低，能够直接把带宽和服务器压力转嫁给电台方，但其用户体验差，用户收听音质差、码率高，卡顿频繁，体验差，节目下载、回听等高级功能难以统一实现。如果要达到蜻蜓 FM 等成熟 APP 的体验效果，还有很多技术关卡需要突破。据了解，目前蜻蜓 FM 的后台是由 4 个数据中心，近 2 000 个服务器，对全国 3 000 多家电台进行实时转码。蜻蜓 APP 对音频内

容采用多码率转码，能够保证高音质低流量，使用蜻蜓 FM 收听 1 小时只要流量 12M，相当于在线收听 2 首歌的流量，还能提供 48 小时回听功能。二是吸引网络受众的互联网音频产品，如小说等需要高额版权费的音频产品。目前，国内大多数的音频 APP 都还是在依靠多轮投资来支撑运营，和当初互联网视频的道路类似，并没有成功地在网络上拿到丰厚的回报。2015 年 2 月，郑州电台与蜻蜓 FM 共同打造地域性网络音频聚合平台"蜻蜓·河南"，成为河南省成长最快、影响力最大的移动互联网音频新媒体。"蜻蜓·河南"利用郑州电台的音视频资质，开办了豫剧广播、硬糖广播、读书频道等多套互联网直播节目，每周收听人次超过 60 万。

五、消逝的可能是 AM/FM，活跃的是有内容的音频

多终端收听广播的趋势已经形成，传统收音机收听率在下降，MP3/MP4 在下降，手机、车载广播等收听终端在增加。未来收听方式的变化将为广播带来一场新的革命，短波、中波已经基本退出市场，调频广播也同样受到网络音频和数字广播的挑战。有可能作为媒体的广播电台（频率）会消逝（失去受众），但是，音频内容不会。声音本身作为媒介的魅力会永远被需要，郑州电台近几年开始购买名家作品的声音版权，录制大量优质声音产品。

城市声音媒体的本地性、服务性、互动性、伴随性仍将发挥优势，但收听渠道的转变是不变的趋势，郑州电台对网络播出的音频源有严格要求，保证网络收听质量。

无论是数字广播，还是网络广播都将破解调频广播频率资源的限制，音频内容的细分将是必然，特别是音乐欣赏类内容。但是音乐广播也会细分为流行、古典等，在流行音乐中可以继续按年代细分 70 年代、80 年代等，古典音乐也可以细分出中国古典民乐、交响乐等频率。音乐作品在音频市场的细分，同时带来的将是版权费用的提升。因此，未来音乐类广播节目有可能成为广播联播网的状态。

作为区域的城市广播媒体未来应将更多节目引入社区服务功能和媒体社区的概念，更好地为受众服务，并肩负推动与传承本地文化的责任。发展在"倒逼"传统广播管理体制机制的改革，未来城市广播应在专注声音传播特色的基础上，借助资本的力量进行跨地区、跨媒体、跨行业的更大发展。郑州电台正在尝试与县级电台进行节目合作，通过节目资源输出，经营项目合作，构建起一个区域的音频媒体联盟，给用户提供更好的服务。

（作者系郑州人民广播电台党委书记、台长）

"广播+"的东莞解法

——东莞电台媒体融合的探索

郑远龙

【摘　要】在来势凶猛的互联网新媒体面前，东莞广播电视台主动研究互联网与新媒体，以"广播+"的形式，以互联网思维，借用互联网技术和经验，积极将互联网与新媒体融入广播之中，使传统广播的平台优势、品牌优势、内容优势、体验优势得到了强化和发扬。

【关键词】"广播+"　东莞解法

在互联网高度发展、全面普及的今天，传统媒体与新媒体的融合发展上升到了国家战略层面。作为传统媒体的广播怎么融合？有的专家说应该是互联网+广播，有的专家说应该是广播+互联网。其实，谁加谁都不重要，关键的是结果。从数学的角度来说，谁加谁，得数都是一样的。但对广播来说，谁加谁是不一样的。我们说广播+互联网，强调的是广播必须主动研究互联网和新媒体，运用互联网和新媒体，融入互联网和新媒体。

加与不加，谁加谁，就像莎士比亚所说的："生存还是毁灭，这是一个问题。"

一、这一加，今生偏又遇着他

不管我们愿意不愿意，互联网来了，新媒体来了，而且来得如此迅猛，甚至超出我们的想象，我的很多做了几十年传统媒体的同行发出这样的感叹："今生偏又遇着他。"十年前，互联网用户只有2 000万，而去年已达到6.5亿，也就是说，十年间增加了33倍。比如阿里巴巴，十几年来，已沉淀了庞大的商业数据，一个支付宝和一个余额宝共同支撑起马云的金融数据王国。甚至有人在网上惊呼：未来30年，中国的战略资源的流转、节点、弱点，以及中国重要人物的社会关系、性格禀赋、兴趣爱好、个人隐私、生理周期、心理缺陷都在马云的数据掌握之中，所有这些如为敌对国利用，必将威胁到中国的国家安全。

面对这样的局面，我们首要的是保持定力，沉得住气。媒体融合是国家战略，这不用讨论。对于我们地方台来说，我们要讨论的是怎么融合。这就要求我们一是解放思想，更新观念，真正树立互联网思维，比如平等的理念、互动的理念、大数据的理念、客户的理念等。二是要借用互联网技术，如云计算技术、4G 技术等。三是借用互联网一些好的经验，比如精准推送、私人定制、优化体验等等。在这个意义上，我们要强调的是，媒体融合不是要我们放弃传统媒体的优势而一窝蜂地去做新媒体。要知道，在新兴媒体中，只有老大，没有老二，你做不到老大，就没饭吃，这有点类似于"马太效应"。事实上，当前很多国内的传统媒体甚至是强势媒体也仍然处于办网站、开微博微信、做 APP，把现成的内容搬上去的"凑合"状态。

媒体融合是个大方向，不可能一蹴而就。当然，也不能等待观望，必须积极探索，大胆实践，主动作为。

二、这一加，从此天涯若比邻

只因广播的这一加，加出了渠道的"无处不在"。

2005 年 12 月，东莞广播电视台所属的东莞阳光网正式上线，从此，东莞电台实现了网上收听，正式与互联网拥抱。2012 年 3 月，东莞阳光网获得国新办颁发的互联网新闻信息服务许可证，成为全国重点新闻网站。2013 年，东莞阳光台客户端上线，东莞电台实现了手机用户的移动收听。2014 年，东莞阳光网又建立了广播节目回听系统，突破了广播"过时不候"的传统模式。今年上半年，东莞阳光网与斐济华人文化体育协会建立了战略合作关系，东莞阳光网与斐济华人新闻网实现互联互通，东莞广播随即走出国门。

近年来，我们在努力做强台和频道官网、官微的同时，鼓励、支持主持人建立自己的微博、微信。主持《中国音乐排行榜》的李想的微博粉丝达到 16 万多人，微信粉丝也有 20 000 多人，再如主持《飞越全城》的主持人志恒、《音乐非流行》的主持人小真、《城市的天空》的主持人叶纯，粉丝也都在 10 万以上。全部 32 个广播主持人的粉丝加起来，超过 200 万。

利用互联网平台，东莞电台扩大了覆盖、提升了影响、方便了听众、促进了参与。比如，每周一期的广播直播栏目《市民热线》，前段通过广播、阳光网、微信公众号、主持人微博等平台预告上线单位、主要话题、参与方式，同时收集话题，进行预热。节目中，听众和网民通过上述平台参与其中，东莞阳光网以图文方式直播。节目后，听众反映的所有问题都可以通过阳光网查询，同时调动其他媒体进行跟踪报道。不仅有本地的听众和粉丝，甚至在莞工作多年，现已返乡的重庆、武汉、青岛等地的朋友，都还通过网络发表意见、参与讨论。

目前，东莞广播除了传统的收听方式以外，听众还可以在 PC 端网上收听、通过手机移动收听，错过了播出时间，还可以在网上重新收听，真正实现了无时不有、无处不在。无论是在车上、在家里，还是在公园、在商场，甚至在欧美，在太平洋深处的斐济、比绍等一些比较偏远的岛国，都可以听到东莞电台的声音。

三、这一加，"近水遥山皆有情"

只因广播的这一加，加出了内容的"无话不说"。

曾经，"平台为王"还是"内容为王"在传媒界引起了广泛争论。实际上，没有了包罗万象的海量信息，再大、再好的平台也不可能为王。"平台为王"说到底还是"内容为王"。因此，做好内容仍然是广播在加的过程中始终要坚持的，特别是要把握好在与新媒体融合过程中的窄播、细分甚至定制的这种趋势。

主持音乐节目的李想，他的粉丝有职业音乐人、音乐发烧友、音乐爱好者。他的节目，往往从这些粉丝最关注的话题开始，有的话题就是有关粉丝本身，如某粉丝新创作了一首歌，某粉丝新收藏了一张谁的光碟。同时，节目中还开设了互动投票、放送祝福等环节，这样大大提高了节目的针对性。对一般听众来说，节目更加专业，对粉丝来说，也增添了粘度。再如情感谈心节目《城市的天空》，是一个办了10年、有13万微博粉丝的节目。这个节目既与当事人互动，也与粉丝互动。由于话题是一个个生动的、鲜活的、有启迪作用的真实案例，具有很强的故事性和教育性，因此粉丝的参与度非常强，除了传统的电话参与以外，他们还通过微博、微信等方式，表达敬佩、表达支持、表达祝愿、表达同情甚至表达愤怒，非常活跃。我们还尝试把旅游节目搬进景区、把饮食节目搬进餐馆、把经济节目搬进商场。我们与东莞的一家大型商场合作，开办了一个半小时的节目《声动零距离》。我们把演播室建在商场的一楼大厅，每期配备三位男女主持人，增强现场感。听众不仅能听节目，还能现场看；不仅能看节目，还能现场参与；不仅能参与节目，还能现场抽奖。

四、这一加，"为伊消得人憔悴"

只因广播的这一加，加出了服务的"无微不至"。

当前，传统媒体一直在谈论一个观点，如何把听众变成用户。实际上，没有了良好的服务，再忠实的观众也不可能变成用户。这就要求我们在广播加的过程中，始终把服务放在重要位置，真正把听众奉为"上帝"，为他们提供良好的体验、方便的操作、最优的价格、快速的到达。

东莞是世界工厂，制造业非常发达，而且有许多名牌产品。所以有一句话叫"不管在哪里下单，都在东莞制造"。针对东莞的这个特点，我们创办了"东莞最美产品发布会"，每周六在东莞广播电视中心举办。所有参与的粉丝和听众，免费接送。此外，还有现场抽奖、主持人导购、签名、合影、送礼品等活动。活动中，我们采用广播加新媒体加本土制造的模式，做到了广播与新媒体同时推介，线上线下同时销售，最低价格和最优品质同时承诺，所有参与活动的商家免费宣传。初见成效。目前，已有100多个东莞本土优质企业800多种商品参与活动。

随着传统受众的分化、传统广告的分流，传统媒体的广告时段资源出现了大量闲置。从2013年开始，我们就尝试了"阳光抢购街"，用闲置的广告资源置换产品，再通过互联网采用电商的模式进行销售，将其变现。目前，已有200多个商家的1 000多种商品参与活动，盘活了资源。

从2012年开始，我们走出演播室，在户外创办了"完美大舞台"。这项活动每周一期。活动前，我们通过台的广播、电视、网站、官微等进行宣传造势，承办活动的部门以及主持人还通过微博、微信，在自己的朋友圈中进行动员。活动中，东莞阳光网进行现场图文或视频直播，观众可以使用现场 Wi-Fi，通过微信平台对节目进行投票，参与现场抽奖。活动后，参与现场演出的观众，又都运用微博微信等，用照片或视频方式，分享自己在节目中的表现，号召亲戚朋友收看东莞台当晚播出的实况录像节目。几年来，我们不仅承办了"社会主义核心价值观""读书节""消防宣传日""文化惠民千场演出"活动，还将内容植入、节目特约、摊位出租、赞助播出等多种经营形式组合运用，取得了较好的经济效益。这项活动通过主动服务，把东莞的政府资源、社会资源、经济资源与台的品牌资源、频道资源、策划资源、演播厅资源、主持人资源、资料库资源等，在线上与线下同时进行有机整合，在文化惠民的旗帜下，真正实现了社会效益与经济效益的同时提高。2014年，"完美大舞台"还被评为"东莞市文化惠民十大品牌"。

五、这一加，柳暗花明又一村

只因广播的这一加，加出了营销的"无限可能"。

2015年11月9日，澳大利亚联邦议会参议院通过了与中澳自贸协定相关的议案。这意味着中澳自贸协定已获澳立法机构的批准，只待中方立法机构批准即可生效。

就在同一天，中国南海边的东莞，注册1 000万元的东莞市阳光澳游文化商旅有限公司，正式获得东莞市工商局的注册登记。这是东莞文化产业中第一家中外合资企业，东莞广播电视传媒集团占股49％。也就是说，从今以后，我们有可能从澳大利亚平均每年数百亿澳元的对华出口大生意中，分得一小杯羹。

目前，公司已经拿到了"1947"这个红酒品牌在华南地区包括澳门的总经销权。在试营业期间，我们专门建立了红酒体验馆，在东莞阳光网开辟了"1847红酒"专门网页，在阳光抢购街开辟了专售区，已初见成效。接下来，公司还将向奶粉、肉类、蜂蜜、肥皂等其他产品进军，还想在旅游、留学、培训等方面有所作为。在营销模式上，公司将不拘一格，努力把传统媒体的频道频率资源与新媒体资源进行有效整合，在线上线下同时开展营销，充分发挥电商的作用，力争明年实现收入2 000万元。

总之，面对新媒体，我们不必焦虑，不必恐惧。传统广播不会被取代，就像电视至今也没有取代电影一样。任何技术的进步，必将催生新的业态，也必将刺激传统业态自身的转型和创新。上帝的归上帝，恺撒的归恺撒。在媒体融合的伟大事业中，传统媒体独有的平台优势、品牌优势、内容优势、体验优势，仍需强化和发扬。

（作者系东莞广播电视台副台长）

浅析互联网+时代电台社交功能的拓展

——以荔枝 FM 为例

成文胜　李凤菊　邓涵菡

【摘　要】新的媒介生态环境下传统广播的传播特征从单向度的大众传播转变为兼具网络传播、人际传播和社区传播的多向度复合型传播。电台中的新宠——网络社交电台无疑提供了一条路径，它让网民拥有自己的"广播电台"，让每个人都可以成为主播，前所未有地强调了电台的用户性与社交性。本文力图梳理电台的社交功能的演变发展过程，并以荔枝 FM 作为范例，分析社交电台的存在现状及发展前景。

【关键词】社交电台　新媒体　社交性　互动性

从传播学角度看，广播具有伴随性、移动性、地域性等特征，移动互联网具有 SoLoMo 特征，即社交化、移动化和地域化。所以当广播搭载了互联网时，趋同的"Local"和"Mobile"已经满足，而"social"却有着很大的发展空间。

荔枝 FM 作为一款网络社交电台产品，创新性地把电台演变为一种社交的工具，在它们打造的这个大社区里，努力实现主播与听众、听众与听众之间的互动，传者与受者低门槛的角色转换，让受众依靠虚拟的人际关系得到交流心理与个性化心理的满足，从而突破了传统广播电台社交功能的局限，这无疑为融媒体时代广播形态的发展提供了一个演进的方向。

一、荔枝 FM 社交功能的表现

1. 定位和理念：建立社交圈

荔枝 FM 的传播理念可以用一句口号来概括："人人都是播客。"

"播客"这一概念最早是在 2004 年 2 月 12 日的英国《卫报》中一篇题为"听觉革命"的文章中出现。2004 年 8 月 13 日，iPod 的发明者美国人亚当库利开通了世界上第一个播客网站——"每日源代码"。在播客上，受众可以自由控制收听时间，可以根据习惯，随时随地进行个性化的收听定制，而且每个人可以根据自己的兴趣制作个人的音频或者视频节目，通过互联网传播。播客代表的是内容可定制、可点播、可携带的新趋势，这是广播的理想模式之一。

荔枝 FM 将自身定位于"人人都是播客"，就是意在打造一个声音自媒体平台，让"每个人都有一个电台，满足用户的主播梦想"。换句话说，它主动将生产、掌握信息的权力完全"下放"给用户，传播者是个体而不再是一个机构，个体获得了充分的话语权。在这个大平台上，有很多以播客为核心的小自媒体平台，他们拥有许多喜爱他们的粉丝，订阅收听他们的节目，听众与听众、听众与主播之间因为相同的品位和兴趣而自动形成社交圈。这也是它区别于其他网络电台的最大特征。

2. 录制技术：低门槛进入社交圈

轻松就能录制和混音的操作方式，让荔枝 FM 区别于其他网络电台而成为用户增长率较高的社交电台应用。作为一款面对主播设计的网络电台平台式应用，在荔枝 FM，任何人只要申请，就可以轻松自由地在平台上录制并发布音频节目。其最大的特色就是降低了录制一档音频节目的技术门槛——添加音乐、点击录音、开始录制、结束保存、起名上传——仅在手机上就能毫不费力地制作一档电台节目。因为 UGC 的内容在录音效果、配音质量上还是有差距，为了让录音效果更好，荔枝 FM 还研发了可以实现声音美化、支持自动混音和降噪、参数调整的录音制作技术，可以自动把主播录音与背景音乐融合起来，通过技术提升声音效果。

这些简洁明了、省时省力的制作方式，给了那些拥有主播梦的人一个无法拒绝的尝试机会。只要你热爱声音，有好听好玩或者是想分享的东西，都可以录制一档属于自己的节目，没有高门槛的限制，分享变得十分简单。角色的转变使单纯的听众如今也可成为信息发源端的传者。

3. 节目内容：适合用户社交

荔枝 FM 里面的节目内容按类型分为脱口秀、读物、电影、读诗、音乐、旅行等，风格有搞笑、悬疑、怀旧、小清新等。这些内容和风格恰好是当代年轻人的生活潮流。除此之外，为吸引没有播客爱好的人，荔枝 FM 还别具一格地设置适合场景的节目分类，包括清晨、下午茶、睡前、午夜等，满足那些大块时间被切碎的行动中的人。它会定期推选一些热门电台给用户，通过给每个电台贴标签来方便用户快速找到最适合自己的节目；还会定期评选出关注度高的电台，如"十全十美听荔枝"系列中的"十大最有态度的时尚电台""十大最具活力的追星大本营"等，主题内容多变且紧跟潮流。由于用户与主播之间没有跨越的障碍，"听众即主播"，保证了节目内容永远是热门的、为大家喜爱的，克服了刻意更新采编的困扰。

4. 界面设计：符合交互特性

为了更好地吸引目标人群，荔枝 FM 专门请来了俄罗斯设计师设计 LOGO，其产品界面的设计相当考究，作为一个"睡前暖心电台"，主界面为模拟屏幕设计和拨动按钮，操作界面模拟复古的收音机，给听众安静祥和之感；每个电台都有一个 FM 调频编号，切换节目时还会出现无线噪音的沙沙声。这些都能够引导用户交互的情怀，设计简洁，色调优雅，拟物化的质感出众，每一个按键都渗透着对于质感与品质的追求。

二、荔枝 FM 与传统电台社交功能对比

在广播＋互联网的大趋势下，传统广播电台纷纷开通官方微博、微信、客户端，搜罗并推送热门话题、热门评论，而荔枝 FM 则力图突破这种简单叠加的社交互动方式，它更多的是以声音为社交工具，将声音融进社交网络。

1. 社交互动的内容不同

传者与受者间角色的转换使传播活动覆盖的空间和范围得到极大的延伸。传统媒体的传播内容和传播规则由固定的传播者设置，受众只获得了接收与分析的权利。而当接受者承担了传播者的角色任务时，信息的解读视角、携带的价值观念等都因人而异，信息的深度与广度也因此得到发掘，使传播呈现出广泛的多义性与开放性。

如中国之声在 2015 年 4 月 12 日的节目中报道：一件深圳中学生的校服在英国伦敦的维多利亚和阿尔伯特博物馆展出，并被永久收藏，立即引发网友的集体青春回忆，并在官方微博中通过节目互动的形式得到了近 50 条评论。而在荔枝 FM 中，以校服为内容的节目有近 80 个，其中有通过校服分享青春故事的节目，也有吐槽各地校服的节目，更有通过校服借物抒情怀念过去时光的节目。从互动的内容来看，同样是校服这样一个物件，荔枝 FM 的节目由于主播的视角不同，节目的侧重点与传达出的信息即不同。而主播讲述的同时进行互动，比起中国之声的节目播放结束后另起单元进行互动，更易引起读者情感上的共鸣。

再如，荔枝 FM 中目前排名第一的电台是"昨天的现在的未来"，是一个叫"背着吉他的蝙蝠女侠"的女生说自己的生活和感悟。其中一期，开头第一句话就是："我何尝不想设计自己的命运，但仅凭这点任性，是撑不过余生的。"这种在共鸣点上无限深入和受众细分的表达方式，是任何传统广播电台都给不了的。电台内容上的 UGC 模式，不仅达到了内容和用户的细分，还体现了互联网内容自产自销、去中心化的长尾优势。

2. 社交互动的实现方式不同

传统广播节目互动方式较为单一，广播的声音属性迫使大部分互动方式只有"我说你听"这一种形式。虽然后来增加了热线电话、短信、微博、微信等互动方式，但由于节目时长的限制，也只能满足一部分人参与

互动的需求，对于大部分听众来说还是单纯的接收信息。另外，传统广播节目播出时间固定且较长，再加上其线性播出的特性，使得有些内容听众想要继续了解的时候已经结束了，或者为了接收想要的信息而等待太多的时间，不能"私人定制"。这样就不能保证收听人数，自然也没法满足所有听众的互动收听要求。

而在荔枝FM上，用户可以通过订阅、点赞、和主播私信的方式来与节目制作者进行沟通。在2014年9月，它们还推出了社区的功能："可让用户在播客内进行粉丝沉淀，形成粉丝社群；独有的投稿功能，听众可以与播客零距离交流，并再次完成声音的制作过程，形成内容制作生态闭环；根据LBS功能进行同城播客精准定位，可实现基于线上内容的同城线下互动。"以前，电台的互动局限于听众和主播之间用私信的方式交流，听众之间则缺少足够吸引人的分享方式，现在可以通过发帖来扩大社交范围，听众可在社区中找到自己喜欢的主播的板块留言，特别是听众之间还可以评论和回复，互加好友，关注彼此的动态以及发消息，社交性增强，也大大增强了用户黏度。同时，主播也可以在社区中对一些节目涉及的听众可能提出的共性问题做统一的公示或说明，节约了节目时间。

3. 社交圈的构建手段不同

荔枝FM以用户感兴趣的声音为社交基础，根据用户喜好推送音频，线上聊天、分享。基于它内置的科学算法，推送可能喜爱的音乐，并通过加入的群组，你贴上的标签来展示你的品位。每一位主播的节目都会有固定的听众与流动的粉丝，就像朋友圈、社交圈一样，因为相同的气质而吸引，主播和粉丝间可以互动、评论、点赞等，这些互动方式，让每一位用户在这里都以社交圈中一员的方式存在。每一个有想法、有趣、有观点的人都可以有施展拳脚的空间。当然如果只想做一个安静的听众，那这里有成千上万玩家原创的电台，绝对会让你惊喜。通过节目构建自己的社交圈，把话语权最大限度地利用，这是传统电台目前难以实现的。

4. 社交互动的效果不同

荔枝FM能够迅速地将信息传播给受众，受众也可以即时地对信息传播的效果进行互动和反馈。无论是音乐、电影、新闻、故事、情感还是脱口秀等众多的节目类型都可以实现全天24小时持续播放，在移动终端越来越普及的今天，这无疑让古老的声音走向"平民化"和"私人化"时代。这种强互动性带来的受众黏度自然要比传统媒体强得多。例如，Music Radio（音乐之声）的官方微博拥有470余万粉丝，但发起的互动话题如"最推荐""音乐VIP"等，每次参与话题评论与转发的人数只有两位数，如曾经一次最多的互动量发生在"今日主打星"推荐李宇春的新专辑《会跳舞的文艺青年》中，拥有 500 转发量与 200 评论。而同类型的音乐节目在荔枝 FM 上，如"程一电台"，在拥有 46.6 万粉丝的情况下每个节目都拥有近千转发量与点赞数，下载量更是破万。

三、荔枝 FM 与其他网络电台在社交功能拓展上的异同

网络电台是广播与互联网结合后产生的一种复合型传播形态。目前，市场上的网络电台大致分为以下三种：

第一种是传统电台自己直接创办的网站，传统电台面对新的媒介生态环境，为了拓宽收听渠道，提高互动交流，强化自身宣传，尝试将"广播节目网络化"。目前全世界已有 97 个国家的 100 多个国际广播公司创建了自己的网络电台。在美国 Alexa 媒体新闻网站发布的"最具知名度国际广播电台网站"排名中名列第一的中国国际广播电台，每天用 56 种语言发布信息，网上音频节目每天更新 245 个小时。

第二种是商业网站开设的网络电台。他们与传统电台合作，将传统电台的内容搬到网络上，在自身的网站平台上形成广播联盟，供听众自由点播，是电台集聚功能 APP，把电台资源整合起来供用户选择。据不完全统计，在 Apple App Store 上可以搜索下载的网络电台种类近百个。国内比较著名的像"蜻蜓 FM""豆瓣 FM"等，内容整合了大量不同国家、不同类型的电台频率。除此之外，有的 App 只定位于某一类型内容的广播频率在线收听，针对性强，也便于广告精准投放，如"Classical Music Radio"是专门收集古典音乐电台节目的网络电台，"蜻蜓 FM 体育台"只收集体育广播电台，直播重大赛事。

以上两种网络电台都仅仅是将节目内容剪辑后投放到网络上，与社交媒体的结合只停留在节目推介、节目播出后的话题互动上。

第三种则是以荔枝 FM 为代表的原创性的播客电台。用户自己可制作声音节目上传到电台里，节目内容则从传统电台编辑把关后的内容拓展为所有关注度高的资讯信息，听众可以根据自己的喜好自由收听和定制这类个性化传播内容，不再是被动收听，主动性、积极性在传播全过程中都表现得非常明显。

由此可见，荔枝 FM 是把声音传播的权利交到大众手上，使大众可以创建自己的电台，录制自己的栏目，自带的声音编辑系统让每个专业的听众都能成为非专业的主播。让用户更方便地成为主播才是像荔枝 FM 这样的网络电台最独特的地方。

四、荔枝 FM 的发展隐患

像荔枝 FM 这样原创型网络社交电台，虽然契合新的媒介生态环境，但是在由用户生成内容的情况下，内容管理面临着巨大挑战，互动形态也必须紧跟社交媒介的更新，才能在音频应用市场中站住脚。

1. 节目质量：内容丰富但良莠不齐

新媒体背景下网络社交电台的节目内容不再是传统观念中由自主封闭系统生产的——媒体设置议程、把关人定基调、制作审片，然后借由电台播出，由于接收者与传播者是统一的，其信息流通链条中的每个节点都是自由多向的，每个受众都是下一条信息的编辑者与传播者，因而其传播的内容由于受众个性化解读、互动式传播而呈现出广泛的多义性和开放性。但与此同时，低门槛带来的弊端也逐渐显现出来，就是内容成了问题。

荔枝 FM 里一些草根的 UGC 内容简直让人没法听，即便是一些位于排名榜前列的播客节目，内容也甚是堪忧，有些情感类节目传递的就是无病呻吟的负能量，还有一些以个人立场调侃吐槽的脱口秀会在播出时掺杂一些黄色段子，并不适合青少年收听。由于制作人大多是兼职的，出于爱好而为之，播客的出品很不稳定，节目更新时间也不固定。

正像欧广联广播部主任雷娜·康斯坦丁诺娃所认为的："如果数据传输的内容很无聊、不可靠，这种数据传输平台就不会有那么多观众，人们一般都会去关注那些有意思的内容，所以欧洲的公共媒体总是说内容至上，可靠的多样的信息、高质量的娱乐教育、激励人的对话是非常重要的，博客、微博客和这些新媒体是互动的一部分，而且也是未来的趋势，但是总体来说它们可能很短，语言夸张而且不那么可靠。"

如果没有一个合适的监管标准来衡量内容是否适合传播而过分地满足传者的发言权，这种语态环境下的广播必然会遭遇内容良莠不齐的危机。在互联网时代，娱乐方式有很多种选择，没有营养的内容最终不会有长久的生命力。

此外，此前颇具盛名的社交电台 Now. in 已于 2012 年关闭，台湾唱片出版事业基金 RIT（原 IFPI）对其提出"侵犯著作权"和"疑获取不法商业利益"等控诉，所以版权今后也将是网络社交电台面临的一大问题。

2. 互动方式：不断更新但存在局限

现阶段的网络社交电台由于产品互动性拓展不宽，技术支持尚不够，很多还充当着传统电台的补充角色，网络社交电台的普及度并不高。

在社交互动方式的设计上还有更大的创新提升空间。例如，目前荔枝 FM 的社区功能，虽然打破了听众与听众之间互动的障碍，但在功能的拓展上还需要紧跟社交媒体的脚步。如参考微博的热门评论功能，在电台互动板块的评论中可设置点赞的功能，并设计算法让其置顶，这样更有利于互动信息的集成。互动方式可以不只局限于文字，加入图片、语音等多媒体形式的内容，将有利于听众间更好地交流，让电台成为用户更得心应手的社交工具。

五、社交功能的拓展对融媒背景下电台发展的影响

由于网络社交电台的出现，人们不再被动地接收广播传递的信息，而是可以选择接收信息的时间、地点、内容等，广播节目成为吸引眼球的产品而被选择与营销。网络电台对社交功能的拓展无疑将影响传统广播电台的发展走向。

1. 传播内容趋向个性定制

目前，传统广播电台借助微博、微信等社交媒体平台，将单一的"大众传播"形式扩展到人际传播、群体传播、组织传播等多种传播形式，以满足人们获取信息的需求。但是，大众传播方式的变革也意味着传播不再单单是大众，也要小众，即做到"私人定制"，构建用户私人的社交圈。麦奎尔在谈到新媒体时认为，自主性和私人性是衡量新媒体的主要维度，而且两者存在密切的关联。相对于传统广播，网络广播可为听众提供个性化服务，听众可以完全按照自己的喜好或者习惯，定制一份属于自己的节目单。当信息来源和信息的供应者能为我们提供更多的自主性时，听众就能够脱离大众成为特殊的个体公众，更趋向于"私人化"。未来，或许个人可以拥有自己专属的广播电台。

2. 传播方式将发生转变

应该说，这些年，随着新媒体移动终端的发展与广泛应用，传统广播的互动性已经不断得到加强，微博、微信这类互联网信息交换平台以其出色的包容性与流动性和史无前例的交互性，成为人们沟通与传播信息的主要通道。但从总体上来说，在传统广播里，媒体依然是传播的主体，依然是"我播、你听、你来参与"。而以荔枝 FM 为代表的网络社交电台，通过技术的创新，让受众的身份实现了客体与主体的统一，其互动性更体现为受众成为传播主体，理论上让任何人都可以随时随地说自己想说的话，分享自己想分享的感情。这在某种程度上改变了以往以传播机构为中心的局面，使得受众与传播者之间不再有障碍。

3. 节目播出将化整为零

在荔枝 FM 上，许多节目按听众关注的不同方面被"切"成一段段小的音频，节目时长从几分钟到十几分钟不等，搭配以文字、图片、视频、

动画，更方便听众直接收听自己感兴趣的内容而不必耽误时间，也更便于分享与发表有针对性的评论。这样碎片化的节目播出，满足了在不同时间听众对节目长短的不同要求，也更贴合现代人快节奏的生活和碎片化的娱乐时间，广播节目化整为零播出也将成为发展趋势。

4. 互动交流将跨越时空

一方面，在网络电台上，节目直播过程中，可以通过聊天室、论坛、微博、微信等平台，让听众根据自己的需求和兴趣进行各种互动交流，关注并讨论热门话题，并且讨论结果的呈现与节目的推进是同步的。这样，主持人与听众之间、听众与听众之间的交流与反馈是及时的，甚至是即时的，就如同面对面的交流，更容易形成稳定的互动社区。

另一方面，传统广播的信号是有地域限制的，用户无法收听远距离的广播节目。但在网络社交电台上，不管人在哪里，都可以关注并且分享到他喜欢的节目，并且能够参与互动讨论。这无疑突破了距离的限制，扩大了受众范围，让广播节目得到更多人的关注和参与。

（成文胜，中国传媒大学新闻学院副教授；李凤菊、邓涵菡分别系安徽戏曲广播总监、编辑）

媒介生态视角下省会城市广播市场竞争策略探析
——以西安电台为例

张　渤

【摘　要】省会城市是广播媒体竞争的激烈战场，也是催生广播媒体传播理念变革的主要阵地。在激烈的"同城竞争"中，省会城市电台不仅要不断向上突围，寻求资源突破，还要紧盯市场，与中央电台和省级电台争抢市场份额。本文将以生态位理论为切入口，着重对西安地区的广播媒介环境进行分析，并从中提炼出省会电台生态位拓展的若干思路。

【关键词】媒介生态　省会电台　竞争策略

在我国广播事业的发展历程中，始终交织着"产业"与"事业"两条扯不开而似乎也理不清的主线。由于广播媒体先天所具有的地缘化特征，从中央台到省级台再到地市台，广播信号在省会城市的覆盖最为密集，广播市场在省会城市的竞争也最为激烈。虽然中央级广播媒体近年来大力加强在各地的落地覆盖力度，但省会城市的绝大部分市场份额均被其所属的省级电台及城市电台瓜分。本文将以媒介生态理论为依托，以西安地区的广播媒体为研究对象，并尝试从中提炼出省会电台在激烈竞争中突围的竞争策略。

一、媒介生态视角下的"广播媒介群落"

自然界的各种生物不是杂乱无章的，而是有规律地聚集为一个有机整体。生物群落（Biotic Community）是指一定地段或生存环境中各种生物种群所构成的集合。在分析我国的广播媒介生态时，不同地区大体呈现出"格局趋同、中观相近、微观各异"的媒介群落分布特点，即从广播媒介生态的宏观构成到各广播频率的生态位选择，再到微观的节目生态，在不同的分析层面，呈现出从一般到个别、从宏观相近到微观各异的丰富景象。在这里，"媒介群落"的概念类似于业界"总台"或"台组"的称谓，需要提及的是，在我国，这种媒介群落的形成并非源于媒介生态系统的自然进化，而是更多地来自媒介政策的内在规制。

（一）西安地区的"广播媒介群落"分布

省会城市历来是"电波争夺战"最为激烈的区域，中央电台、省级电台、省会电台乃至周边电台瓜分激烈。省会城市地处区域中心，听众可接收到的广播频率的数量远多于非省会城市，广播节目的制作水准也同样高于非省会城市。近年来，中央人民广播电台加大了在全国范围的覆盖力度，在各地建设的发射台及差转台数量增加，发射总功率不断提升。而顺应频率专业化改革的省级电台及城市电台，近年来也不断申请新的广播频率，通过"跑马圈地"的方式不断扩充频率资源、丰富频率格局。

表1　西安地区可接收广播频率一览表

台组	频率名称	调频（FM）	中波（AM）
中央电台	中国之声	96.4	540
	经济之声	103.0	
	音乐之声	95.5	
陕西电台	陕西新闻广播	106.6	693
	都市广播陕广新闻	101.8	1008
	陕西经济广播汽车调频	89.6	
	陕西交通广播	91.6	1323
	陕西音乐广播	98.8	
	陕西秦腔广播	101.1	
	都市快报广播	99.9	
	陕西青春广播 MY FM	105.5	
	陕西农村广播		900
	陕西戏曲广播	107.8	747
	陕西故事广播		603
西安电台	西安新闻广播	90.4（95.0）	810
	西安音乐广播	93.1	
	西安交通旅游广播	104.3	
	西安资讯广播	106.1	
	西安综艺广播	102.4	

我们知道，广播最早的载波调制采用的是调幅方式，调幅广播是用声

音信号去控制高频载波的幅度，使其随着声音信号幅度的变化而相应变化，但调幅广播最大的问题就是音质欠佳，容易受到空中杂波干扰。而与调幅相比，调频广播可以实现高保真度广播和立体声广播，但由于超短波信号在空中传输时衰减严重，因此调频信号的传输距离较小，一般只能覆盖城市范围。

正是基于在传输技术上的差异，中波与调频两种传输手段不仅决定了不同广播频率的传输距离，也同样决定着不同广播频率的市场定位。以西安地区来看，采用中波与调频双覆盖的广播频率有 6 个，单纯通过调频信号进行播出的频率有 11 个，单纯通过中波信号进行播出的广播频率有 2 个。从覆盖人群上看，采取双覆盖的广播频率大致分为两类：一类是"政策性覆盖"的新闻综合类广播，如中央人民广播电台中国之声、陕西新闻广播、西安新闻广播；还有一类是基于城乡人口双重覆盖的以市场目标为导向的广播频率，如陕西交通广播、陕西戏曲广播以及陕西都市广播陕广新闻。

（二）西安地区广播媒介群落的实力描述

在西安地区上空有 19 套广播、25 个广播频率，在全国省会城市及副省级城市中，广播节目套数及覆盖密度处于较高水平。作为一个拥有 860 万城乡人口的中西部城市来说，广播媒体的竞争日趋激烈，开设新频率、提升覆盖、创新节目已经成为各广播频率提升市场占有率、提升经济效益的重要策略。以西安地区为例，陕西电台和西安电台分别开办了 11 套和 5 套广播节目，分别占有 15 个和 6 个频率资源。中央人民广播电台在西安地区有三套广播节目落地，共占用了 3 个调频频点和 1 个中波频点。

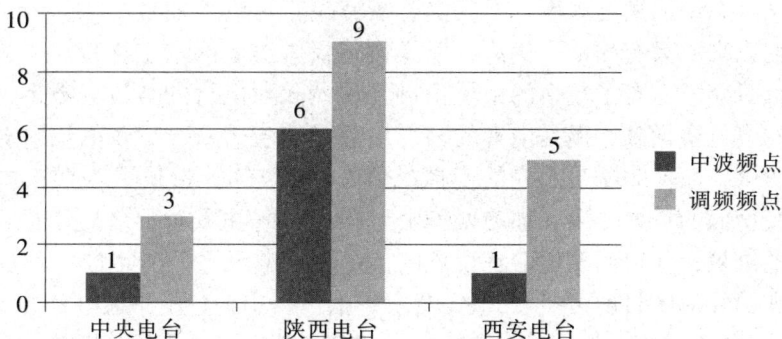

西安地区主要电台频率资源占有数量示意图（台组）

我们都知道，和其他大众传播媒体相比，广播媒体的独特之处在于其地缘性传播优势突出，因此，在西安地区广播媒体的竞争环境中，不同台组拥有的频率资源数量与其市场占有率之间的关系并不对称，甚至存在着"悖反"现象。而纵观全国广播市场，2013年，市县级广播电台的竞争优势依旧明显，整体占有全国近60%的市场份额，较2012年提升了2.8个百分点；而省级电台依托其覆盖、资源、人才、市场等优势，市场份额也超过了30%，这表明广播市场的地域性特点依旧十分突出。

二、西安电台的媒介生态位分析

所谓生态位（Niche），奥杜姆的定义是："一个生物在群落和生态系统中的位置和状况，而这种位置和状况则决定于该生物的形态适应、生理反应和特有的行为（包括本能行为和学习行为）……一个生物的生态位不仅决定它生活在什么地方，而且决定它干些什么。"由于不同的媒介在市场竞争中处于不同的层级和地位，他们之间的竞争关系也体现出与自然界不同物种之间相互争夺与捕食的特点。

从我国的传媒政策环境来看，地市级广播电视媒体（尤其是广播媒体）处于广播媒体层级的最下方，也是层级最低的"捕食者"。在西安地区的广播市场格局中，西安电台所处的层级最低，并与陕西电台和中央电台共同争夺西安地区的广播市场资源和受众市场。按照生态位理论的论述，当两种或两种以上的媒介单位或传播种群共同占有一个生态位或者利用同一地区的资源时，会因为生态位的相互重叠而产生三种结果：一种结果是优势种群将其他种群淘汰；第二种是出现基础生态位之间的包含，而基础生态位被包含的媒介则有可能随时被淘汰；第三种是不同媒介种群之间的基础生态位发生部分重叠，种群之间实现生态均衡并且长期共存。

从生态位的角度来看，西安电台虽然位于捕食者的最底端，但是由于其长期以来所具有的地缘优势，以及在传播内容上的本土化特点，笼络了一大批听众，占有了较多的市场份额。虽然陕西电台的节目套数多，中央电台的节目质量高，但是前者的辐射对象是全省听众，后者的辐射对象是全国听众，而作为贴身媒介的广播媒体，"接地气"恰恰成为西安电台保全市场份额的重要法宝，加之西安电台长期以来注重对听众的经营和广告市场的维护，使得西安电台在激烈的市场厮杀中赢得了自身的一席之地。

在西安地区目前可接收到的19套广播节目中，包括中央电台的3套节目，陕西电台的11套节目，西安电台的5套节目。由于目前广播收听率调查的反馈方式仍以按月反馈为主，加之广播节目的编排较电视节目更具稳定性，因此纵观近年来的收听数据，各广播频率的主要收听排名变化不大。

表2 西安地区各广播频率2013年核心市场指标排名

排名	频率名称	收听率	占有率	日到达率	周到达率	人均收听时长
1	西安新闻广播	0.66%	12.3%	8.5%	20.3%	247
2	西安音乐广播	0.65%	12.1%	8.1%	17.8%	277
3	西安交通旅游广播	0.57%	10.6%	7.1%	18.3%	236
4	陕西交通广播	0.53%	9.9%	6.9%	13.8%	293
5	陕西音乐广播	0.45%	8.2%	5.2%	13.7%	266
6	西安综艺广播	0.40%	7.4%	4.6%	12.3%	245
7	陕西秦腔广播	0.35%	6.5%	4.1%	10.2%	259
8	陕西新闻广播	0.29%	5.3%	4.5%	11.2%	194
9	陕广新闻广播	0.26%	4.9%	3.6%	8.7%	228
10	中央人民广播中国之声	0.26%	4.7%	3.4%	11.7%	165
11	西安资讯广播	0.23%	4.3%	3.3%	8.4%	211
12	陕西汽车调频广播	0.18%	3.4%	2.8%	7.6%	180
13	陕西戏曲广播	0.15%	2.8%	2.1%	6.0%	192
14	陕西农村广播	0.11%	2.0%	1.7%	3.9%	175
15	中央人民广播音乐之声	0.09%	1.6%	2.3%	10.8%	61
16	陕西故事广播	0.07%	1.3%	1.5%	6.1%	134
17	陕西青春广播	0.07%	1.3%	1.4%	3.9%	123
18	中央人民广播经济之声	0.05%	1.0%	1.4%	7.2%	51
19	陕西电视台调频广播	0.02%	0.4%	0.5%	3.0%	58

数据来源：SMR

我们一般将收听率排名前五位的广播划分为"第一集团"，排名第六到第十位的划分为"第二集团"，排名在第十一位之后的划分为"第三集团"。按照上表所示，西安电台有三套广播节目均入围"第一集团"，且占据本地收听市场排名的前三甲，陕西交通广播和陕西音乐广播尾随其后。在"第二集团"中，西安综艺广播排名第六，陕西电台的三套广播节目以及中国之声占据其余四席。在西安电台的五套广播节目中，只有西安资讯广播排在第三集团，位列第十一位。

三、省会城市电台的生态位优势及提升路径

（一）发挥城市电台地缘优势

作为省会城市电台，无论从频率资源的数量还是广播信号的覆盖，都无法与省级广播媒体抗衡。而在广播频率同质化竞争越来越严重的当下，省会城市电台如何发挥优势继续突围，成为摆在省会城市电台面前的重要问题。

1. 整合频率资源，发挥本土优势

广播是一种地方性媒介，它的主要覆盖范围与提供的信息与服务对象是有一定的区域限制的，更易为听众营造一种亲密感和归属感。而作为具有人际传播特征的大众传播媒体，人际传播与互动传播及本土传播相结合，使得广播媒介比其他媒介类型更具亲缘优势。因此，认真分析本地听众的收听喜好和注意力指向，将广播节目中的内容元素与本土文化及表达方式相结合，赋予节目更多的亲近感和亲和力，是城市广播媒体发挥其自身优势的重要途径。

2. 聚拢城市人群，凝练受众人气

城市人群既是城市广播的重要受众来源，也是广告客户的主要营销对象，加之市级广播媒体的广告播出费用低于省级媒体，故而广告客户在选择广播媒体广告投放时往往青睐于市级广播媒体。西安电台从2011年起推行全台广告代理制，一方面优化了西安电台的广告客户资源，另一方面通过与代理公司的深度合作，显著提升了西安电台各频率的听觉感受，使其声音形象和品牌价值更加契合省会城市电台的市场定位和受众需求。

3. 精做社区活动，提升线下人气

随着城市的发展和成熟，社区概念逐渐形成，人们不仅关注城市的公共服务质量和城市管理水平，也开始渐渐关注自己所居住的社区的生活品质。在欧洲发达国家和日本等，已经建立起了以社区为传播范围的社区广播（community radio）。在我国，近些年也有学者呼吁建立社区广播系统，只是这一理想距离现实可能还有很长的距离。但是作为城市广播媒体来说，完全可以将触角延伸至社区，通过整合自身的资源，将直播室搬到社区、搬到群众中间。通过广播把公共服务送到群众身边，可以极大地延伸广播的声音触角和服务深度，有效提升广播媒体的基层影响力。

（二）优化传播链条，纠正传播缺陷

经过十多年的残酷竞争，省会城市电台在如今的市场格局已不占明显优势，要想在市场竞争中继续保持领先，必须对生产及传播链条进行详尽分析，找准薄弱环节，逐项各个击破。

1. 技术瓶颈：提升覆盖质量

近年来，虽然传统媒体的传播平台不断向新媒体延伸，但对于广播媒体来说，通过"开路"信号进行收听，依旧是传统广播媒体收听的重要渠道。近年来，城市发展速度很快，楼宇建设速度之快、密度之高超过以往，原先建设的发射台的信号传输质量很容易受到影响。因此，要想提高收听率和市场占有率，其基础是要不断优化广播信号的传输范围，提升传输质量，这是保证收听的基本前提。

2. 内容瓶颈：节目创新乏力

在我国，电台常常被看做党和政府的喉舌，除了对新节目的收听率有所期待，还应该符合自身属性的其他要求。例如北京电台，对好节目有一个"四点支撑"的要求，即政府满意、听众喜爱、符合办台方针、有经济效益。从收听率和市场占有率的指标来看，西安电台虽然尚能与陕西电台抗衡，但是从近年来的节目创新趋势来看，西安电台的创新意识和创新能力在陕西电台之后，久而久之，受众从节目中获得的效用就会降低，就会远离甚至抛弃这个节目乃至节目所在的媒体。电台的主持人或节目团队在加强内容创作的同时，要拿出一定的时间来关注、感受、揣摩受众的收听动机，及时调整节目走向，延伸和创新节目的内容及形态。

3. 制度瓶颈：健全管理机制

我国的广播电视媒介经历了改革开放30多年的高速发展，直到现在依然存在着"自我认同"模糊的问题：既不是完全的行政主体，也不是完全的市场主体，既不能完全按照市场规律运作，也不能重回唯宣传马首是瞻的老路。而在改革的进程中，一定要注重改革措施的整体协调性，否则将会导致更大的负面效应：其一是电台的生产力被滞后的生产关系严重束缚，组织活力无法被充分激发；其二是推出的若干改革措施缺少顶层设计和前瞻性，导致某些改革的效果背离了初衷，甚至走向反面。

（三）引入市场机制，激发全员活力

适度将市场机制引入电台管理，是改善经营环境，逐步提升竞争力的环节。从目前的情况来看，至少需要从以下几个方面着力：

1. 建立科学的节目评估标准和节目进退机制

将客观指标与主观指标纳入评估标准，建立全台"统一标准、统一考核、统一反馈"的节目评估机制和评估流程。同时建立节目创新奖扶机制和落后节目退出机制，使节目创新获得源源不断的制度压力和创新激励。

2. 强化成本意识

以往我们只在乎媒介的社会影响，只测算经济创收的总量，而没有对内容生产制作的各个环节进行严格的成本核算，这在"重效率、讲效益"

的市场经济法则面前是说不通的。因此，需要建立科学的成本控制系统，科学的规定每一分钟的投入产出比率，根据这一比例测算节目的制作经费和成本优势。对于电台来说，人员工资、办公成本、节目制作费、差旅费、人员培训费、发射传输费等都要分摊到每个频率甚至每一档节目的成本核算中，将"投入—产出"观念纳入节目生产环节。

3. 完善全员竞聘上岗制度和目标考核制度

竞岗竞聘只是选人的一种手段，适用于改革的初始阶段。要搭好舞台，选择合适的中层领导者，使其权责到位，并根据结果做好激励；其次还要做好人才晋升通道建设，"封官"和"行赏"都很重要，这关系到一个台兴衰的根本和长久竞争力的保持和提升。大部分电台目前的人事管理思路依然是以行政级别为核心，干部能上不能下，人才没有办法根据其市场业绩和业务能力实现合理流动。在薪酬机制上，依旧还保留着行政身份差异和分配平均主义，既无法依据业绩拉开绩效薪酬差异，也造成了基于身份的同工不同酬。因此，要通过顶层设计，实现人岗匹配以及全员的绩效分配。要实现以市场业绩和业务能力为核心，在不触动事业体制的前提下，对关键岗位人才进行能上能下的流动管理。

4. 完善薪酬体系，激发全员活力

首先要做的是内部挖潜，由于长期实行的事业单位管理思路，省会电台的很多生产力都还没有爆发出来，坚定地进行改革，会产生一个较为明显的增量。此外还要构建一个以岗位价值为基础的薪酬体系，以绩效差异为核心的考核激励体系，进一步打造以绩效差异为核心的组织文化，用增量的方法解决存量的问题。对于核心业务和关键岗位，要通过目标之上的增量来解决，这样一来，既能保证全台经营管理目标的实现，使骨干员工获得充分的激励，同时又不会侵害到其他员工的利益。

四、结语

回望改革开放30多年中国媒介的变革与进步，媒介生态的变化远远超乎我们的想象，当传统的广播电视媒体还没有准备好撒开臂膀到市场中去进行搏击的时候，便已被新媒体步步逼近。从"有位"到"保位"，广播媒体面临的竞争环境越来越复杂。在省会城市中，省级电台与省会城市电台之间的竞争越来越激烈。从技术资源到受众资源再到广告资源，省会城市电台在与省级电台的竞争中的先天弱势和短板越来越明显。但是，作为距离城市受众物理距离最近、心灵距离也最近的城市电台，倘若能够将有限的资源用好、盘活，同样能够达到四两拨千斤的逆转效应。

归根到底，在各种媒介形态的共谋共生中，内容始终是困扰中国媒体发展的核心瓶颈，在经历了竞争初期阶段的大规模低端复制后，专业化、个性化、精准化将成为下一阶段广播媒体变革的重点方向。在广播频率、节目形态、节目内容逐渐走向同质化的今天，省会电台唯有牢牢抓住既有资源，细化顶层设计，选准定位，深度聚焦，才能不断把握电台的生命周期，挖掘受众价值，获得不断向上突围的空间。

（作者系西安广播电视新闻广播编辑）

媒体融合环境下对台广播的主动应变与未来想象

——以《华广快乐 EZGO》节目为例

周 均

【摘 要】当前，无论是新闻业界还是学界，对媒体融合的讨论都已进入多频次、高规格阶段。电台广播作为我国新闻宣传事业的重要组成部分，在新的媒介生态环境下，对内容、渠道、平台、经营、管理等诸多方面都做出了相应的调整，但由于受传统媒体思维约束，某些方面"转身变脸"并不彻底。本文以《华广快乐 EZGO》节目为研究范本，从其取得积极成效的成功做法入手，指出存在的不足和问题，试图勾勒媒体融合环境下对台广播的未来之路。

【关键词】媒体融合 广播传播效果 《华广快乐 EZGO》

《华广快乐 EZGO》节目为中国华艺广播电台与台湾快乐联播网联合制作，于 2010 年 10 月以每周一次的频次在两台同步播出。在近五年的对台传播实践中，该节目共制播 200 余期，题材广博而不芜杂，内容生动而不干涩，传播柔婉而不生硬，已经成为台湾民众特别是中南部民众了解认知大陆的重要窗口。本文以《华广快乐 EZGO》节目为例，旨在阐述其传播效果，提炼其成功做法，构建其在媒体融合背景下的新想象，从而为入岛宣传的创新发展开启一扇新视窗。

上篇：手段创新带来的效果衍变

自节目开播以来，《华广快乐 EZGO》始终秉持边实践、边探索、边尝试的原则，不断根据台湾听众的反馈意见对节目的选题、内容、形式等方面加以改进和完善，把大陆与台湾的电台节目合作提高到了一个共同采访、共同编辑、共同制作的崭新地步。就目前而言，节目已经成为华广与台湾年轻听友沟通交流的一种快捷方式，在适时有效吸引台湾听友方面取得了一定成效，并且已有众多中南部民众成为该节目的固定听众，在影响台湾南部民意方面也做出了一定贡献。为此，本文以 2011 年至 2014 年在台湾岛内进行的 5 次听众调查为切口，从数字角度对节目历年来在手段方面的创新及其所取得的传播效果进行了分析。

一、七台同步播出：传播范围扩增

借助岛内电台播放节目虽然早有先例，比如中央台就有四个联播网与台湾24家电台合作，但都是通过购买时段播出，然后在播出的时候做一些推广，并举行一些慈善活动等。然而，华广的做法更细致、更新颖，它将大陆与台湾的主持人放在一块，而且事先做好话题的沟通、策划。此外，《华广快乐EZGO》率先与中南部电台"联姻"，填补了对中南部民众传播的空白，这样就可以更好地了解台湾民众的需求和想法。

1. 从地域来看，新增其他县市听众

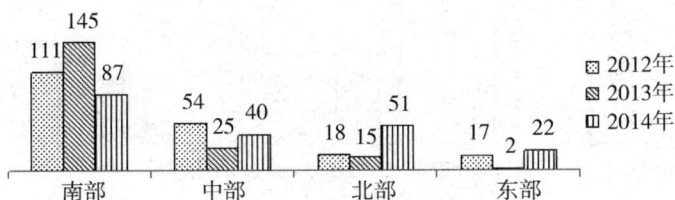

图1 台湾听众居住地所属地区

由图1可知，三年时间中台湾南部听众一直居于收听榜首。如果对各地区听友的百分比进行细分，又可得出，由于从2013年7月起，快乐联播网以六个网同步播出，与原本只有2个网播出相比，明显新增了其他县市的听友。从最近的2014年的调查结果来看，南部听友仍占最高比率43.5%，反映出在高雄深耕多年的快乐电台拥有固定的收听族群。另外，与前一年度的数据相比，因为扩大联网的播出，播出效果显而易见。

2. 从职业来看，听众涵盖"三中一青"

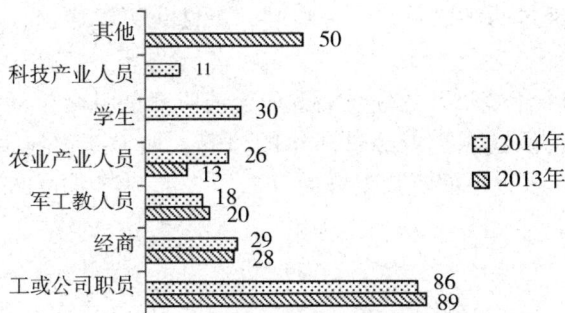

图2 台湾听众职业分布

两年数据对比并无明显变化，都以企业员工或公司职员为主要听众。这说明《华广快乐 EZGO》节目听众涵盖了"三中一青"，即台湾中小企业、中下阶层民众、中南部地区与青年。其中，2014 年学生和科技产业人员的增加非常值得关注：因为学生体现社会发展的方向；科技创新则决定经济未来的发展。随着对台广播的深入发展，越来越多能够关涉台湾未来的人群将会受到影响。

3. 从年龄来看，年轻听众有所增加

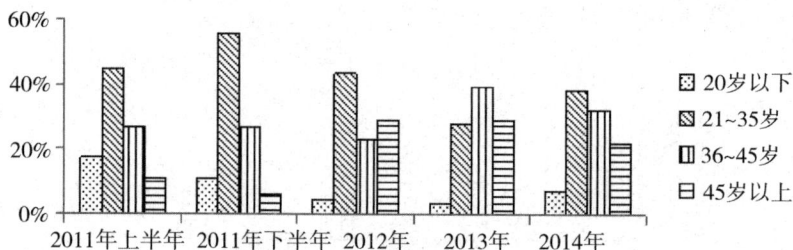

图3　台湾听众年龄分布

2011 年上半年、下半年和 2012 年的调查显示，《华广快乐 EZGO》的听众层分布以 20 岁至 45 岁的居多，其中 20 岁到 35 岁的占听众总数的一半以上。这说明 20 岁至 45 岁的年龄层的听众群，最容易接受像《华广快乐 EZGO》这样包含大陆与台湾信息、文化交流的节目，故节目接受度较高。2013 年、2014 年调查进一步细分，结果显示是 21～45 岁与 45 岁以上听友占多。特别是 2013 年，与之前相比，35 岁以下听友有所减少。究其原因，一方面是节目开始从社会现象、时尚话题，逐步提升热点话题的文化内涵和认知深度，年轻听众还有一个适应的过程；另一方面是单纯的美食旅游内容，经过两年以后，出现雷同，个性化不够突出，年轻听众有所厌烦。

为此，2014 年节目开始注重话题向台湾听众的日常生活靠近，特别是向青年人关心的话题靠拢。经过一年的培养，加上新生代主持人的加入，使得 2014 年 30 岁以下的听众上升为 26%，较前一年度的 16.5%，增加了 9.5%。

二、探索"双微"方案：听众黏性提升

1. 从收听方式来看，新媒体拓展了听众收听路径

表1　2011年、2012年台湾听众收听情况

	2011年上半年（%）	2011年下半年（%）	2012年（%）
高雄快乐电台	42.24	42.24	46.30
台中望风	38.79	38.79	27.31
网络线上收听	18.97	18.97	26.39

从2011年、2012年三次样本统计数据中可看到，除了节目播出的两分台（高雄快乐、台中望春风）之外，借由网络收听本节目的听众朋友也在逐步增长。2011年上半年18.97%，2011年下半年有27.48%，2012年是26.39%。这一趋势在2013年、2014年的调查中体现得更加明显。

表2　2013年、2014年台湾听众收听情况

	2013年（%）	2014年（%）
车上收听	36.96	28.38
在家或学校用收音机收听	33.66	33.00
网络线上收听	29.37	22.77
用手机收听		15.84

2013年统计显示，网络线上收听比例29.37%。自2014年起，快乐联播网也开发自有APP，从年底统计选项来看，网络线上收听与用手机收听合计达到38.61%。反映出听众的收听方式与时俱进。2014年，《华广快乐EZGO》节目的微信群不断扩大规模，华广微信订阅号即将启用，同时也在和快乐联播网沟通，在Facebook主页上传节目内容及相关信息。显然，通过这些新媒体手段，对于契合台湾年轻人的收听习惯是大有裨益的。

2. 从收听频率来看，节目已有固定收听族群

表3　2011 年、2012 年听众收听情况

	2011 年上半年（%）	2011 年下半年（%）	2012 年（%）
常常听，每周至少两次	52.59	57.00	30.00
每周固定收听	28.45	38.00	56.50
偶尔收听	18.97	5.00	13.50

从 2011 年、2012 年三次调查比较，"每周固定收听"的听众占比从 28.45% 到 38%，再到 56.5%，显示出本节目已有固定的收听群，听众已有忠诚度。

表4　2013 年、2014 年听众收听频率

	2013 年（%）	2014 年（%）
打开收音机随意听听	43.50	16.00
想起就听	34.00	26.5
每周必听	22.50	5.00
有时间就听		52.50

但随着年轻听众数量的增加，他们生活方式的多元化，2013 年、2014 年调查显示，使得"有时间就听""想起就听"成为收听频次的首选。这说明，传统广播的"顺序收听""听后即逝"已经影响了听众的收听体验，必须依托新媒体手段，确保优秀节目反复播放、随时收听。

三、调整传播内容：受众满意度增加

为通过话题触动台湾中南部民众心绪，增强传播效果，《华广快乐 EZ-GO》既考虑话题的广泛性，也注重话题的针对性，不再局限于刚开始的几乎纯生活类话题。首先是选题，围绕大陆与台湾、热点有目的地选择话题，扫描面宽、实用性强、关注度高，把话题的广泛性和针对性有机结合在一起，加强了新闻的浓度，扩展了内涵的丰富性。其次是布局，三块均衡，大陆方面、台湾方面及其交流方面，一应俱全，而且不同阶段轮流上台，持续性强。再次是搭配，软题材和硬题材相互协调，有的节目是软中有硬，有的节目是硬中带软，充满了策略性、可吸收性和揉硬为软的手

法，使得节目错落有致、丰富多彩。

1. 从内容选择来看，节目契合受众需求

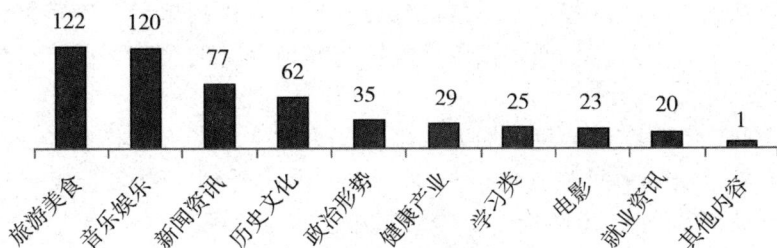

图4　台湾听众希望了解的资讯

2013年、2014年的调查总体情况一致，台湾听友想要了解的大陆与台湾的信息，排名依次是旅游美食、音乐娱乐、新闻资讯、历史文化……一方面为节目全方位有针对性地进行对台传播提供了依据。另一方面，也说明《华广快乐EZGO》节目的内容选题是符合台湾听众的需求的。

此外，有数据显示，台湾听众收听节目的原因为：希望了解大陆信息和大陆与台湾关系的信息；对大陆与台湾电台合作的节目感兴趣；听到不同的声音与表达；感受大陆与台湾的互动和差异。所以，从以上角度来看，节目内容的设定也是契合听众需求的。

2. 从对节目的评价来看，受众满意度较高

在上半点节目方面，以2011年、2012年统计结果来看，多数听众对节目上半点内容，即大陆与台湾热点话题讨论，都持正面肯定的态度（非常同意及同意者皆占多数）。例如，都同意热点话题确实能切中听众所希望讨论的话题，也认同讨论主题将可以帮助听众更加了解大陆与台湾的事务；而且，每一次评价与上一次相比，正面评价有显著增长，显示出主持人不断针对节目形态及话题等所做的改进，是为听众所肯定、认同的。2013年调查165位听友，对节目上半点"热点话题讨论"环节给予正面评价，认为很符合实际，切中了所关注焦点。2014年听友对节目上半点"大陆与台湾热点话题讨论"环节的评价，依次为"更贴近生活，更接地气""更切合当下年轻人的关注点""更好地介绍大陆的时事经济、历史文化"等，这也说明节目在热点话题选择越来越引起台湾听众的共鸣。

对于"旅游美食"，台湾听众有很多期待，节目也通过听众调查中所获问题，不断进行调整。

2011 年下半年：有 67 人期待"大陆与台湾美食逍遥游"单元能扩大采访范围；其次则是有 61 人希望该单元能收集到与众不同的旅游玩法及特殊美食。2012 年：有 58 人期待"大陆与台湾美食逍遥游"单元提供节目景点与美食的详细信息；仍然有 48 人希望该单元能收集到与众不同的旅游玩法及特殊美食。这些都显示出这样较轻松且实用的单元，确实符合台湾听众的口味，但听众也期待该单元能够与其他台湾的美食旅游节目型态有所不同。

为此，节目在近两年中加大走出去的力度，主持人亲临现场，体验式采访，给听众带来身临其境的感觉。这一做法受到了更多台湾听众的认同。这在 2013 年、2014 年的调查资料中已充分体现。

表5　2013 年、2014 年听众对美食旅游节目的评价

	2013 年（%）	2014 年（%）
有身临其境之感，令人有冲动一游的想法	68.50	59.00
无所谓什么形式，只要热闹就可以	27.00	23.50
有的还不够生动，现场效果不明显	4.50	17.50

3. 从对主持人的评价来看，听众以正面评价为主

从 2011 年以来的 5 次调查结果看，大多数听众朋友对于 EZGO 节目多名主持人都持正面评价（非常同意及同意者皆占多数）；但由于大陆与台湾普通话的发音、腔调不尽相同，台湾听众在接受华广主持人方面也有一个渐进的过程。

2011 年上半年，曾有听众向电台反映，听卷舌音理解较困难，不容易融入节目讨论中。到 2011 年上半年，还有台湾听众提出大陆与台湾普通话的发音、音调不尽相同，不太习惯大陆普通话的发音音调。到 2012 年，在"主持人的逻辑清晰，口调、咬字皆清楚"选项中，明显比 2011 年下半年度报告中"评价普通"者的比例降低，主持人的播音有明显的改善，听众接受度也较高，显示因大陆与台湾主持人咬字发音清晰，文化上的差异慢慢被打破。在 2013 年、2014 年的调查中，"大陆与台湾主持人配合默契，很自然"选项的比例都超过了半数。特别是 2014 年主持人阵容变化后，接近半数认为"有新鲜感，令人耳目一新"。

四、改进引导方式：大陆与台湾关系"受赞"

"高明的宣传看起来像从未进行过一样，最好的宣传要让被宣传对象

沿着你所希望的方向走，却认为是自己在选择方向。"从节目本身来看，起初有71%的听众认为《华广快乐 EZGO》节目"大陆味比较浓厚"。毕竟节目的热点话题多半源自大陆，而美食逍遥游单元又是很多台湾听友，因时间、地点、预算等原因无法亲访，但又相当好奇大陆的美食美景。因此，《华广快乐 EZGO》改进引导方式，让台湾听众更多地了解祖国大陆，了解大陆与台湾交流现状，了解"大陆与台湾一家亲"的理念。首先从节目的时期来看，不同时期采用的节目形式和内容不尽相同，入岛落地之时，节目以大陆与台湾民众喜闻乐见的吃喝玩乐的话题为主，以此拉近双方的距离。当节目运行走上正轨，开始拥有一定的台湾听众群之后，节目话题开始转向大陆与台湾社会民生热点，并且从2012年起，每期节目都访问相关的新闻当事人，有了嘉宾和受访人士的参与，整档节目也更加多元化和专业化。从2012年起，节目开始涉及一些和大陆与台湾政治交流相关的部分。所以，总的特点是大陆与台湾共同发生、有共同认知的话题先行展开，逐渐由浅入深带入大陆的文化、旅游，尔后逐渐涉及政治话题，将方向性的东西带出来。

最终的调查结果显示，通过几年来节目中客观表达和有效引导，基本实现了了解听众思想、传递传播理念的目的。

表6　2013年、2014年台湾听众对大陆的印象

	2013 年（%）	2014 年（%）
符合自己想象	38.50	10.00
有一些兴趣，想亲身前往	0	44.50
发生很大改变	34.50	42.50
没有发生改变	27.00	3.00

如表6所示，从2014年台湾听众对大陆的印象来看，"符合自己想象"与"有一些兴趣，想亲身前往"者的比例超过半数，而认为"没有发生改变"的大为减少。这说明通过旅游美食及部分节目热点话题，不少台湾听众对大陆所持态度已经开始朝着积极方向发生改变。

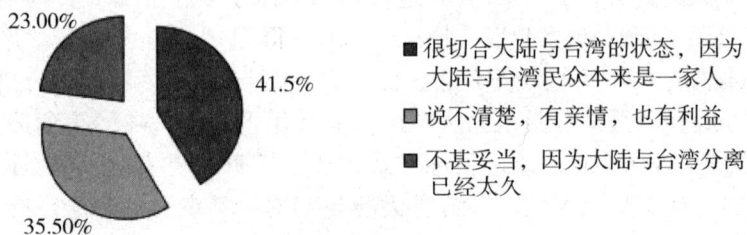

图5　台湾听众对"大陆与台湾一家亲"的基本看法

　　总体而言，台湾听众对当前大陆与台湾关系发展呈积极态度，"很切合大陆与台湾的状态，因为大陆与台湾民众本就是一家人"选项占到41.5%，远大于呈负面态度的23%。这也是 EZGO 节目深耕台湾中南部几年来，传播效果最有价值的体现，同时也反映了节目的重要存在价值和良性发展态势。不同听众对大陆与台湾间的交流内容有不同的关注点，在旅游、历史文化、经贸、文艺演出等方面皆有涉及，呈现出多层面关注"大陆与台湾交流"的特征，并且对云南、新疆、北京、南京、上海等地表现出较强的前往愿望，呈现出"多元化的旅游需求"。

下篇：媒体融合环境下对台广播的变革与进路

　　2014 年 8 月 18 日，习总书记在全面深化改革领导小组第四次会议上就传统媒体与新兴媒体融合问题发表重要讲话，强调要强化互联网思维，推动传统媒体和新兴媒体在内容、渠道、平台、经营、管理等方面的深度融合，这标志着传统媒体和新兴媒体融合已经上升至国家战略层面，成为当前和今后媒体重点突破的一个领域。应当承认，随着融媒体时代的到来，入岛节目还面临着不少新矛盾和新挑战，亟须弥缝传播旧弊，调整传播策略，重组传播格局以适应媒体融合背景下的对台传播规律。

一、以内容为核心，拓展对台广播的广度和深度

　　"内容为王"是媒体发展的一条铁律，无论是传统媒体，还是新媒体，都必须遵循"内容为王"的理念。内容之所以重要，是因为它是真正调动受众心绪的利器，是与受众接触最直接的一环。应当承认，《华广快乐 EZ-GO》是非常注重对内容的精耕细作的，民生、教义、网络、家庭、经贸、健康、交通、环保、政治、社会、餐饮、文化等，既具有民生的一面、社

会的一面，也具有政治的一面，既具有经济的一面、物质的一面，也具有精神文化的一面，所以从面上来讲已经铺设得很宽。尽管如此，台湾岛内仍有许多人对大陆方面的政策知之甚少，包括一些高层和学者，这说明《华广快乐 EZGO》在内容上仍具延展和发挥空间。

1. 横向上向广处开拓

首先，增强对台湾规定的知悉度。应当对台湾的相关规定进行进一步研究，找到突破口。目前台湾当局是准许大陆地区十类广播电视节目在台湾播送、播放的，包括科技类、企业管理类、自然动物生态类、地理风光类、文化艺术类、体育运动类、语言教学类、医药卫生类、中医类等，如若对这些类型节目进行深入研究，势必有不少内容可以作为今后的发展重点。

其次，提升选材的国际化程度。目前台湾岛内特别是南部地区的普通民众，包括媒体记者，对大陆各方面的了解都极为欠缺，台湾南部民众到现在还有很多人没到过大陆。旺旺中时民调中心的民调资料显示，70% 左右的民众依然对大陆很陌生，而且这几年的相关数据几乎没有变化。加之较为偏向民进党的基础民众听惯了以往民进党对大陆的言论，故仍旧存在对大陆恐惧不安、不信任的现象，故而其对大陆的认知不可避免地存在某些偏颇。基于此，不妨在节目中添加其他国家民众对大陆的感受，让台湾听众透过第三方声音了解真实的大陆。

再次，加大内容的创新性。《华广快乐 EZGO》虽然选题较广，但老生常谈、缺乏新意的内容并不少，尤其表现在某些政治类话题，比如选举等。应当认识到，台湾中南部听众政治立场较为亲进民进党，于此，节目更应注重这方面的内容，通过真诚和真知灼见让台湾听众产生兴趣进而打动他们。比如在经贸问题、旅游问题等软性内容方面，应当含有政治因素，并且予以强化，增加思想性，而不能将其有意识地弱化甚至剔除，不能对这些内容避而不谈，讳莫如深。

2. 纵向上朝深处挖掘

首先，对内容进行分层级传播。受传统观念束缚，大部分台湾民众基本不可能在短期内接受所有大陆观念，《华广快乐 EZGO》运营已近五年，效果虽显，但仍有不少瑕疵。为此，应当培养战略眼光，遵循循序渐进的思路，对传播内容进行科学分层分步，让听众在潜移默化中接受我们的思想。

其次，把握内容的精髓要义。对台广播要各有特色，不能千篇一律，否则就会造成资源浪费。所以，节目应当以"纯出口"为指引，以提升专业性和创意性为重点，通过采访新闻当事人、主持人穿针引线、新闻背景搜集等，把每个讨论的话题说深说透。目前，《华广快乐 EZGO》依旧存在就事论事的现象，这是节目内容偏浅的重要表现。实际上，每一件事情的背后都有深沉的藏而不露的思想，很多内容还可以深挖，在这方面我们要相信台湾民众能够听懂，能够理解，要将话题提升到更高更深的境界，做到深入浅出，让听众听起来有新鲜感、收获感。可以说，这是对台广播今后增强传播效果的重要着力点。

二、以技术为支撑，实现内容传播的优化

从媒体存在的形式看，任何媒体的内容必须依赖一定的技术形式才能存在，信息技术层次越高，代表其技术含量越高，所能承载的信息种类和内容也更加丰富多彩。因此，谈"内容为王"并不能否认技术的重要性。在媒体融合时代，任何媒体的生存都需要以技术为支撑，只有通过技术才能提高内容的传播速度，扩大内容的传播范围，否则再好的内容也可能陷入"英雄无用武之地"的窘境。时下，《华广快乐 EZGO》在媒体融合领域已有零星实践，但总体上处于初级探索阶段，比如借助快乐联播网开发的 APP 等。在下一步节目推广中，还应当进一步实现深度融合。

1. 与岛内的大平台合作

要实现内容入岛首先要与受众的信息接收方式相适应，尽管我们知道越来越多的台湾听众倾向于通过移动终端收听节目，但究竟该通过哪些终端进行传播呢？以大陆的应用软件为例，专家统计结果显示，排名前 7 的软件的点击率占据总点击率的 90%，而之后所有软件加起来也不过 10%。这表明，如果抓不住重点，仅通过"睡眠软件"进行传播，那么内容势必会被边缘化、无视化，因而占领传输管道关键在于依托岛内大平台。比如 Facebook，即时通信软件 Line，都是当前台湾民众应用最靠前的移动应用，在该领域下足功夫，或可有效提升对台节目的传播效果。

2. 建立完善节目官方微博，快速启动微信公共平台

根据 2014 年 7 月台湾消费者行为调查结果显示，台湾的智能手机持有人为 1 225 万，微信（WeChat）在台湾也有一定的使用量。目前，包括《华广快乐 EASYGO》在内的众多对台广播节目已经开始探索"双微"，下一步应着重加大投入，借助微博、微信平台进一步扩大节目影响力，助力对台传播，增进大陆与台湾民众交流，促进台湾中南部民众认知大陆，推动大陆与台湾关系和平发展。

三、以用户为重点，增强听众的参与感

随着受众主体意识的不断强化，越来越多的受众不再满足于被动接受

媒体所提供的信息，而是偏向与参与整个新闻的制作过程，这是媒体融合时代受众媒介习惯改变的重要特征。在这种情势下，如果媒体依旧秉持传统媒体语境下的传播思路，把受众单纯看成"靶子"，那么其赖以生存的受众迟早会流失殆尽。所以，解决受众黏性问题，关键在于增强受众的参与感。在这方面，《华广快乐 EZGO》有比较好的经验，比如重视受众反馈，根据每年度台湾听众对主持人表现提出的意见和建议进行相应的改进。再比如尊重听众，节目从来不反驳对方，而是依靠自我现身说法去影响对方观点，做到了有理、有例、有节，使人吸收得舒适彻底。但总体而言，这些都是对台广播的共有做法，属于基础的、表面的、容易实现的手段，对于满足媒体融合环境受众的参与需求还有一定差距。

1. 加强用户生成内容（UGC）的收集

科技的进步降低了许多行业的进入门槛，社交媒体和移动客户端对新闻采编流程产生的影响日益扩大，不论是专业记者还是普通观众，都找到了进入新闻行业的新途径，他们都得以在报道过程中发挥重要作用。事实上，目前有不少国内外媒体已经开始注重发挥"公民记者"的作用，即适度采用在新闻现场的观众所上传的一些文字、图片、音频、视频等资料，并在媒体平台上予以呈现，比如 CNN 的 iReport，《纽约时报》的 The Lede，都是尊重受众信息的重要表现，这种做法不仅能够丰富节目内容，而且能够增添时尚元素，更易于受众接受。然而，在对台广播领域，这种做法只在少部分节目中有所体现，比如中央电台对台栏目《海峡军事漫谈》。因此，加强用户生成内容也应成为今后对台广播发展的重点。

2. 做大做强线上线下听众联谊活动

尽管《华广快乐 EZGO》目前还未开拓受众联谊活动，应当认识到，包括央视在内的众多对台广播电视台都有搞活动的传统和惯例，而且每个台各有特色，可以说这已经成为对台广播的看家本领。因此，对于这种活动，对台节目还要继续坚持，做大做强，力争以节目引领活动，以活动促进节目，立体展开。此外，还应充分发挥网络的把手作用，通过网络组织听众，把现有的固定听众群聚到一起，升华到听友会。

参考文献

1. 新闻宣传的理性思考［EB/OL］. 凤凰网，http：//finance. ifeng. com/a/20131112/11057451_0. shtml，2013 – 11 – 12.

2. 钟志刚，姜红星. 运用新媒体拓展对台广播舆论引导空间初探［J］. 中国广播，2014（10）.

3. 台湾指标民调. 台湾民心动态调查、统独与中国印象民调［R］. 2013 年 1 月. http：//www. tisr. com. tw/wp – content/uploads/2012/06/TISR_ TMBS_201301_22. pdf.

4. 齐峰. 媒体融合认识误区与选择路径 [J]. 中国出版, 2015 (2).

5. 王鸿志. 对移动新媒体趋利避害才能造福两岸同胞. 中国台湾网, http: // www. baidu. com/link? url = ZFcJa_xuG5HyRFoYb0_xbyDjiabj9_FyPE 4oPmCzPaOp7sIC3Z6pz13 zM8JND2MTP_7h2FumugoQ5Uwq1RcLMKn7T6XS7rv_YQ0HWr09dma, 2014 – 10 – 21.

6. 罗鹏. 媒体融合趋势下的国际传播初探 [J]. 对外传播, 2015 (2).

（作者系南京政治学院军事新闻传播系硕士研究生）

"两微一端"时代校园广播发展现状思考
——以数字时代北京大学广播台转型为例

方晓恬

【摘　要】随着新媒体的发展，"两微一端"（微博、微信、移动客户端）已成为中国手机网民接触新闻信息的重要渠道。本文将大学校园文化中的重要组成部分校园广播作为研究对象，以北京大学广播台（以下简称"北大广播台"）为例，对北大广播台"两微一端"平台内容进行分析，并采用问卷调查和访谈相结合的方法，探究"两微一端"时代校园广播的发展现状及困境，思考以"两微一端"为代表的新媒介的"赋权"意义，并就如何更好实现校园广播的媒介融合发展提出相应建议。
【关键词】"两微一端"　校园广播　媒介融合　赋权

一、引言

校园广播作为"校园文化"的重要组成部分，在传统媒体时代，因其特有的声音魅力备受欢迎，并对大学生发挥了新闻宣传、价值引导和文化熏陶的作用。当下互联网对传统媒体的冲击日益强烈，"两微一端"（微博、微信、移动客户端）已经成为传统媒体与新媒体融合的最主要手段，校园广播也开始开拓"两微一端"平台，在媒介融合之路上不断发展。

在对北大广播台"两微一端"平台发布内容进行文本分析的同时，本文采用两种研究方法探析北大校园广播"两微一端"平台受众使用情况：一是在北大二教自习室发放 60 份调查问卷，了解受众使用情况；二是对北大广播台学生工作人员及校园广播听众访谈，了解传播者应用目的。

二、"两微一端"时代校园广播发展现状及困境

1. "两微一端"时代校园广播的发展

正如互联网经历了 Web1.0 到 Web3.0 的变化，校园广播也存在着 1.0 到 3.0 的变化。校园广播 1.0 时代，北大广播台利用传统的校园播音硬件设备，以音乐节目为主。2.0 时代随 SNS 发展应运而生，这一时期广播台注册"燕园之声"人人网账号，发布节目预告，上传社团活动照片，在北大 BBS 上开设讨论区，受访的广播台工作者表示，"北大广播台在 BBS 上一直备受'吐槽'，但正是这些'吐槽'让更多人知道了北大广播台"。

3.0时代北大广播台逐步搭建"两微一端"平台。2011年11月15日开通"@北京大学广播台燕园之声"新浪微博,与土豆网合作发布广播节目音频。2014年11月23日,北大广播台开通了微信公号"北大广播台",主打"微信点歌",从界面呈现到互动语言打造了一个温馨浪漫的校园广播形象。在广播APP"蜻蜓FM"上开设了《北京大学广播台》和《在北大不吐槽会死》(简称《北槽》)两档节目,在2014年10月校园广播节目排行榜中位居第一,并获得了大量校外"粉丝"。

北大广播台从1.0到3.0的融媒之路其实正是媒介融合大趋势的缩影。从传统媒体时代广播内容单向度传播,到社交媒体时代的网络平台整合,再到"两微一端"时代的与受众充分互动,北大广播台经历了内容、媒介形态和受众的全面变化,并实现了校园广播的"对外传播"。

从内容上看,1.0到3.0经历了广播内容不断"平民化"的过程。表1和表2展示了2009—2010年和2015年北大广播台的节目。前后对比可发现,新闻节目减少,校园文化类节目形式丰富,新增设"闲聊北大""燕园面对面""友聊万事屋"等聊天类节目。广播台在"两微一端"平台上征集受众喜爱话题,不断完善广播内容。传统广播内容的"宣传味"减弱,开始将学生视为广播节目主角,将大学生的衣食住行作为重点内容,更加为学生喜闻乐见。此外,栏目的变化也反映出校园广播在逐步让"声音"回归。广播属于一种感官上的"限制级"媒体,单纯的倾听给了受众无限的想象,从节目发展变化可见,校园广播重点打造音乐和情感交流类节目,有助于充分发挥声音媒介特有的情感优势。

学界将广电媒体节目融入新兴媒体概括出三种路径:造船出海,平移到自办的特色网站上;借船出海,借助专业网站、公共论坛扩大影响力;搭船出海,充分借助"两微一端"模式推广节目。本文借此说法诠释北大广播台1.0到3.0时代媒介形态变化。由于没有获得校党委审批,北大广播台没有"造"自己的网站,但北大广播台借助"土豆音频"和"蜻蜓FM",实现了"借船出海",在视频网站和广播APP上保存了音频内容,让广播真正成为"永不消失的电波";北大广播台也"搭船出海",这主要指借"两微一端"平台"搭"起了北大广播台多媒体传播。微博发起互动话题、微信点歌,"蜻蜓FM"上的节目可以通过"两微"互动,"签到"功能使受众更具存在感。三者不是孤立不通,而是矩阵相连。"两微一端"互动平台更多以拟人化的形象出现在受众面前,营造亲切沟通的形象。广播内容不仅得以保存,同时实现了个性收听、自主订阅。

受众的主体意识在1.0到3.0的变化过程中不断增强。1.0时代校园广播以线性、封闭传播为主,听众只能被动接收;2.0时代借助开放、包容的高校公共论坛,受众对广播节目评价、讨论,开始"发声";而"两微一端"时代,从节目前期的"点歌"、讨论热门话题,到中期实时互动,再到后期对节目的讨论,受众开始全面参与校园广播节目制作,其参与权得到了高度重视。特色栏目《北槽》备受青睐。统计发现,北大广播台官微粉丝1 392,《北槽》粉丝8 254;2015年《北槽》发布225条微博,官微发布19条;转发、评论、点赞情况《北槽》均好过官微。"粉丝"和关注度较高主要源于《北槽》栏目实现了受众与主播的互动,在《北槽》官微、公号以及三位主播个人微博上,网友会就他们的日常生活调侃、"八卦",诸如"听说扯淡刘最近恋爱了"等,三位主播也会彼此"揭短",这些互动使受众具有强烈的参与感。由于该节目在公共音频平台上播放,吸引很多校外受众,调查显示该栏目受众主体人群是高三学生,他们因为对北大的向往更愿意听北大人讲自己的故事,这就很好地利用了"名校效应",实现校园广播的对外传播,并树立了北大学生"平易近人,幽默活泼"的良好形象。

表1 北大广播台2009—2010学年度第一学期节目播出时间表

频道	时间段	星期				
		一	二	三	四	五
一套	17:30—17:40	未名每日播报				
	17:40—18:10	聚焦新闻眼12	Music Life	校园文学31	娱乐大巴41	有故事的人51
	18:10—18:30	新闻一周荟13				
二套	17:30—17:40	未名每日播报				
	17:40—18:10	校园文学31	古韵文心31	文海星空31	书香墨痕34	文字心语35

表2 北大广播台2015年广播节目与栏目组一览

栏目组	开设节目	节目定位
新闻组	未名每日播报	每天10分钟播报校园新闻
专题组	北大要览	时事新闻评述的节目
	闲聊北大	对校园风物进行介绍和闲聊的节目
访谈组	燕园面对面	针对校园内的学生或老师的访谈
	有故事的人	对一些到校访问的人进行访谈

（续上表）

栏目组	开设节目	节目定位
文学组	文海星空	较新的文学作品
	廊桥遗梦	怀旧的文学作品
文化组	地方志	各地风俗美景
	Otaku 世界	主打动漫
	你的电影我的心	介绍电影
	友聊万事屋	原名时尚书屋，现在是新书推荐＋吐槽节目
音乐组	PK 乐坛	主要播放华语音乐
	Put Your Records On	主要播放非华语音乐

2. "两微一端"时代校园广播发展困境

北大广播台推出了"两微一端"新媒体平台，在内容、媒介形式上都有一定革新，但其融媒之路仍存在一定困境。如下图，尽管北大广播台在2011年开通了微博与土豆音频合作，但评论、点赞、转发量微乎其微，在2013年之后发博量更是急剧减少，最后几乎放弃了微博阵地。对于受众反馈，62%的问卷调查受访者表示对于北大广播台"两微一端"平台不关注，71%表示不喜欢，77%表示没有参与"两微一端"平台的互动。尽管北大广播台开通了"两微一端"平台，但并没有将新媒介对受众的"赋权"优势激发出来。广播台工作者仍旧是节目制作的"主角"，虽然有一定互动，节目仍旧呈现"我说你听"的模式，这就导致节目视角不丰富、受众反馈不积极。

北大广播台未能充分发挥"两微一端"优势的主要原因在于：第一，校园广播大都遵循"党委领导，学生承办"体制。这种领导管理体制较之于自媒体大发展的今天，学生的自主性、灵活性相对不足，通过受访者了解到，最初尝试建立独立网站就没有得到批准，难以做到顺势应时。另外校党委对新媒体形式的改革支持力度不大，资金和技术的匮乏使得广播台从更新设备到建立新媒体平台都较为困难。第二，北大广播台自身的改革力度弱。广播台学生工作者并没有对自媒体进行充分利用，功夫仍旧停留在收听终端的多媒体、多渠道上，没有深入与受众互动，对于官微关注度低的情况，他们选择放弃经营而非创新改革。

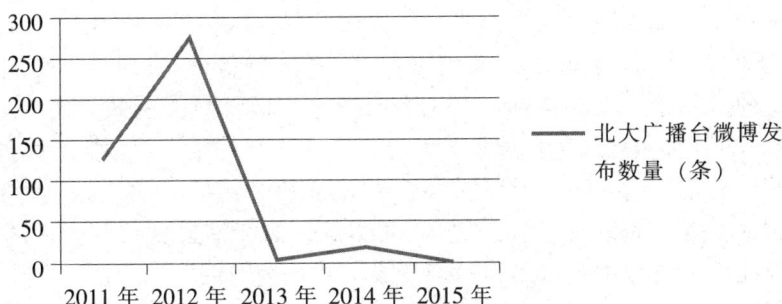

北大广播台"燕园之声"新浪微博发布数量变化趋势图

三、"两微一端"时代校园广播发展状况思考及建议

1. 由校园广播引发的对"两微一端"的新媒介"赋权"的思考

解决校园广播发展困境的根本在于理解新媒介的本质特征。如今互联网大佬们更多将"受众"称为"用户",正体现了一种"用户至上"的服务思维,传播者唱"独角戏"的时代已经一去不复返。以"两微一端"为代表的新媒介的特性决定了其不断为受众"赋权"。师曾志和胡泳认为,"新媒介赋权"指的是媒介成为权力实现的重要源泉和力量。互联网正在迅速解构和建构着中国社会生活网络的主要框架,多样化的传播主体之间在跨越时空中所形成的复杂关系,对权力宰制中心的分化、转移、传播已成为权力的主要来源,个体间兴趣、动机等差异性也影响着权力的博弈和统治。传统广播时代,从罗斯福的"炉边谈话"到丘吉尔在 BBC 发表的"二战"演讲,广播始终笼罩着一种权威感,声音的单线传播更适合政令下达、鼓舞士气,便于统治阶级的宣传。然而,随着媒介的变迁,广播不断与新媒介融合,神秘的权威感开始消散。

广播权威感消散的第一步是对"想象"的"去魅"。以校园广播为例,在传媒媒体时代,受众往往对"看不见"的主播充满了想象,想象营造了神圣感。随着社交媒体的兴起,受众开始在社交网络上看到主播照片,了解他们的生活,并试着跟帖、留言、评论,对主播们的"想象"逐步"去魅"。到了"两微一端"时代,受众不再诚惶诚恐等待回复,而是通过微博了解主播的日常生活,使用智能手机随时参与节目互动,而"两微一端"平台本身也在努力建构"人"的形象,亲切生动,关乎权力的神秘感几乎消失殆尽。

"去魅"之后,新媒介通过改变媒介情景、改变权力结构,实现"赋权"。美国著名传播学家罗杰斯等人在《赋权与传播:来自社会变革的组织经验》中，明确将赋权视为"一种传播过程，这一过程往往来自小群体成员之间的交流"。他认为，交流（传播）使赋权得以实现，当交流的过程是一种"对话"（如沟通、辩论、反馈等）时，赋权的效果更为显著。"两微一端"校园广播平台最大的特点也正在于"对话"。微博上关于热门话题的"对话"，微信上的话题征询、留言点歌，广播APP上的实时签到、实时讨论，受众的参与感不断提升。可以说，媒介演进到"两微一端"时代，曾经神圣的"炉边谈话"已经变成了"炉边对话"。

新媒介"赋权"的最后一步是体制的"放权"。这也是一直制约校园广播在"两微一端"平台发展的瓶颈。新媒体时代"人人都有麦克风"，从源头管控所有的言论，维持自上而下的传播体制几乎不可能。校党委应该从管制模式上"放权"给大学生，让对移动互联网较为熟悉的大学生群体去自主经营自媒体，充分利用新媒介平台的特点为受众"赋权"。当代大学生只有自主参与校园事务的管理，才能建构属于自己的校园文化。这样不仅使校园广播紧跟媒介融合发展的大趋势，同时也有利于校园广播这一传统媒体形式在新媒体时代仍旧发挥建构校园文化的积极作用。

2. "两微一端"时代校园广播发展建议

在互联网兴起、新媒介赋权的大背景下，广播不再是一种"神秘"的传播媒介，每个人都可以在广播中发声，如何挽留受众并提高其忠诚度对广播的未来具有重要意义。本文以校园广播发展困境为依据，针对其如何在媒介融合时代的发展提出一些建议：

第一，立足"窄播"，打造精品节目。"窄播就是广播"的理念已经得到了业界的广泛论证。面对复杂的新媒体传播环境，进行精准化、专业化的传播，变"大水浇田"为"滴水灌溉"，才能真正实现内容创新。校园广播可根据不同学生群体的特色制作节目。笔者结合访谈，列举几个例子：毕业咨询服务广播。针对毕业季同学提供关于就业、保研、出国等专业咨询。"相亲"广播。提供征友平台，辅之"微信点歌"表白，做一档广播台的"生活服务类节目"。英文"脱口秀"广播。受访者表示，北大学生属于精英群体，可以适当开通英文节目，邀请同学做客，吸引英文好想"秀"以及想提高口语水平的同学，以此"吸粉"。

第二，发挥"人"的作用。在新媒体时代，"人"不仅指传者，也指受众。《北槽》栏目的成功表明，校园广播可以尝试培养"明星主播"。这些主播可以通过个人微博、微信与受众互动，培养受众忠诚度。明星主播们的固定粉丝群可以完成广播内容的"二次传播"，扩大节目影响力。广播台还应该培养"全媒体"人才，不仅能熟练使用新媒体，更要有新媒体思维，充分利用"两微一端"，随时与受众互动，挖掘潜在受众。在制作节目时，要逐步实现从录播到直播的转变，"两微一端"平台的即时互动要求主播具有灵活应对的能力。

第三，实现媒介形式与内容的真正融合。北大广播台"两微一端"改革效果不佳的原因主要是"两微一端"平台更多的是内容重复或节目宣传，并没有从传播机制中用户与媒体的关系入手，将新媒体的特性深度融入广播内容中。"两微一端"的精髓在于社交功能，校园广播可以立足于"互动"，及时回应受众的"微信点歌""吐槽留言"，实现线上线下联动，营造更多的"参与感"。微博粉丝转化为线下听众，微博话题拓展广播内容视角，增强趣味，这样才能将"融合"落到实处。

第四，尝试打造"内容＋关系＋服务"的新广播模式。彭兰教授曾提出媒体的三个走向：内容媒体、关系媒体、服务媒体。笔者在调查中发现，"受众最喜欢的节目"是音乐、"吐槽"、咨询，与彭兰教授的"三个走向"有契合之处。未来校园广播可以尝试"内容＋关系＋服务"的融合发展。维系与受众的关系、为受众提供服务都会对内容产生巨大影响。微信点歌，微博上"热门话题"讨论，邀请"校园风云人物"做客并利用新媒体即时互动等，都不失为通过维护关系把受众"黏住"的好办法。校园广播的"服务"主要指提供与大学生"衣食住行"息息相关的服务，诸如就业升学咨询服务，天气预报、"温馨小贴士"（诸如"哪里正在施工需要绕行""几号楼什么时间停水停电""哪个食堂推出了特色菜"）等。"服务"有助于满足受众对信息的知晓，"关系"有助于提高受众忠诚度，二者都有助于增加"内容"实用性、丰富"内容"形式。用"内容"吸引受众，用"关系"挽留受众，用"服务"打动受众，三方面的彼此联通、深度融合，才能将新媒体时代校园广播的改革创新落到实处。

参考文献

1. 袁同楠等．中国广播电影电视发展报告［M］．北京：社会科学文献出版社，2015：160－161．

2. 崔宝国等．中国传媒产业发展报告［M］．北京：社会科学文献出版社，2015：98－192．

3. 师曾志、胡泳．新媒介赋权及意义互联网的兴起［M］．北京：社会科学文献出版社，2013，03－04．

4. 丁未．新媒介与赋权：一种实践性的社会研究［J］．国际新闻界，2009（10）：77．

（作者系北京大学新闻与传播学院硕士研究生）

媒体融合视域下军事广播节目创新发展研究

——以央广军事《难忘"二战"岁月 共同历史记忆》为例

王志龙

【摘　要】2015 年是中国人民抗日战争胜利暨世界反法西斯胜利 70 周年，中央人民广播电台策划推出的特别节目《难忘"二战"岁月 共同历史记忆》对传统的纪念性报道进行了大胆创新，体现出以下三个特点：一是主题深邃、选题新颖，立足中俄两国历史和现实的友好关系，注重挖掘历史背后的故事；二是创新报道方式，以"记者＋专家""文献研究＋现场寻访""高端策划＋平民表达"等形式，对纪念性报道的采编流程和展现形式进行了大胆探索；三是依托互联网，融入媒体融合理念，有效扩大了覆盖面和影响力。

【关键词】纪念性报道　广播军事节目　新媒体　媒体融合

　　纪念性报道是新闻传播领域一种特殊的报道形态。一般认为纪念性报道是"针对某个特定的历史事件、人物或历史纪念而展开的报道，它是基于新闻题材而划分的一种报道形态"[①]。这类报道贯通历史与现实，对历史上曾经发生过的重要事件进行寻访和追忆，集中体现了新闻作品传承文化的职能。2015 年 5 月 6 日至 14 日，中央人民广播电台（以下简称"中央电台"）中国之声《国防时空》栏目推出了纪念中国人民抗日战争暨世界反法西斯战争胜利 70 周年特别节目《难忘"二战"岁月 共同历史记忆》，连续播出《中国人的卫国战争纪念章》《抗战"新丝绸之路"》《奋战在国际大通道上》等 7 期节目，以现场寻访的形式，真实再现了 1937 年至 1941 年间，中苏两国人民相互支援、密切合作，建立"西北国际战略大通道"等历史故事，形成了积极正面的舆论声势。这组报道在宣传抗战胜利成果、振奋民族精神、引导国际舆论等方面发挥了积极作用，同时在选题策划、报道方式和传播手段等方面进行了大胆创新。

一、选题新颖，视角独特，契合时宜

　　纪念性报道的目的不在于进行单纯的信息传播，而是要依据当下社会发展的时代主题，"对过去的人或事进行重新解读，从中提炼出新的精神，以此来凝聚人心，感召民众，推动社会进步"[②]。《难忘"二战"岁月 共同历史记忆》以回顾中苏两国同仇敌忾、并肩作战的"二战"岁月为主

题，以寻访中苏两国军民开辟"西北国际战略大通道"的非凡历程为主线，热情讴歌了两国传统友谊，深刻揭示了维护世界和平与正义离不开中俄两国的团结合作。

1. 视角广阔，集中展现中俄两国传统友谊

纪念性报道一般每隔一段时间就会重复进行，但多次重复之后，受众会出现"审美疲劳"，报道便很难出彩，这就对报道者的新闻策划能力提出了更高的要求。

2015 年年初，中央电台军事中心邀请国防大学、军事科学院、军事博物馆、解放军出版社等单位的专家学者进行了多轮选题策划，提出了寻访抗战老兵、抗战名将、抗战名城等 10 余个报道角度，由于大多数视角在以往的纪念性报道中已经有所体现，因此最终决定抗战胜利 70 周年报道应该围绕"两个胜利"，即以两国共同纪念反法西斯战争胜利这一国际视角破题。一方面展现苏联援华的举措，另一方面增加中国参与苏联卫国战争、中苏官兵在东北共同抗击日本军队等主线，以充分展现两国在战斗中结下的深厚友谊。于是，《难忘"二战"岁月 共同历史记忆》被赋予了深邃的主题和与众不同的新意，一经播出，便在全国媒体纪念中国人民抗日战争暨世界反法西斯战争胜利 70 周年的"新闻大战"中脱颖而出，赢得了广大受众的欢迎和肯定。

2. 内容新颖，大胆挖掘历史背后的新闻故事

纪念性报道贵在求新。《难忘"二战"岁月 共同历史记忆》独家披露了许多鲜为人知的历史事件，如李敏讲述的贺子珍、毛岸英参加苏联卫国战争的经过，刘亚楼之子讲述的刘亚楼准确预测了德军进攻路线等。一般而言，"在已经定型的历史轨迹、结论和众人皆知的事件中，仍有大量鲜为人知的人和事，仍有大量有待发现、未曾披露的真实"③，如果能挖掘到此类富有生命力的史料，将大大增强报道的可读性和新闻性，更好地满足受众的信息需求。

"西北国际战略大通道"这一史实具有较强的吸引力。从新闻本身的价值看，美国援华的滇缅公路、驼峰航线已被媒体大量报道，但我国媒体很少对苏联援华的"西北国际战略大通道"进行深入报道。中央电台从中苏两国并肩战斗的独特历史角度切入进行大型报道，也是国内媒体首次全方位展示中苏"西北国际战略大通道"。从现实状况来看，"一带一路"战略提出以来，中国的"西北角"被全世界广泛关注，宣传历史上的"西北国际战略大通道"具有重要现实意义。有专家认为，这是我国主流媒体首次对中苏军民共同开辟的"西北国际战略大通道"进行全面报道，填补了多项空白，既具独特的宣传价值，又有重要的史料价值。实践证明，纪念

性报道未必就是"炒冷饭",新颖的独家报道内容再次为节目加了分。

3. 时机准确,凸显重大历史事件的现实价值

有研究者认为:"纪念性报道,在一定范畴上属于'史料新闻',是历史事实在今天的再度传播,内容相对静态,缺少变动,有的还'非事件化'或'事件碎片化'。"④因此,针对过去发生的事件,必须设法凸显历史事件的现实意义,拉近与公众的距离,实现历史和现实有效对接。从时机上看,《难忘"二战"岁月 共同历史记忆》选择在国际社会隆重纪念世界反法西斯战争胜利70年的时机推出,可谓"应天时、承地利",既有力配合了习近平主席出访俄罗斯参加红场阅兵等相关纪念活动,又恰到好处地呼应了当前错综复杂的国际斗争形势,给妄图否认"二战"历史并蠢蠢欲动的日本右翼势力以强有力的震慑,为全世界人民敲响了珍爱和平的警钟。

不管在哪个国家,受众都是从当下的兴趣及其面临与关切的现实出发,从曾经发生的历史中吸取经验教训。因此,纪念性报道的价值绝不仅是对历史的简单重温与回溯,而在于其所引发的反思及对今天和未来生活的启示。如《难忘"二战"岁月 共同历史记忆》第7集《真诚的盟友》中专家所说的:"在纪念一个以千百万人的死亡为代价的胜利日时,所有的国家、所有的民族、所有的军队都应该深深思考这样一个问题——如何才能让悲剧不再重演,让和平永驻人间!"

二、创新报道方式,注重个性化呈现

注重报道方式的创新,进行个性化呈现,是纪念性报道获得较好传播效果的关键因素,也是《难忘"二战"岁月 共同历史记忆》成功的秘诀之一。广播新闻报道主要借助声音来传递信息,在报道中巧妙融入多元化音响,合理配置不同的现场角色,能够最大限度地为听众营造身临其境的听觉感受。

1. "记者+专家"的报道团队

以往的纪念性报道主要是依靠记者采访,而在这组报道中,采用了"记者+专家"的模式,邀请了专门研究苏联援华抗战史的国防大学副教授刘波等一路随行,对重要历史事件的时代背景进行详细介绍和深度解读。在"记者+专家"的采访模式中,记者依旧发挥着重要的作用,对于报道所涉及的每个村庄都要亲临现场,采访组实地采访、查看,尽可能地找到事件的亲历者、亲见者或当事人的家人,落实人物见证,以增强新闻的真实性和可信度。每次采访时,记者都会根据之前搜集的资料对相关背景进行串场,抛出话题让学者专家现场解读、现场讲述,在采访当地群众

时，则注重对寻访过程的展现，通过专家现场解读补充相关史实。

此外，《难忘"二战"岁月　共同历史记忆》还通过巧妙协调，与当地文史专家紧密配合，在最终呈现的节目中，不同的元素灵活穿插，以平易近人的寻访形式拉近了专家与听众的距离。比如：报道中记者对于诞生在"西北国际战略大通道"上的维吾尔族叙事体民歌《马车夫之歌》、作家茅盾创作的《筑路歌》的介绍都和专家解读融为一体，做到现实与历史的巧妙结合，把历史事件演绎得既厚重大气，又引人入胜。

2. "文献研究＋现场寻访"的报道思路

真实是新闻的生命。在纪念性报道中，如何逼近时过境迁的"历史真实"是报道者面临的一大难题。《难忘"二战"岁月　共同历史记忆》报道组创造性地将文献研究和现场寻访结合起来，增强了报道的真实性和说服力。在确定主题后，中央电台军事宣传中心便组成专项任务组，先后走访中国人民抗日战争纪念馆、俄罗斯驻华大使馆、国防大学、清华大学、北京大学，累计查询了一千多万字的中文、英文、俄文文献。报道组还十分重视从当地挖掘第一手资料，探访了伊犁、乌鲁木齐、哈密、武汉等地大大小小数十个档案馆、史料馆、八路军纪念馆，翻阅查找了数万件（份）文物和档案。

在充分研究文献的基础上，《难忘"二战"岁月　共同历史记忆》报道组沿着"西北国际战略大通道"依次奔赴新疆、甘肃、湖北等地寻访，根据在当地找到的档案史料以及专家学者的讲述，采访组一行深入当年苏联援建的伊犁艾林巴克航空教导队旧址、果子沟天山公路、新二台转运站等历史遗迹进行探访，先后采访了毛泽东的女儿李敏、瞿秋白的女儿瞿独伊、刘亚楼的儿子刘煜奋等多位重要历史见证人以及国民政府参与苏联援华工作的相关当事人，搜集了大量的第一手素材，实现了"文献研究"和"现场寻访"的有机结合，有效增强了报道的可信度和感染力。

3. "史实＋故事"的报道方式

坚持站位点要高，立足点要实，表达要接地气，这是纪念性报道吸引受众的关键。《难忘"二战"岁月　共同历史记忆》报道既有对历史的回顾，又有对现实的描绘，具有较强的历史纵深感和厚重感。该节目既注重讲述中国共产党人做出的巨大贡献，也着力叙述了当时国民政府及地方军阀发挥的积极作用；既列数众多优秀中华儿女在苏联卫国战争中的特殊表现，也介绍了苏联对中国抗战的大力援助，体现了实事求是、尊重历史的精神。坚持以史料和史实说话，用事例和实物作证，呈现在节目中的历史遗迹、文物以及两国军民并肩战斗的动人故事，成为中苏两国共同打击日本法西斯的历史见证。

在坚持"用史实说话"的同时，节目还倾向于叙述视角的平民化，即注重讲好故事，用细节打动人，通过关注个体的故事和命运来展现抗日战争的宏大主题是《难忘"二战"岁月 共同历史记忆》的鲜明特色。"人是构成新闻事件的主体，是最活跃的因素，是人就有性格、有命运，他的经历就有情节、有故事。"⑤节目通过现场音响和历史音响，成功塑造了苏联飞行大队长库里申科、伊宁航校学员王光复、维吾尔族车夫扎伊尔等人物的形象，使报道显得鲜活而富有感染力。有听众来信反馈：听完《国防时空》纪念中国人民抗日战争暨世界反法西斯战争70周年特别节目，由衷感到自己仿佛读完一部厚重的"二战"历史巨著……那血洒长空、英勇无畏的苏联援华志愿航空队和无数援华抗战而壮烈牺牲的苏联无名英雄，都深刻留在我的脑海中。

三、融合报道，实现传播效果最大化

"互联网思维是第三次工业革命的先导理念，是当代高科技与文化创意跨界融合实践的新思维方式，是科技革命中范式转换的必然成果。"⑥长期以来，纪念性报道或多或少存在"有强势无强效"的现象。在媒体融合时代，纪念性报道必须借助互联网思维，积极创新报道模式。

1. 理念前沿：善于利用互联网思维运作新闻

《难忘"二战"岁月 共同历史记忆》在选题策划、采访过程、产品制作、节目推送等环节着力融入互联网思维，将用户体验放在首位，重视利用新媒体的使用黏性强的特点，用微博、微信进行信息推送，有效增强了信息传播速度和新闻传播效果。在媒体融合时代，多媒体数字产品是对单媒体技术与资源的重组，它借助数字化的平台，将单一的新闻产品立体化，同一种新闻素材可以被加工成多种新闻产品并汇入一个数字平台，再根据受众需求进行组合与分装。《难忘"二战"岁月 共同历史记忆》在前期策划、实施采访和形成报道等阶段，始终坚持"一次采集、多种生成、多元传播"，实现了传播效果的最大化。

2. 组织得力：搭建全媒体报道平台

《难忘"二战"岁月 共同历史记忆》报道组注重新媒体的作用，建立了传统的广播媒体和新媒体联动机制，对重点宣传项目、报道活动实施"协同化作战"，运用多种媒体同时进行立体化、全方位的报道，分众化传播赢得了更多读者关注，增强了吸引力、传播力和引导力，提升了媒体整体的品牌形象。军事中心协调中央电台融媒体指挥中心，安排视频采访力量，协调中国之声、央广网等微信公共账号，加大新媒体推广力度，形成宣传合力，节目组还在微博、微信、门户网站上进行了宣传报道，以新媒

体的影响力增强传播效果。网友在"中国之声""中国之声国防时空""央广军事"的微博、微信上留言表示，节目重视发挥广播优势，运用全媒体手段呈现，生动体现了当年开辟抗战"新丝绸之路"的神奇与艰辛，也集中展现了发生在"西北国际战略大通道"上的动人故事。

3. *产品多元：满足融合报道的分众化需求*

在传统的纪念性报道中，形式单一的新闻报道占据主体，很难适应不同受众的接收习惯。而随着传播领域"分众化"的趋势愈发明显，新闻报道应根据不同读者的阅读习惯、内容需求等，对产品的内容和形式进行合理的设置，实施差异化操作。《难忘"二战"岁月　共同历史记忆》报道组在采访过程中，采集了音频、视频、图像等素材，中央电台军事宣传中心、融媒体中心将其加工成视频产品和微信专题，在习近平主席出访俄罗斯红场阅兵期间在中央人民广播电台传统广播和新媒体宣传阵地隆重推出，这一报道在军地史学界、媒体同行和广大听众、网友中均产生了强烈反响。

参考文献

1. 陈璐霞. 人民网与新浪网建党 90 周年专题报道比较研究［D］. 南昌：江西师范大学，2012.

2. 葛志军. 让静态的史料动起来——以衢州晚报为例［J］. 新闻实践，2012（2）.

3. 杨琴. 新闻叙事与文化记忆［D］. 成都：四川大学，2007 年.

4. 罗建华. 激发当下公众的兴奋点——以《武汉晨报》为例简析纪念性报道的策划［J］. 新闻记者，2012（5）.

5. 欧灿. 旧闻翻新：增强重大纪念性报道的可读性［J］. 军事记者，2009（7）.

6. 金元浦. 互联网思维：科技革命时代的范式变革［J］. 福建论坛，2014（10）.

（作者系南京政治学院新闻专业硕士研究生）

展现声音魅力　塑造广播形象

——浅析中央人民广播电台75周年声音形象片《声音的四个维度》

张芳芳

【摘　要】在日趋激烈的媒体竞争中，没有特色就没有发展的可能。对于广播而言，声音是其唯一的呈现方式。广播强化声音特色，就是巩固自身的相对优势。本文以中央人民广播电台75周年声音形象片《声音的四个维度》为例，从声音的角度进行分析。广播需强化声音特色、坚守文化品位，借助新媒体的传播优势，将自身影响力进一步扩大。

【关键词】声音　文化品位　影响力

广播是声音的媒介，通过声音构建人们熟悉的生活场景，激发更广阔的想象空间，从而引起各种感官的共鸣，以有效传播信息。在激烈的媒体竞争中，广播一定要强化声音特色，紧密与听众的情感联络，深挖"声音的富矿"，用声音记录时代前行的脚步，同时借助新媒体技术提供的传播平台，实现更好的发展。

本文以中央人民广播电台（以下简称"央广"）75周年声音形象片《声音的四个维度》为例，探讨声音对于广播的重要性以及巩固广播的这一相对优势的必要性。

一、构建场景，引发共鸣

广播是一种用声音反映社会生活，用声音表现美，让人产生联想、不断回味的媒体，"有听无视"是其本质。广播的魅力在于声音，而声音的魅力在于场景。麦克卢汉将广播电台视作"部落鼓"，"部落"由拥有着共同习俗、语言、文化传统等背景的人组成，而"部落鼓"响起，便搭建起了相似的社会生活场景，召唤起人们内心深处的共通性。声音虽然看不见却能够刺激大脑产生想象或联想，这种声音营造的环境会唤起记忆深处的情感，在脑海中形成一幅幅画面，仿佛身临其境。声音尤其是有声语言的魔力正在于它可以引起听众对内心深处原有的认知结构进行比对思考，对原有的意义空间进行确认或否认，从而引起情感上的共鸣。广播通过声音给听众带来温暖的回忆，哪怕很少听广播的人，也能在其中找到自己生活的缩影，从中获得快乐。

《声音的四个维度》运用了大量生活中的原生态音响，构建起一幕幕社会生活场景，具有极强的穿透力和代入感。作为央广形象推广的声音宣传片，《声音的四个维度》时长仅4分30多秒。然而，在有限的时间里，制作者依然将其分为四个篇章，从四个维度构建社会生活场景，展现央广的声音魅力。第一篇章"声音，是时间在穿行"，以一天中的自然时间为线索，以声音变化的变化来推进生活场景的转换。"新闻和报纸摘要"的片头和着清脆的鸟鸣和京剧的吊嗓声，展现的是清晨的生活场景，仿佛置身于清新的公园，看到人们在晨练。评说和着宛转悠长的蝉鸣声是午间的场景，展现在听众脑海里的画面是一群老人三五结伴地坐在树荫下，边纳凉边聊天，蝉韵清弦，收音机里放着评书，安逸自在；伴随着"新闻晚高峰"播报的是炒菜的声音，仿佛置身于厨房，急匆匆地炒着菜，孩子时不时来催催，一天忙碌的生活即将结束，一家人高高兴兴地相聚在家中，围着餐桌，准备开饭。这些声音一出来，就能将听众代入其中，没有丝毫的违和感，相反会觉得生活就是这样，描述的就是我们每个人每天都在重复着的生活。第二篇章"声音，是脚步在迁徙"，从海边嬉戏，到新疆饭馆，到踏雪登山，再到广袤的草原，声音的脚步走遍祖国大江南北。伴随着声音的脚步，听众仿佛领略了祖国大江南北的风土人情和绮丽风光。第三篇章"声音，是一个记忆，到另一个记忆"，从婴儿清脆的笑声，到简单的童谣，到青年照相的爽朗笑声，再到成家后与父亲相约携妻儿回家团圆，声音承载着"人"的一生的记忆。第四篇章"声音，是一个人，到一个时代"，从新中国成立时的阅兵典礼，到比赛现场的欢呼声，再到纪念抗战胜利70周年大阅兵，声音贯穿国家发展的每个时期。声音极强的感染力，将听众带入一个又一个生活场景，唤起广大听众对国家发展的强烈认同感和美好记忆的强烈共鸣。

二、融入中国元素，展现国家电台风范

在全球化的当下，中国元素已经上升为能够代表中国文化、代表中国形象的"中国符号"，因其奇特的中国风味造型和背后散发的神秘的中国文化而深入人心。随着生活方式、价值观念等很多方面越来越趋同，我们更应珍惜这种"中国符号"。习近平总书记在文艺工作座谈会上的重要讲话中指出，"我们要坚守中华文化立场，传承中华文化基因，展现中华文化审美风范"，广播节目中应展现中华泱泱大国的气度、悠久历史的深度、灿烂文化的厚度，央广应恪守国家电台的责任和品格，积极传递正能量。从文化传播的角度看，品牌就是特色、信誉，是传播效能和竞争实力的文化象征。作为国家电台，央广拥有独特的媒体品牌优势，在认知度、美誉

度、影响力及竞争力方面均占优势，"中央人民广播电台"的呼号也早已为亿万听众所熟悉，成为响亮的广播品牌。

《声音的四个维度》融入了大量的中国元素。第一篇章以我国国粹京剧的吊嗓开场，中国韵味扑面而来；接着是具有扎实的语言功力和极强感染力的评书，老一辈评书艺术家单田芳、袁阔成、刘兰芳、田连元等大家的声音具有很强的辨识度，语言功底扎实醇厚，他们"演播并重"，无论是人物语言，还是叙述语言都表现到位，彰显出超高的艺术感染力，这种"醒耳"的声音，也是中国形象的一种表现方式。第二篇章里流水声伴着独具中国民族特色的吹奏乐器长笛的悠扬，演绎着中国历史的悠远；接着是新疆饭馆门前热闹的情景，登山沉重的喘息声，辽阔的草原上，牧民骑马驰骋而过的豪放之情，展现出了中国的幅员辽阔，各民族吃苦耐劳、安居乐业，共同将一幅和谐社会的画卷展现在听众面前。第三篇章，电话里相约、除夕夜阖家团圆的内容，让人心头一暖，春节是中华民族最重要的传统节日，其中的年俗文化也集中反映了中华优秀传统文化；夏青等大家的古诗朗诵更是将祖国壮丽河山的画卷展现眼前，古诗是极具代表性的中国元素。最后一个篇章中，从朱总司令阅兵到世界杯比赛现场国人的欢呼声，再到近期的阅兵典礼，民族国家的荣誉之感油然而生。

《声音的四个维度》筛选出了那些曾经影响和感动过亿万听众、记录着国家和社会进步的温暖声音，并进行有机的串联，通过声音展现出了国家电台的历史和风范。声音不只是传播信息，某种意义上也是一种文化标志，是一代人的记忆，是一个国家形象的重要展现方式。《声音的四个维度》中采用基层的、原生态的音响，平实真切地体现出普通百姓积极向上的精神状态，营造社会欣欣向荣的美好景象，通过声音唱响了时代的主旋律。随着互联网的发展，中国广播开始了新一轮的发展，也为央广进一步扩大媒体品牌优势提供了契机，融入中国元素，展现中国形象，树立良好的口碑，随之在传播中获得认同，实现更有效的信息传递。

三、结合声音资源优势，增加历史感、权威性

声音能够展现一个自然画面、讲述一种生活状态、反映一个社会场景、辨识一个城市，甚至是代表一段岁月，而广播在运用声音反映时代的同时某种程度上也就是在记录历史，那些客观反映社会的声音保存下来对于后代来说就是珍贵的历史音响资料。记录历史的声音是广播的特长，几代人的不懈努力与追求为我们积累下数量可观的音响资料，而拥有相当数量的珍贵历史音响，正是广播媒体富有的标志之一。将这些具有历史价值与人文情怀的音响资料激活并很好地运用在广播节目之中，会增加节目的

历史感和权威性，可听性也会随之增加。听众与那些尘封已久的"历史"再次相遇，现实与历史的交汇成就了广播节目的现实意义和史料价值，进而探寻音响背后的故事，感受广播人对梦想的追求与收获，以这些打上时代烙印的声音展现时代的发展与变迁。

《声音的四个维度》仿佛是一本声音的纪念册，太多的记忆被珍藏其中。著名播音艺术家夏青、林如、方明、雅坤声情并茂的朗诵作品，堪称艺术精品，尤其夏青老师的声音放在第一个出场，"春眠不觉晓，处处闻啼鸟"，展现出国家台主持人极高的专业水准和文化素养，成为那个时代的标志；第四篇章中的三个部分重现历史的音响弥足珍贵，现在听来还很振奋人心，新中国成立不久的阅兵典礼、世界杯比赛现场人们的掌声与欢呼声、现代的阅兵典礼，声音仿佛使时光倒流，带着听众重游波澜壮阔的历史长河，回味过往年代的峥嵘岁月，满足了不同年龄段听众的收听需求，也增加了作品的历史厚重感。

尘封的声音资料可以说是一座埋藏已久的"声音的富矿"，它像一帧帧老照片，怀旧却永不过时。广播利用种种声音元素，去营造声音的蒙太奇效果，从而进入听众的内心，引领听众一起分享"声音的感动"，因此，具有很好的发展前景。这不是仅停留在"晒"音响，而是将其合理地融入广播，通过充分利用不同时期的声音资料，让更多的听众了解这些声音所承载的历史内涵和时代精神，并实现对优良传统的继承。声音的情感指向通过听众自身的联想会被放大，像作品最后伴着阅兵典礼上"正步走"而慢慢响起且一浪高过一浪的冲击声，更显恢宏气势，激动人心，又耐人寻味，预示着广播强大的生命力，同时祖国不断强大的自豪感也会油然而生。

《声音的四个维度》再一次证明声音的感染力是极强的，作品已经播放完，很多听众的心情还是久久不能平复。广播的魅力在于声音，声音的魅力在于构建个性化场景。该作品从声音的角度出发，用声音描绘时间、地理，表现出我们每个人和这个时代的联系，以声音作为核心展现了央广的发展历史和风范，勾勒出中国形象。

四、坚持声音为本，新媒体技术为用

2015 年广播发展的热点关键词是"融合"，广播要在适应新媒体生态环境变革的过程中，充分发挥自身的优势，也要和新媒体有机融合，实现优势互补。微信是一种"富媒体"，是很多媒体的"补偿性媒介"，它与广播在很多方面有着天然的契合。麦克卢汉提出了"媒介即人的延伸"的泛媒介概念，媒介是人感觉能力的延伸或延展，新技术的融入是人类在媒介

使用方面的理性选择，微信在融入广播过程中，语音依旧占据着很大的比重，文字、图片、视频等其他介质通常只是作为声音的佐证和补充，延伸听觉介质的单一性，填补了广播在多媒体传播方面的空白。微信可以点播和重复收听的功能更是弥补了传统广播"稍纵即逝"的缺陷，同时借助微信平台的推送能够很好地实现广播的二次传播。这些都是运用新媒体实现的对传统广播的优化，均体现在技术层面。在媒介融合的态势下，广播作为以生产内容为主导的传统媒体，无论技术如何进步、模式如何创新，"内容为本，技术为用"的基本原则都必须坚持。

《声音的四个维度》正是通过微信平台进行传播，并运用了文字、视频进行辅助。在《声音的四个维度》中，"声音，是时间在穿行""声音，是脚步在迁徙""声音，是一个记忆，到另一个记忆""声音，是一个人，到一个时代"这四个篇章的转场都采用文字渐入、淡出的形式，背景是闪烁的星空，颜色搭配醒目。四个篇章均以声音为主，背景几乎是静止的，不会分散听众的听觉注意力。另外，在第三篇章老一辈艺术家朗诵和第四篇章最后"声音，从未停止，不断新生"这两处出现了文字，都起到了很好的引导听众的效果，重点依旧是声音。第四篇章开篇的背景换为大海波涛汹涌的动态景象，包括盘旋在海洋之上的众多海鸥，在这里有着极强的暗喻，这部分同样是以声音为主，辅以一浪高过一浪的景象，一派生机盎然的画面便浮现在脑海中。这样通过听觉和视觉的双重刺激，很好地激发了听众的想象。最后"破茧"的表现方式很独特，那如凤凰涅槃一般的视觉冲击，进一步激发了听众的爱国之情以及对广播发展的坚定信心。

《声音的四个维度》是传统广播媒体借助微信平台传播发展很好的例子，将广播的声音内容与文字、视频相结合，扩大了信息的有效传播并将其价值最大化，在此过程中借助新媒体技术实现了二次传播，进一步扩大了影响力。在融媒体态势下，加速和新媒体的融合是广播媒体实现突破性发展的大趋势。广播产业需要搭上媒介融合的顺风车，将微信融入广播，突破广播传统的传播模式，坚持"内容为王"，在内容上下功夫，强化自身声音的优势，让人产生一种从想听到必听的状态，做到入耳、入脑，甚至是入心，让技术为内容的传播服务。

随着时代变迁，受众需求也在不断发生变化，但对于广播而言，不变的是坚持广播自身声音的优势及坚持内容为王的核心竞争力。再好的舞台，没有好的戏码也难有观众，再好的通道，没有好的信息流也难收"买路钱"。在这个中国快速发展的时代，媒体竞争日趋激烈，广播人应牢记媒体的责任和使命，坚持正确的方向，把握媒体发展的趋势以及受众不断变化的需求，进而扩大影响力，讲好中国故事，发好广播人自己的声音，相信广播可以赢得听众、赢得市场、赢得更加美好的未来。

参考文献

1. 申启武，褚俊杰. 媒介融合背景下广播的发展趋势［J］. 传媒，2011（6）.

2. 中央人民广播电台总编辑室. 全方位报道历史盛事 多媒体奏响时代交响——中央电台庆祝中国共产党成立90周年宣传报道总结与思考［J］. 中国广播，2011（8）.

3. 曾志华. 中国故事广播频率有声语言艺术创作现状与思考［J］. 现代传播，2016（1）.

4. 潘晓闻，魏胜利. 坚持声音特色 坚守文化品位 打造全媒体传播的广播精品节目——以中央电台《中国声音中国年》为例［J］. 中国广播，2016（4）.

5. 金亚. 用声音记录历史，让广播传播思想——从《声音档案》看口述历史类广播节目［J］. 中国广播，2012（5）.

6. 成文胜. 创新使中国声音更动听——盘点2015广播新闻呈现形式［J］. 中国广播，2016（2）.

（作者系暨南大学新闻与传播学院硕士研究生）

从网络脱口秀节目看广播主持人品牌的维护
——以《听青音》为例

李梦醒

【摘　要】网络脱口秀节目是网络时代的产物。网络脱口秀节目热潮出现以来，部分传统节目主持人投身其中，运用新媒体技术和平台进行传统媒介内容的二次生产或新生产。网络脱口秀节目共性与个性并存的语言风格、主题鲜明的内容选择及其形式丰富的节目结构使其受到网络用户的喜爱和好评。《听青音》是个人网络脱口秀节目的优秀代表，本文以《听青音》为例，探讨广播主持人于网络脱口秀节目热潮中品牌的维护。

【关键词】网络脱口秀　广播主持人　新媒体　品牌

　　网络脱口秀节目热潮出现以来，部分传统节目主持人投身其中，运用新媒体技术和平台进行传统媒介内容的二次生产或新生产。《听青音》是由知名广播主持人青音于 2014 年 10 月在爱奇艺视频网站上推出的个人脱口秀节目，本文以《听青音》为例，探讨广播主持人于网络脱口秀节目热潮中品牌的维护。

一、网络脱口秀节目是网络时代的产物

1. 个性化需求促使网络自制成为潮流

　　在 web 2.0 时代，网络世界的内容愈加丰富精彩，资源与用户与日俱增，从而掀起了网络自身的行业浪潮和对传统媒介的加剧挤压。面对更为广阔自由的网络空间，众多内容生产者将在传统媒介的内容生产经验转移并运用到网络内容产品当中，以吸引受众和挖掘潜在市场。个性解放和展示的空间也因为网络带来的便捷和包容有了空前的扩张。因此，网络自制由网络用户的自发性行为快速转移到专业行列之中，并形成网络自制浪潮。网络自制覆盖影视剧、综艺节目、纪录片等多个领域，网络脱口秀节目作为网络自制典型之一，在近年来引发了关注和涉及产业、文化等方面的研究。随着网络受众对其关注度越来越高，社会对其认可度愈加提升，网络脱口秀节目的质量不断提升，经济效益、社会效益不断扩大，并为受到新媒体强烈冲击的传统媒介主持人群体提供了转型方向和职业发展策略。

2. 网络脱口秀节目的规模运作

网络脱口秀节目一般是指视频网站或个人、个人工作室所自行制作的，在网络平台上播放的自制言论节目。从生产者来看，UGC（User Generated Content）即用户原创生产模式的网络脱口秀节目较少，并未引起太大关注。PGC（Professionally-generated Content）即专业生产内容模式下的专业团队和具备专业制作水准的个人或工作室，作为网络脱口秀节目的制作主力，无论是在节目的具体制作还是运营上，都体现出了专业化的制作风格和运营模式，并且得到了业界和学界的重视和研究。例如搜狐视频于 2007 年自制播出的《大鹏嘚吧嘚》，优酷的《梁言》《晓说》，在网络平台和沈阳电视台共同播出的《彬彬有理》等。

传统媒介受到网络冲击由来已久，广播电视主持人首当其冲。此外，在众多有着传统广播电视节目主持经验或没有主持经验、但具有深厚语言功力的知名公众人物主持的网络脱口秀节目影响下，广播电视主持人群体受到的职业冲击更为显著。但势头强劲的网络脱口秀节目也同样为广播电视主持人尤其是"只出声不露面"的广播主持人提供了声形同传的新兴职业发展途径。在这一领域，中央人民广播电台主持人青音的网络脱口秀节目《听青音》可算是广播主持人尝试新媒体领域发展的代表。

二、网络脱口秀的节目特色

1. 共性与个性并存的语言风格

从语言风格上看，无论是主持人的主持语言还是节目当中穿插的配音，网络脱口秀节目的整体语言表达都表现出了和其他网络自制内容一样轻松活泼、贴近生活、符合网络语言审美习惯等特点。相较于传统广播电视节目，网络脱口秀节目主持人的语言作为节目整体内容的表现主体，具有以下特点：活泼流畅、随性自如、逻辑思维强且体现出了一定语言层次；评论尺度较大，善用网络流行语。副语言上，肢体动作较少，多用眼神和面部表情传递信息和情绪，这更适宜网络化屏幕的小屏播放需求。同样，在《听青音》中广播节目主持人语言也体现了网络脱口秀节目所具备的这些共性。如大量使用网络词汇和使用更加幽默的语言表达方式。在语言个性上，青音在《听青音》中保持了以往的个人语言风格，音色圆润，语气沉稳舒缓并富有节奏，语言流畅、平实、贴近生活；更加突出了语言的对象感和受众的互动性，经常使用网络热点词汇，也使得语言更加贴近网民审美；将哲理或概念碎片化、简单化，便于理解和快速的审美需求。此外，主持人青音在《听青音》中的评论尺度也大于其在广播节目当中的表达。如在 2014 年 12 月 11 日《对于女人的性你了解多少》这期节目中，谈及中国女性为何忽视自身生理需求的原因时，青音从观念、生活节奏、男性缺乏对女性生理需求认识来分析，并结合了当下的社会变化和女性的心理特征发表了自己对于这一问题的认识和观点。

2. 主题明确的话题内容

从话题选择上看，网络脱口秀节目多选择娱乐文化事件、社会热点话题或受到众多关注的新闻或事件，较少涉及时政或法制等较为严肃的社会性问题，体现出贴近实际和市民生活的特点。各类网络脱口秀节目也因整体题材不同显示出了各自差异。如《大鹏嘚吧嘚》是娱乐类网络脱口秀节目，其话题源自娱乐文化事件；《晓说》的文化探讨意味更浓；而《听青音》则是一档心理服务类网络脱口秀节目，它在话题选择上贴近人们的内心感受和可引发强烈心理活动的社会热点，针对性强。例如"抑郁症离你有多远""年底了你敢炒老板鱿鱼吗""你凭什么要暖男"。总体来说，《听青音》的话题选择范围较广，涉及了生活工作的方方面面，但整体上没有脱离心理疏导服务，建立正确价值观、人生观、世界观以及普及人际交往技巧等。将网络脱口秀节目的定位精准化、服务内容明确化，并与主持人的形象气质和惯有的主持风格相协调，是顺应其原有主持人品牌优势的先导工作。由此可见，作为网络自制节目，《听青音》从服务受众的角度传递着自身对社会生活的理念和态度，其实是一种价值观的引导。因此，大众传播走到了网络传播时代，也同样表明大众传播提供的"并不仅仅是'服务'，它还作为一种改造的力量，对现代人的意识和行为产生重要的影响"。只是这种观念传递的过程和手段因新媒体的特性和舆论空间的扩大而呈软性、隐性，更容易被受众接受，传播效果也更好。

3. 形式丰富的节目结构

从节目结构上看，大多数网络脱口秀节目内容都是以主持人口语表述为主，以动画、解说或情景演绎来进行补充或话题节奏转换，并且也是丰富节目的一种重要方式，可避免因作为画面的单一和内容表达单调化带来的观众审美疲劳。特别是在涉及大量数据和复杂概念的内容，动画及配合之下的解说能够利用可视化的优势，进行快速明了的解释和内容展现。在《听青音》节目中，动画解说等形式被充分运用，其功能主要是解释概念、切换节奏、引入内容，体现了节目内容及形式的多样化，不易产生收视疲劳。从叙事的角度看，更加全面，弱化了只有青音一个人的叙述而可能导致的主观色彩太强，多种形式交叉的叙事结构，也把说理、说教转以轻松的画面与语言表达，更容易接受。但从情景演绎的部分看，还应该提高表演水准，使这一部分的制作与节目整体更加协调。节目制作者应该认识到，在以主持人为中心的节目中，优质的节目制作是对主持人品牌形象的维护。

三、以主持人为核心的品牌策略

1. 主持人品牌与节目品牌的共生

网络脱口秀节目的生产运营体现了品牌化加团队化的特点。由于节目内容是以单人大量口语表述为主，因而在网络脱口秀节目推出伊始，就对主持人的语言功力或知名度提出了极高要求。首先主持人要有品牌的基础，才能在推出自制节目的时候，达到先声夺人的良好宣传效果，吸引受众。如节目《晓说》的主持人高晓松虽然不是科班出身的主持人，也并无太多主持经验，但因其拥有较高的知名度和文化内涵、语言功力，继而形成一定的品牌效应，因此可以胜任这一主持工作。主持人品牌形成的关键是核心竞争力，它包含价值性、独特性、持续性、延展性的特点，对于广播主持人，它是"广播主持人利用广播媒介传递信息时，在持续竞争的关系中长期形成的具有独特价值的那部分潜在关键能力，它独一无二、不可复制、难以模仿和超越，并随着广播主持人的成长得以保持和延展"。青音是拥有多年广播情感节目主持经验的主持人，拥有一定数量的听众和对节目制作的良好把握能力，因而已建立的主持人品牌效应可以在《听青音》这一网络脱口秀节目中继续发挥。但对于没有建立受众群的主持人来说，建立自身的品牌，形成品牌优势与节目发展的双向良性循环，是网络脱口秀节目特别要注重的。因此，内容为王再次成为网络脱口秀节目长久生存以及主持人们树立品牌的关键。建立了良好品牌的主持人也会因不注重节目内容质量而失去品牌形象，最终失去受众和市场。

2. 网络脱口秀节目中主持人中心制的深化

"主持人中心制即主持人是一个节目或一档栏目的负责人，负责节目的选题策划、总体风格、编辑制作、经费筹措、管理与节目营销。"主持人中心制要求主持人除了有强大的主持功底，还要具备编导、制片人的知识储备与能力，清晰地了解、把握节目运作和市场规律，熟悉人力资源管理的技巧和驾驭整档节目运作的能力。这样一来，主持人在担任众多节目制作角色以外，仍然要将主要精力投入具体的节目制作上去，"……他们的努力，使他们所主持的节目具有强烈的个人风格。主持人的品牌与节目的品牌融为一体"。总体说来，主持人中心制的实施，对主持人高超的领导统筹能力提出了要求。

网络时代下的电视节目生产，契合了个性化的需求并为其提供生长环境。这一点和网络文化环境的总体特征相关，个性化与自主化是网络在个人自由施展空间里的重要体现。经过长时间的信息冲击和淘洗，受众对网络自制节目的个性化需求更加强烈。吴郁认为："个性化，可以说是社会对主持人最响亮、急切的呼唤。显而易见，在知识爆炸、信息共享和渠道多元的传播环境中，只有个性鲜明的传播才易于被人注意，被人选择，也才可能被接受。"网络自制节目采取主持人中心制，将整个节目的运营制作都融入主持人的个性化理解和思考，能够更好地发挥主持人的主观能动性，强化个人风格，从而吸引受众。《听青音》的节目策划、内容风格都体现出了极强的青音个人色彩。节目话题、主题内容展现、受众互动、微信公众号运营，无一不是对青音"轻心理"策划思想、原主持风格的体现和延续。这样在节目及其相关产品的运作中主持人中心制的深化运用，既体现了主持人品牌带来的效应和优势，也挖掘了主持人品牌的潜力，有助于主持人品牌的维护，从而形成良性循环。

3. 主持人品牌的线上线下维护

网络脱口秀节目呈现的是完整的节目形式，毫无疑问这是团队通力合作的成果。并且节目策划、制作、宣传都有着明确的分工和精心设计。青音工作室除了推出网络脱口秀节目《听青音》在网络平台上播出以外，青音的微信公众号也是由团队运营，结合了《听青音》的内容向用户发送有关心理生活的内容，并突出音视频特色。这种手机屏、PC（Personal Computer）屏、平板电脑屏相融合的团队专业化宣传和内容生产经营方式，成为网络脱口秀节目加强用户转化为观众，不断扩大市场份额的主要手段。

在青音的微信公众号向受众推送的内容中，除了一些少量的可阅读文章以外，其他大部分内容都有青音本人的参与。同时，公众号经常通过话题开展与受众的互动，联系"微社区""微博"等多个自媒体平台的青音系列产品，以有奖互动（有时奖品设置为青音的著作）的形式来和受众进一步交流，甚至联合签售会、见面会等将这种交流延伸到线下。并且，青音常常将微信用户心理话题的提问、疑虑的解答直接放在微信内容中，如2015年4月17日推送的内容中，有以下文字（视频同期声）："微信小伙伴秋香雨跟我抱怨：'青音姐，我真佩服你怎么每天都有那么多的感悟跟我们分享，你不会烦吗？你是怎么发现这些感悟的？为什么我总觉得生活好无聊，好没意思呢？我就整天啥也不想干，我就想待着，上班、聚会我都很烦。'嗯，你好啊秋香雨，这就跟很多人抱怨为什么自己总是遇不到爱情一样。你自己心里都没有爱，对这个世界、对人、对任何事，你啥也不喜欢，啥也不爱，热爱的感觉是什么你都不知道，那爱情凭什么要来眷顾你呢？"这样的直接涉及个人具体问题的解答，是人际传播的一种手段。从受众心理的角度来看，这样针对受众个人的生活问题的回答（这样类似的问题也可能不同程度地出现在一定数量的受众身上，具有一定的代表性和普遍性），会大大缩短青音这种具有良好形象的主持人、心理专家个体与受众个体的距离，且这种于朴实平和分析、说理的话语风格也符合受众心理，易于启发思考和理解感受。

以上总结的多种交流互动的手段，无疑都是通过各种媒介来尽量放大青音的个人形象和影响力，是经营、维护主持人、心理专家品牌的有效方法。新媒体将互联网的互动性、共享性等特质进一步放大，规模化生产产品且注重受众体验，使得人文关怀以更贴近生活实际的方式出现，这些都值得网络自制节目的主持人们借鉴。

四、专家型主持人将品牌优势从广播电视蔓延到网络

1. 类型化专家型主持人优势突出

具有十多年服务类节目《中华医药》（中央电视台中文国际频道节目）主持经验的主持人赵洪涛认为："服务类专题节目内容广泛，形式多样，专业技术含量高，需要生动活泼、幽默诙谐、形式多样的报道技巧和主持人的机智、风趣以及形象的典雅、大方、自然，才能得到社会的认可和观众的喜爱。面对社会各界对此类节目要求的提高，节目制作者和主持人需要对自身提出更高要求，需要依靠专家学者，也更需要依靠观众，达到引导社会，引导观众，求得共识的目的。"

网络自制节目强劲发展的网络时代，也同样呼唤着节目类型化发展和专家型主持人的出现。网络脱口秀节目受节目形式、播放平台和受众定位等限制，其题材类型远不如相近的广播电视谈话节目、脱口秀节目丰富。但经过近十年的发展，网络脱口秀节目也呈示出分类化的趋势。如历史学者袁腾飞（早期为中央电视台《百家讲坛》节目主讲人，获得观众好评和关注）与优酷视频网站合作了游历脱口秀《袁游》，财经专家吴晓波与爱奇艺视频网站合作的财经脱口秀《吴晓波频道》。青音作为具有专业心理知识的职业主持人，将心理知识应用于节目在其主持的广播节目中也有所体现。《听青音》将节目定位为心理脱口秀，其内容和选材均由心理学角度切入。这种现象也可看作是专家型主持人趋势由广播电视向网络蔓延。具有专业知识的主持人在类型节目中更能发挥专业优势，并且更具有权威性和话语权，对节目内容的深度挖掘更有把握，提升了节目信息的质量。由此可以看出，广播主持人的品牌树立不仅要有语言功力的支撑，而且要具备一定深度的领域专业知识。这种趋势或现象的出现，同样说明了广播电视在传播主体中的位置已出现变化，由"我说你听"变为"我为你说""我说给你听"。受众成了更重要的传播主体，突出了大众媒介的服务功能。网络脱口秀节目中主持人的专业化现象，也体现了一定的集体特性：节目制作短小精悍，个人风格浓厚，专业化程度高。这样的风格和节目设

计，符合受众的视听心理，更适合在网络的小屏平台上播出。此外，专业化知识的储备，对于主持人来说，本身就是一项极大的优势，这在一定领域的权威性、可靠性上都会远远高于没有该专业背景的主持人。受众收听这样的主持人节目，会有更强的信任感和依赖感，容易产生良好的节目忠诚度和更多的口碑性宣传。

2. 网络脱口秀节目为既有的广播主持人品牌维护提供了转型方向

网络脱口秀节目脱胎于广播电视脱口秀节目，作为网络自制传播内容中备受关注的部分，主持人的作用和对其要求并不亚于传统大众媒介中的主持人。广播电视在网络的强烈冲击之下，在网络上做节目、做宣传成为传统媒介主持人未来的职业转型方向和途径，不仅能够进一步扩大原有的广播电视节目的影响力，使其更适应网络时代下的内容生产，也有利于主持人再次找到发声地点，重新审视自身的职业定位和未来发展方向。

青音通过《听青音》由音频、视频到网络脱口秀节目的一步步转变升级，实现了其于网络平台下的职业升级和品牌的树立与维护，她的职业发展道路可为众多广播电视主持人提供一定的参考。从整体上看，青音的成功之处在于准确认识到，随着转型时期社会生活节奏的加快，人们易出现焦虑烦闷，且缺乏情绪发泄途径。另外，青音团队对于整体社会环境有着精确剖析，以心理学为支撑，积极提升专业领域素养。并且具有浓厚的品牌意识，通过团队化运作和对媒介环境的深入了解，运用新媒体工具，积极在各方面、各细节上经营和维护个人品牌。

网络脱口秀节目是时代发展和网络自身发展的产物，优质的节目和优秀的主持人是各大视频网站争夺的资源。类型化的网络脱口秀节目为丰富网络内容和提升网络内容品质起到了极为关键的作用。广播主持人应当认识到其中的发展机遇和挑战，提升自身素质，多样化发展，维护好自身的品牌优势。目前，青音的微信公众号订阅数近百万，"青音微社区"连续15 周位列腾讯名人微社区影响力排行榜周榜第一。《听青音》这档脱口秀节目点击量已过亿，她的互联网社群网络电台直播节目《夜色音符》和互联网 UGC 模式广播节目《那些年》都取得了良好效果。青音在 2015 年WeMedia 第二届中国自媒体峰会上获得了"年度自媒体女王"的称号。由此说明，传统广播主持人的品牌效应在网络自媒体上也得到了良好的呈现，这和主持人品牌的有效维护是分不开的。

不管广播节目主持人是否在传统媒体上建立了良好的品牌基础、是否有机会进行团队化运营打造网络自制节目，品牌意识都不能丢弃。因此，运用个人魅力，彰显个性化色彩既可促进主持人品牌建设，也可促进节目整体品牌的健康成长。因此，主持人要擅于建立、维护自身的品牌，擅于运用新媒体工具，注重受众收听心理和体验，在各自的媒介中打造优质的节目品牌。

参考文献

1. 郭庆光. 传播学教程：第 2 版［M］. 北京：中国人民大学出版社，2011：108.

2. 牛力. 当代中国语境下的广播主持人核心竞争力研究［M］. 北京：中国传媒大学出版社，2014.

3. 常莉君. 电视节目谁来主持——试论主持人中心制［J］. 新闻知识，2003（10）.

4. 蔡帼芬. 明星主持与名牌栏目. 北京：北京广播学院出版社［M］，2004.

5. 赵洪涛. 服务类专题节目：呼唤"专家型"主持人［J］. 现代传播，2011（3）.

（作者系暨南大学新闻与传播学院硕士研究生）

广播文化

"互联网+"背景下广播的文化身份认知

徐明卿　张雯雯

【摘　要】广播与新兴媒体的融合发展，其重要的前提在于明确自身的价值和属性。媒介融合的进程是基于技术层面而深刻表现在产业层面，但是文化层面的理性思考是保证融合科学推进的核心，要推动传统广播媒体与新兴媒体的融合发展，就不能忽视其在文化身份上的表现。

【关键词】广播　互联网+　身份

在传统广播所表现出来的与新媒体融合的趋势中，我们惊喜于其中的机遇，但也需要警惕隐藏的问题。新兴媒体的蓬勃发展以及"互联网+"理念的广泛推广在更深层意义上为广播认知自身的媒介形态和身份属性提供了参照体系——广播与互联网的融合点在何处，融合后所体现出来的又是怎样的形态，其媒介特性在融合形态中的又有哪些变化，这些都需要以冷静的态度和前瞻的视野来看待。媒介融合包含了对技术、产业、文化和社会变迁的关注，包含了技术融合、经济融合、社会或机构融合、文化融合和全球融合。因而媒介融合不仅是技术上的改变，而且深层次地影响了人类的经济活动、社会结构和文化形态。媒介融合的进程是基于技术层面而深刻表现在产业层面，但是文化层面的理性思考是保证融合科学推进的核心，要推动传统广播媒体与新兴媒体的融合发展，就不能忽视其在文化层面的表现。

一、"互联网+"与"广播+"的辩证理解

在讨论"媒介融合"时首先需要明确的应该是各自的媒介身份，否则容易从一种混沌的状态进入另一种混沌。广播作为媒介形态，不单表现为一种技术属性，同时也是围绕技术逐步兴起的相互关联的协定和社会文化的实践，故属文化体系。广播在"互联网+"背景下的传播变革与话语转型，并不是一种简单的技术迁移，也不是由一种设备到另一种设备上的形态变迁，而应当被视为一种思维的变革和文化变迁——以文本形态作为广播符号体系的有机构成，赋予广播信息传播功能以及娱乐休闲的文化属性，使其以更加多样和丰满的姿态参与文化实践。广播的文化身份认定是一个复杂的过程，它容纳了广播研究的诸多方面，包括符号生产与话语机

制、文本呈现与听众接受，同时更重要的是这种文化实践赋予广播独立的媒介身份。

"互联网＋"作为国家战略，无论是从话语表达还是现实层面都具有主导意味，其主体是"互联网"，它以一种统领式的姿态进入社会认知体系。传统媒体在深入理解、吸收其先进观念的同时也需要转换视角，灵活地看待和处理二者关系，对广播而言是"互联网＋广播"还是"广播＋互联网"就颇值得思考——后者的表达更加体现了广播的主体性，而且"广播＋"的融合理念不但可以融合新媒体也可以借助其他传统媒体的优势来强化传播力和影响力。可以说新兴媒体的出现和发展为我们探究"广播为何"与"广播何为"的中心议题提供了更为清晰和立体的参照体系。狄尔泰曾言："我们这一代，要比以往受到更大的推动去试着探索生活的神秘面纱，这面孔嘴角上堆满了笑容，但双眼却是忧伤的。是的，允许我们努力奔向光明，奔向自由和美，然而却不是抛弃过去完全标新立异，我们必须带着旧神去进入每一户新居。"对待广播，我们或许也同样需要采取这样的态度——既要纳入新的时代背景也需要进一步从历史的积淀中挖掘广播的独特魅力。

二、作为听觉文化的广播

广播尤其是文艺广播依靠语言、音乐、音响塑造和传播艺术形象，是纯粹的诉诸耳朵的听觉艺术。广播的审美性既具有诸种文艺审美的共性，又突出地表现为独具艺术感染力的个性——听觉审美。大体而言，语言以表意为主，承担信息的传播与交流；音乐以抒情为要，营造情感氛围；音响以呈真为旨，增强真实感受。彼此之间相辅相成，相得益彰，在时间的延续中呈现形象，表现艺术追求和情感世界。在听众的收听过程中，"声音的浅表遮蔽性很快会被声音所创造和蕴含的意象的真实披露。那些浅表的、零碎的、稍纵即逝的语声表象所具有的遮蔽性，很快会被特定的、局部的、某一次的语声意义所具有的遮蔽性替代"，也就是说，当声音浅表的遮蔽性被内蕴的意象性取代的时候，也恰恰意味着艺术接受的开始。

广播从其表现形式以及内在的文化结构来看，很大一部分都是对其他既有艺术样式的吸纳与再创造，比如戏曲、音乐、评书、相声等。在文本呈现和审美感受上交织着某些亟待厘清的逻辑关系，其核心是"广播何为"这一角色功能的发挥——是仅仅作为这些文艺样式的传播平台还是能够发挥创造性的媒介艺术手段参与其中。对于这一问题我们可以先来看看这样一条微博："广播基本上是一个没有思想和深度的媒体，汽车救了它，从死亡边缘拉回。现在玩类型化和碎片化，讲讲笑话放放歌，对曲库依赖重之又重，里面几乎没有崔健，没有独立音乐，没有人类最伟大的古典音乐，没有浩瀚的爵士蓝调，尽是没有态度的街坊之作。和纸媒相比，没有价值观和深邃思考，更别说有能力推动社会了。"这些言辞未免偏激，但在一定程度上准确道出了广播发展中存在的问题和弊端，也能够明显感受到这位网友内心对广播现状的失望和无奈，这源自广播对艺术品格的失守和价值引领的缺席。简单而言就是广播人只是将广播视为传播载体，将其包装成一个堆砌了琳琅满目的文化产品的展台，而放弃了作为建构艺术世界参与者身份的努力。

正所谓"耳得之而为声，目遇之而成色，取之不尽，用之不竭"，听觉艺术是通过听觉器官感受其音色、音高、音强以及语言、音乐、噪音等基本因素，以及彼此间的关联形式而体味蕴含其中的美感。广播具有丰富的艺术感染力，耳朵作为接收基本信息的器官，听众对于其艺术形象的把握除了审美客体的艺术表现力之外，同时也与自身的听觉敏锐程度、情绪体验密切相关。相对于视觉文本，听觉文本往往更依赖于听众的想象力和审美感知力，进而呈现出耳神交接、交会融通的听觉体验。基于探寻广播艺术的审美规律以及把握其传受特性，我们可以发现，广播文艺的艺术感染力具有自身的媒介特征，也就是说，广播文艺的艺术感染力并非只是原有艺术样式呈现的，它还在广播媒介的介入下生发了具有自身特性的艺术表现。以广播音乐节目为例，其艺术呈现具有双层的结构：一层是音乐本身具有的艺术魅力，严格来说，它是固守在音乐之内的，只是通过不同渠道进行传播和表达而已；而另一层面就是由广播所赋予的，主要包含节目主持人对艺术音响素材的取舍、节目的编排、主题的拟定，特别是主持人的具有个性化语言所营造的现场感和氛围情绪。从这一角度来看，作为大众艺术的广播文艺之所以具有艺术的特性，并不仅仅是由其传媒内容的特质决定的，更依赖在此基础上的人的主动性参与创作。

媒体作为社会文化机体中最活跃的部分之一，其价值绝不仅仅是单纯地展示和传播文化内容，更需要在不断发展变化的文化格局中表达自己的话语和确认自身的文化身份。而这种文化身份的确认体现在节目内容的品质以及对人文价值态度——是坚守还是迎合。当然，广播当前所面临的生态环境极其复杂，最直接的考验就是面临着市场生存的残酷挑战。应当说，艺术审美的追求和文化价值的坚守是广播人须臾不能放弃的根本，但如果基本生存都成问题的话，发展也就成了空谈。这背后的逻辑关系仍然涉及"广播为何"这一终极问题，对这一问题的态度和认识也直接决定了目前广播的价值表现以及传受之间的地位关系。

三、广播对于人的主体性的召唤

听众对于广播所传递的信息和塑造的世界是借助联想和想象完成的。这种由语言、音乐、音响所营造的听觉形象是听众产生想象空间和精神交往的融合体，它们超越了功能性的层面。广播在客观世界中更多地表现为时间的向度，声音符号从物质层面是稍纵即逝、难以捕捉的，但是这并不意味着广播声音没有空间性，它的空间性存在于受众依赖联想和想象所感知营造的心理空间，虽然这种形象可能是模糊的、零散的、飘忽的，甚至可能是难以名状的，但这就是区别于视觉形象所带给我们的印象。在某种程度上，正是这种"无形象的形象"才不会干扰受众的主体参与，才有利于情感的抒发和表达。任何艺术形式都是蕴含情感的，情感认同是审美发生的前提和表征。听众作为接受主体，其文化心理具有多维性和开放性，同时对听觉形象的欣赏具有融合性和参与性，这有赖于日常审美生活的感知和体验。

广播唤起的是听众听觉的感知，尤其是文艺作品因其不同于新闻的审美属性，使其在建构人的审美感知方面具有独特的功能。在激烈的媒介竞争与复杂的媒介格局中，广播趋向边缘化，使得其文化影响力发挥有限。借助新媒体浪潮广播焕发出独特的生命力。如前所述，新媒体的冲击不单是对广播媒体的挑战，同时也为广播审视自身的传媒特性提供了参照的视角和进一步提升竞争力的机会。广播在对自身传播特性的深入开掘过程中，基于核心的仍然是其媒介特性，只不过在不同的社会文化背景中生出不同的价值。遗憾的是，目前就广播的传播表现而言，明显的缺陷是作为传播者的主创人员并没有敏锐地捕捉到听众的惯例变迁，因而就无法充分发挥广播的独特感染力。对于广播而言，有关惯例的审视，需要将其置于动态的社会语境中。惯例的形成是一个复杂的过程，依赖于参与文化建构的实践行为。从客观环境而言，参与实践行为的频繁程度直接影响了惯例的形成，而惯例的习得有助于听众主动收听行为的产生。

在传统媒体时代，大众对于广播文艺的接受属于较为集中和专注的，在新媒体时代这种情况发生了变化，伴随着视觉文化的强势发展，听觉文化更加趋于边缘。之前较为专注的收听行为呈现出随意性、碎片化的特征，使得主动收听的听众比重明显下降。但是，新媒体时代的广播借助移动互联网技术的发展，使其私人化的趋势更加明显，成了躲避纷乱视觉爆炸冲击的选择，成功营造起一个私人的空间。这种私人化包含了交流、互动、感性等诸多表征，因其文本样态以及承载意义的独特性或者说是对于情感诉求的敏感性，使得广播的符号意指区别于视觉符号。正是由于广播的听觉文化具有此惯例性，因此广播在运用声音语言的过程中可以产生独特的艺术性与审美性。广播借用语言、音乐、音响等声音符号表情达意，营造氛围，影响听众。在此过程中，声音语言由于广播化的制作与整合方式，可以呈现出独特的形象美。即使听众无法"看"到具体的场景，但是伴随着播音员的娓娓道来，事件描述的进一步深入，广播可以为听众营造出极具真实感的环境，音乐与音响在此过程中功不可没，它们不仅可以提高广播文艺节目的辨识度，还可以将广播文艺构筑在一个立体的空间中，使听众对内容与思想的进一步联想与想象更加顺利流畅。另外，广播的声音呈现通常具有强烈的情感性，无论是文学、音乐类的欣赏节目，还是广播剧、广播小说等叙述类的节目，大多是以充满感情的语音语调来完成叙述的。这样的表达方式很容易将听众引入具体的情境中，完成相应的情感体验与升华。

另外，广播文艺的符号传播系统可以实现广播节目品牌化传播，由固定的符号传播引发受众的情感认同与价值共识，从而产生审美凝聚力与向心力，这也是广播文化传播的目标之一。广播可以通过对特殊的社会事件、具有影响力的社会人物的故事进行艺术化加工，塑造与受众日常生活息息相关而又高于日常生活的审美情境，作为广播的社会化表达的核心，艺术产品在广播中已然超越其技术范畴而进入人类审美的过程中。

总之，中国广播在新媒体环境中不断适应着时代的变化发展，彰显出对新技术、新理念、新内容的极大包容能力与接受能力，但是必须明确自身的媒介身份和文化价值，这是广播与新媒体融合的根本前提，也是广播持续发展的基本保证。

参考文献

1. 秦红雨. 不可忽略的文化维度——媒介融合的现状与反思 [J]. 编辑之友，2012 (8).

2. [德] 威廉·狄尔泰. 梦. 现代西方史学流派文选 [M]. 田汝康，金重远，译. 上海：上海人民出版社，1982：8 – 9.

3. 柴璠. 当代广播有声语言的创新空间 [M]. 北京：中国传媒大学出版社，2006：49.

4. @古典的河流，http：//weibo. com/lee0575.

（徐明卿，云南大学新闻学院讲师、博士；张雯雯，四川大学新闻传播研究所副研究员、博士研究生）

抗日战争和解放战争时期的少数民族语言广播事业（1931—1949）

白润生

【摘　要】本文简述抗日战争时期和解放战争时期少数民族地区少数民族语言广播事业的兴起发展历程。民族地区广播和少数民族语言广播的出现打破了我国少数民族新闻事业仅有报刊的单一局面。标志着我国少数民族新闻事业进入了初步发展阶段。延吉新华广播电台在 1946 年 6 月用朝鲜语和汉语播音，开创了我国人民的少数民族语言的广播事业。

【关键词】抗日战争　解放战争　少数民族　语言　广播事业

"九·一八"事变是日本帝国主义长期以来推行对华经略扩张政策的必然结果，也是企图把中国变为它的殖民地的重要步骤。因此本文把"九·一八"事变作为中国抗日战争的开始。

在中国抗日战争和解放战争时期，我国少数民族的新闻事业已开始突破单一的传播模式。不仅在主要民族地区出现了少数民族文字报刊，而且开始少数民族语言的广播事业。20 世纪 30 年代，地处边远的少数民族地区已兴办广播。盛世才以"新疆边防督办"的头衔掌管新疆的大权之后，便从苏联买进四部汽车式的无线电收发报机，分别安装在迪化、喀什、伊犁、和田，建起无线电台，用来收发报传递官方电稿，初步建立了无线电通讯网。1935 年又在迪化（今乌鲁木齐）城西北路安装了一部一千瓦的无线电收发报机，不仅收发官方往来的电稿，并且对外播发少量的时事消息和戏文唱片，这是新疆最早的自办广播节目，在当时被称为"大电台"。此时的无线电台是通过有线喇叭向外广播的，迪化市只有 30 多个广播喇叭。到 1937 年在机关内部安装的广播喇叭增到 100 多个。1938 年新疆交通处建起一座广播电台，在商店、街道路口和居民住宅安装广播喇叭 200 多个，并在迪化市以外进行广播。

但是，这时新疆的广播事业在新闻报道中不占主要地位，而且以汉语播音，没有少数民族语言的广播，不播放少数民族的文艺节目。在此对新疆广播事业作了简单介绍，意在说明少数民族新闻事业正在打破单一的传统模式。

　　进入抗日战争时期以后，新疆的广播事业成为帮助大众获得各种信息的有力工具。新疆各族人民通过广播了解国内许多地区甚至国外的政治时事，除广播新闻外，还播放时事政治报告和包括少数民族音乐在内的唱片以及各社会团体的歌咏等文艺节目。1943年7月，新疆已经出现了真正的少数民族语言——维吾尔语广播，每周两次。

　　广西广播事业发轫于1932年冬，国民革命军第四集团军总司令部筹建南宁广播电台，又称广西无线电广播电台，至次年底竣工正式建立，1934年元旦开播。呼号XGOE，发射功率1千瓦，周（频）率1 300千周（千赫）。1935年10月20日停播，1936年7月1日恢复播音。1936年年底停播，设备迁至桂林。当时国民党桂系广西省政府建立电台，是为了宣传新桂系政治主张和政绩，布达政令，传播新闻。1936年恢复广播是应广西各界抗日救国联合会的要求，宣传抗日。播音时间由每周6天，全天播音2次共310分钟，改为每天播音1次210分钟，新闻、专题、文艺等节目所占比例各由37.1%、25.8%、30.6%改为21.4%、14.3%、64.3%。播音语言有国语（普通话）、官话（桂林话）、粤语。全省有78个县设置收音机，建立收音点。16个县未设点收音。广西无线电管理局局长周承镐兼任电台台长。

　　其后，又有7座电台呼号播音。其中3座为1949年国民党军溃败时从汉口撤到桂林、柳州的电台改名播音。直到1949年底全省解放时止，国民党的广播电台经历了创建、兴起和衰落的过程。8座电台中影响最大的是桂林广播电台。

　　南宁广播电台迁桂林后，1937年6月，广西省政府成立桂林广播电台筹备处。1939年元旦桂林广播电台建成试播，7月16日正式播音，呼号仍为XGOE，发射功率10千瓦，周率720千周，后改为650千周。1944年夏，日军侵占桂林前夕停播。有国语、桂林话、粤语、日语、英语5种语言。内容突出宣传抗日救亡，教唱抗日歌曲，党、政、军首长和各界名人演讲，首开对日宣传。广播收音点和听众有较大增加。日语广播节目由日本反战人士中山泰德任播音员，向中国战区内的日本士兵揭露日本军阀侵华罪行，邀请在桂的朝鲜义勇队秘书周世敏等到电台演说，影响极大。又因发射功率较南宁电台增加10倍，在西南各省电台属较大功率，对抗日宣传作用巨大。省内各县广播收音站多设有抄收人员，将新闻提供给当地报社使用，传媒之间的联动使新闻传播的效果更甚。

　　朝鲜语的广播在关内主要集中在上海、武汉等地。1939年9月下旬，上海广播电台增设朝鲜语，每晚9：45—10：00播送。上海、南京失守后，武汉成为中国抗战中心。许多朝鲜人抗日团体和抗日勇士也聚集在武汉。

朝鲜民族战线联盟向中国国民外交协会国际宣传部派遣了林哲爱和郑文珠。他们通过汉口广播电台用朝鲜语和日本语广播。第一次广播是 1938 年 1 月 18 日，题目是"为了中日战争，告知朝鲜女性"，第二次广播是 1 月 24 日，题目为"告知朝鲜同胞"，第三次是 1 月 31 日，题目是"告知日本大众"。这些广播受到听众的好评。

其他少数民族地区也陆续建立了广播电台。但是大多数是以汉语播音。少数民族语言的广播始于 1932 年。这个时候国民党中央广播电台先后增加蒙古语和藏语广播。1934 年，由国民党中央广播事业管理处和交通部共同在北平筹建河北广播电台，并于同年 10 月下旬试播，12 月 1 日正式开播。这座电台一开始就办有蒙古语和藏语节目。1937 年 11 月 20 日，南京国民政府迁都重庆。国民党中央广播电台奉命随迁。在重庆期间，中央广播电台先后用多种语言广播，其中有蒙古语和藏语。国民政府和边疆省份军政当局办广播的目的是宣传中国国民党的主张，加强对少数民族的统治。尽管如此，广播的出现，毕竟开辟了人类传播史的新纪元，它对少数民族地区人们的生活和社会发展产生了巨大影响。

具有现代进步意义的人民的少数民族语言的广播，始于吉林延吉新华广播电台和牡丹江广播电台朝鲜语节目的开播。它们是最早由中国共产党创建的少数民族语言的广播电台。

吉林延吉新华广播电台于 1946 年 7 月 1 日正式播音，呼号 XNYR，频率 735kHz。1947 年安装 1 000 瓦特发射机，频率 1 353khz。10 月把 200 瓦特的中波发射机改为短波发射机，对华中华东广播。由王建颖任台长。这座电台一开始就以汉语（普通话）和朝鲜语广播，朝鲜语每日 50 分钟。这是中国第一个使用朝鲜语广播的电台，也是中国人民广播史上第一个使用少数民族语言播音的电台。该台除转播陕北台的《新闻》《时评》等节目外，还自办了《新闻》《地方新闻》《记录新闻》《时评通讯》《工作经验介绍》《朗读》和《音乐》《戏曲》等节目，随着功率的扩大，又增办了《军事新闻》《对蒋管区广播》《对蒋军官兵广播》等，并增加转播陕北台《英语新闻》。从 1948 年 1 月 21 日起，每日《新闻》节目增加到 9 次，解放战争中的战地新闻、胜利捷报随到随播。1949 年 5 月改称延吉人民广播电台，由中共延边地委领导，地委宣传部长崔采兼任台长。其宗旨是面向朝鲜族同胞，在兼顾各民族各阶层人民的同时增强地方性和民族性。当时，每天播音时间长达 7 小时 20 分，其中 1 小时 20 分转播北平新华广播电台和东北广播电台节目。自编朝鲜语节目为 3 小时 45 分。有《新闻》《地方新闻》《评论》《戏曲》等等。最初的音乐节目以放旧唱片或请人演唱为主。

　　牡丹江广播电台建立于 1947 年 8 月 15 日，其呼号是 XMMR。该电台一开始就办有朝鲜语广播，每晚 30 分钟。编辑兼播音员系牡丹江《人民信报》的记者任晓元。一年后，电台改名为牡丹江新华广播电台。1949 年 11 月 28 日，该台与哈尔滨人民广播电台（属中共松江省委领导）合并，随后组建为松江人民广播电台和哈尔滨人民广播电台，仍由中共松江省委领导。广播内容有中央和东北局的指示、战地报道，还有独唱、小合唱、大合唱、乐器独奏等牡丹江地区朝鲜族的文艺节目。因为当时没有录音设备，所以都是现场演唱或演奏的。

　　朝鲜语的广播在我国少数民族语言中是比较早的。1938 年 4 月 1 日，日本侵略者首先建立了延吉广播电台。台址坐落在延吉市光明街。同年 11 月 1 日正式播音，呼号 MTKY。主要转播伪满洲国新京中央放送局的日语、汉语和朝鲜语节目。1942 年 5 月 1 日更名为间岛放送局，以日语、朝鲜语、汉语同时播音，11 月 1 日，办有两套节目，之后又增加俄语广播。日本人在延吉创建广播电台的目的，主要是推行奴化教育，把东北三省变为他们永久的殖民地。日本投降之后，苏联红军对这座电台实行军管，改称"延吉广播电台"。苏联红军在 1946 年 4 月撤走之后，人民政府接管了这座电台，转播延安广播电台的节目。当年 6 月，中共吉林省委由吉林市迁至延吉，把它更名为"延吉新华广播电台"，用朝鲜语和汉语同时播音。朝鲜语广播累计约 50 分钟，主要是把汉语节目翻译成朝鲜语后播出。虽未曾播出自办节目，但从此开创了我国人民的少数民族语言的广播事业。

　　我国少数民族语言的广播事业的出现打破了我国民族新闻事业的单一局面。这是我国少数民族新闻事业在抗日战争和解放战争时期进入初步发展阶段的重要标志之一。

　　在此附带谈一谈上海俄罗斯人的广播事业。

　　在 20 世纪 30 年代初期，上海俄罗斯人中拥有无线电收音机者很少，当时也没有俄语广播机构。直至 1933 年初，上海才出现了首家俄语广播电台，即"上海俄国广播协会播音台"（Русская Вещательная Ассоциация, Радио Отдел），简称"俄国广播电台"。该台为广大俄罗斯人民及其他懂得俄语和喜爱俄国音乐的听众服务。该台于 1933 年 1 月 13 日晚 9：20，用 1 445 千周开始首次播音，内容为外汇牌价、最新消息、音乐节目。该台还经常"播出专场广播音乐会、讲座、报告会、文学作品朗诵、广告节目等"。未几，该台即停止播音，同年 6 月 13 日起恢复播音，波长改为 580 千周或 517.24 米，播音时间为每天晚上 9：00—9：45，并自 9 月 18 日起，转播《上海柴拉报》新闻。地址在斜桥街（今吴江路）80 号。台号原为 X. K. X. A，后改为 X. Q. H. A，以后又改为 X. H. H. K.。自 20 世纪 30 年代中期起，该台波长就一直用 940 千周，只在 20 世纪 40 年代初，曾临时改用过 550 千周。1941 年 6 月 22 日法西斯德国发动侵苏战争后，俄罗斯听众对收听新闻节目的兴趣大增，该台亦随即改为自每日中午 12：40 开始播音，播报《斯罗沃报》新闻。此时台址已迁至南京（东）路 442 号。该台被公认为办得最成功的俄语广播电台。

至 1933 年秋，上海俄罗斯人中已有 1 000 多户拥有收音机，对收听俄语广播节目的需求与日俱增。当时，上海还有一家中国广播电台播放俄语节目，时间为每天下午 5：00，在播放外国唱片的同时，也播放俄语音乐演出。此外，每天下午 1：30 至 1：45 及 5：30 至 6：00，在 600 千周也可收到俄语节目，其固定模式为 2—3 分钟俄语广告，然后播放俄国音乐唱片（进行曲或浪漫曲），参加演播的歌唱家主要有韦尔京斯基（Вертинский А.）、伊萨·克雷默尔（Иза Кремер）和尤里·莫尔费西（Юрий Морфесси）等，最后播放新闻消息。

1935 年 12 月 8 日，第一鞑靼广播电台（Первая Татарская Широковеща-тельная Ассоциация）开始播音，创办人是伊斯梅尔·艾哈迈托维奇·马姆列耶夫（Измаил Ахметович Мамлеев）。他从 1927 年开始在上海生活，是上海突厥—鞑靼民族精神社区的主席，曾在《斯罗沃》报工作。该电台每天播放两次，第一次是中午 12：20 到下午 1：40，第二次是晚上 7：00 到 8：00，时段安排很合适，不影响听众的正常工作。此外，他们还很善于挑选节目。该电台在很短的时间内就赢得了听众的普遍好感，听众越来越多。许多企业也都到该台做广告。

另据当时的俄文报纸报道，早在俄罗斯人办广播电台之前，1931 年在上海就曾有过一个神秘的苏联电台。每天晚十点后开始播音，放送音乐节目，用英语、俄语、汉语、法语、葡萄牙语、德语、西班牙语七种语言广播，进行共产主义宣传。该电台功率很强大，哪怕是当地最强的电台也对它没有任何干扰。上海警察局连续几周时间，都没能查出它的位置。

第二次世界大战期间及战后一段时间，在上海有一座独具特色的反法西斯广播电台，这就是著名的"苏联呼声"广播电台。1941 年 6 月，希特勒悍然进攻苏联，苏德战争爆发。苏联为加强在上海的宣传工作，以苏商名义开办"苏联呼声"广播电台。"苏联呼声"广播电台的地址在四川中路 620 号，负责人为著名歌剧演员苏侨瓦林（Валин, В. Е.），频率为 1 470 KC（千周），波长 204 米，呼号 XRVN。1941 年 8 月 1 日"苏联呼声"广播电台开始播音，使用汉语（包括上海话和广州话）以及俄语、英语、德语播送新闻节目，主要内容是报道苏联人民反法西斯斗争的消息和评论、苏德战争公报、苏维埃国家建设和人民生活情况等。该台每天上、下午各播音一次，每天傍晚为特别节目时间。该台音乐部主任为著名导演、俄罗斯戏剧团（Русский Театр）团长普里贝特科娃（Прибыткова З. А.）。直到1945年8月8日，苏联对日宣战，出兵东北之际，"苏联呼声"广播电台才遭到日军的查封。但过了几天，日本帝国主义宣布无条件投降，该台随即恢复了播音。1947年1月，"苏联呼声"广播电台遭国民党当局封闭，后经苏联大使交涉，始得启封。国民党当局后又将该台封禁。

1948年，"斋月期间，广事宣传教义，特商诸广州市政府广播电台，定期广播回教道理。经潘伯铭、熊振宗二人于六月二十日晚八时作首次广播，题为'清兵回教的介绍'。广播约一小时，对回教宗教、社会的规则作综合介绍，颇受听众欢迎"（原载《怀圣》第三号，1948年9月5日第4版）。通过广播传播回族信息，据现有资料，这可能是最早的记录。

[作者附记]

文中有关广西的广播事业和俄语广播部分由广西日报原史志办主任编辑张鸿慰和中国人民大学新闻学院赵永华教授提供资料。特此致谢。

参考文献

1. 白润生. 中国少数民族文字报刊史纲 [M]. 北京：中央民族大学出版社，1994.

2. 白润生. 中国少数民族新闻传播通史 [M]. 北京：中央民族大学出版社，2008.

3. 林青. 中国少数民族广播电视发展史 [M]. 北京：北京广播学院出版社，2000.

4. 赵玉明. 中国现代广播简史（1923—1949）[M]. 北京：中国广播电视出版社，1995.

（作者系中央民族大学教授，中国新闻史学会特邀理事，少数民族新闻传播史研究委员会名誉会长）

广播新闻与媒介事件：一种社会节奏的温故知新

夏春祥

【摘　要】在传播上，我们寻求更多的是生活上的共鸣。当人们要寻求生活上的共鸣时，广播就是一种很重要的媒介。我们还有其他的媒介技术，我们会放在同样的平台上一起来看待。这种情况下，我们看到了数字化趋势。广播已经成为我们社会生活节奏的一部分，而且根深蒂固地留在我们的生活中，深刻地影响着台湾整个政策文化的一些变化。

【关键词】广播新闻　媒介事件　政策

在座的各位老师、朋友，大家好！很高兴有机会把我的一些学术研究的心得跟各位做个分享。在现在这个时代来谈广播，好像有点往事如烟的感觉，因为它并不是这个时代主流的传播媒体。就因为它不是主流，才更让人觉得它充满了一些很独特的味道。

首先，在这里跟大家做报告，先表达一下，我今天听了几位前辈发言后的感受。非常感谢暨南大学给我的这次机会。前辈的探析都是从实际的角度出发，我个人觉得收获相当多。在台湾，我所任教的科系叫口语传播系。很多大陆的朋友都问我，口语传播是什么？我说口语传播关心所有的传播媒体，譬如说广播哪怕已经在慢慢地式微，对我们来说，它所激发的心灵上的共鸣却是无可取代的。台湾有一种趋势，现在在台湾的大学，实习的渠道越来越少，我们不太做实习，可是我们天天做实践，因为实践是最好的实习。像今天我要跟各位讨论的，也许各位听起来可能稍微遥远一点，因为它跟实践不太有联系。可对我来说，确实是我对数字化资讯设备上一个新趋势的回应。

我的题目叫作"广播新闻与媒介事件：一种社会节奏的温故知新"。我刚才说好像往事如烟，可是在我整理这个研究时，加上今天听了整场演讲，我觉得有很多的共鸣。我们都在问一个问题，新媒体日新月异，旧媒体还有没有生存的空间？我刚才说台湾已经从实习到实践了。在传播上，我们寻求更多的是生活上的共鸣。当人们要寻求生活上的共鸣时，广播就是我们一种很重要的媒介技术。我们还有其他的媒介技术，我们会放在同样的平台上一起来看待。这种情况下，我们看到了数字化趋势。

今天从早上到刚才，一直听到一种很强烈的声音，好像传统媒体逐渐消亡了，就是广播逐渐消亡了，或慢慢地它会式微。大陆的广播和电视合在一起，在行政上对于广播是一种弱化。可在台湾，情况不是这样的，台湾已经放弃了数字广播的发展，直接回到广播的本质。在这个广播的本质上，我突然觉得，在台湾，广播有越来越独特的一个发展。

要有多少历史，才能形成一点点的传统；要有多少的传统，才能形成一点点的风格。在台湾，数字社会下的广播并没有消亡，反而坚持住了，凭借的是风格。我们目前的一些广播电台多半是专业性的，譬如说古典音乐，在新闻方面，这也是我今天的主题，我们发展出不同的功能。我今天要特别强调一下新闻，早上有提到，一般广播有三种最重要的元素：新闻、音乐，还有故事。

像郑州台，他们成功探索了新闻谈话节目，我觉得这是一个很好的发展趋势。在台湾，我们让听众打电话进来交流，并且发展得很好。另外就是音乐，特别是古典音乐，我大陆的很多朋友到台湾后，在我车子上，开了一整天，他说这个很有特色。古典音乐台，在上海，在北京，也发展了一些应用，开始寻求自己的市场。我刚才说，在台湾，数字广播是没有市场的，因为它太小了，我们发展不了。所以我们干脆就回到"深"的本质。我们正在寻求广播有没有另外一种情况，这就是我现在的主题了。过去，在我还小的时候，广播是台湾各地新闻的主要来源，因为它方便。后来我们发现有一种新的情况在广播酝酿出来了，它叫媒介事件。它不是新闻事件，是媒介事件。

在这里，我要跟各位报告一下发生在 1947 年，台湾的一个有重要影响的历史事件。那个事件发生在台湾第一次开始广播 1.0 的时候。1947 年，台湾发生了"二·二八事件"，在座的一定有很多人听说过。我们快要总统大选了，总统大选的投票在 1 月中，不太愿意在 2 月 28 日投。"二·二八"事件，一直到此时此刻，仍然影响着台湾社会政治的发展。因此，从那个时候起，我就看到广播媒体所充当的角色。

第一，要跟各位讲一下媒介事件。在台湾，不管是 1947 年，还是 2004 年，这是两个时间点，哪怕是 2015 年，我们都发现，广播在台湾扮演这个角色最多，尤其是新闻，它是媒介事件。一般，新闻事件是分享崭新的信息。可是媒介事件传递的是旧有的价值，它是经过设计的。目前，台湾有许多的广播电台着重企划。他们要传递什么，他们在坚守自己的立场。

第二，新闻事件是没有办法设计和编排的，我们往往赶到现场，新闻信息是怎么样，我们就怎么播报了。可是媒介事件是经过设计和编排的，往往在给公众上一很普遍的课程。

第三是特质。新闻事件有自己的客观性、真实性特质，可是媒介事件，它经过设计编排，要传递这种特质。我觉得 60 多年前的"二·二八事件"，到现在为止，这个媒介事件在台湾成为广播新闻一个很重要的角色。在这里，我首先稍微解释一下"二·二八事件"。来到大陆感觉跟台湾最大的不一样是，今天一吃完饭，抽烟的人特别多。在台湾抽烟的人现在已经没什么空间可以抽烟了，所以大陆的朋友到台湾来很痛苦，找不到抽烟的地方。而台湾在 60 多年前，因为抽烟，一个卖烟，一个查缉私烟，在 1947 年 2 月 27 日，在台北一个小小的地方发生了"二·二八事件"，私烟查缉。在 2 月 28 日，这个事件爆发了，一直影响到现在。目前为止，我们知道因整个事件死亡的有一两百人。可是在很多广播电台说死伤数万。这个字眼很不一样。这就回到我刚才讲的媒介事件跟新闻事件。在这里，我要告诉各位，我们在研究中第一次发现媒介事件的影子。这个历史事件，从来不是真的历史事件。3 月 2 日，就在那一天，因为台湾的一个广播电台被民众占领了，消息是从台北播出来的。你想想看，60 多年前的时候，不像现在，坐动车很方便。那个时候，乘火车很不方便，可是为什么"二·二八事件"在 1947 年可以迅速地变成为全台的事件？当时，只要有人坐着火车往下走，就把那个信息到处传。所以，慢慢从 3 月 2 日开始，这个事件在扩大。

在台湾南部有一个电波很强的电台，通过这里，所有的民众都知道了这个事件。原来我们都觉得历史它自然而然就会发生，其实不是，这个过程中，广播媒体扮演了很重要的角色。它让这个事件形成全台扩散。也因为这样子，我就发现，通过广播，整个台湾都参与了一个共同的事件。在台湾，我们都觉得 1947 年的"二·二八事件"时间很久了，可是，由于广播的影响，这个故事的连续作用，到现在还没有结束。

这个事件从那个时候就发生了，它不再有形，可是它无形的影响更深远。更重要的是，21 世纪没几年，台湾就开始投票选举。我为什么说后来的总统选举都在 2 月 28 日以前，不在 2 月 28 日以后？因为国民党选举过程中会因这个事件承受很大的压力。在这个事件中，广播媒体扮演什么角色呢？

我父亲前些年 90 岁过世了。过世前，他常跟我讲他以前年轻时候的故事，有一个故事，我的印象好深刻。他说他刚进部队的时候，在济南打了一场战役，打完之后，他就一路跑，跑到上海，然后坐船到了台湾。后来发现，就是从济南围城那场战役之后，国民党就兵败如山倒。我爸说，那个时候他是一个基层军官，他们的指挥官叛变了。后来我知道这边反正了，同样的事件，有不同的词汇。这就回到我刚才讲的，现在很多媒体在设计这些词汇，让民众来熟悉。

刚才樊总编有提到，牧民还在使用广播媒体。在台湾，乡村、偏远的山区，广播媒体还是最主要的获取信息的渠道。最重要的是，他们通过地下电台，召集了特定的支持群众。所以我个人认为，在数字社会，广播媒体不会消失，它在寻求更有风格的成长。你说好不好，这另当别论。可是话说回来，有个东西一直在台湾很火，那就是文化经济产业。我们发现广播媒体目前跟文化经济产业有密切结合。那些参与运动的人口袋里装了很多符号。这些符号，他们都是通过广播告诉你去哪里拿。他们通过很多符号，表示他们有什么样的信仰，表达什么样的价值。在这里，回到我刚才讲的，在新世纪，广播媒体根本没有消失，它反而更深刻地成为我们生活中的一部分。我这里特别提一下，广播在偏远地区，往往成为巩固某种声音很重要的机制，尤其是它作为社会结构底层的倾诉者。从这个意义上说，广播显得越来越重要。

台湾现在，大家都在说 2016 年选举，绿营可能会获胜。当他获胜的时候，他会改变什么？其实大陆与台湾交流会有很多很复杂的变数。在这里我要给各位看一个图腾，它通过新媒体，通过网络，让大家去下载。他做了很多实质的东西让大家去拿，然后再通过广播去动员。这个时候，简单的一个活动，就变成了一个很复杂的操作。在这个复杂的操作里头，我必须说，广播媒体并未消失，它持续转型。所以，它慢慢与新媒体融合，它变成社会动员的一个很重要的策略机制。少了广播，我觉得有很多的社会动员、社会运动，是很难成形的。台湾现在有一股很强的力量，就是"台湾独立"。这跟我刚才讲的那个运动有密切的关系。我必须讲的是，媒体的每一次比如说音乐性的节目，或者新闻性的节目，对我来说，都是重新盘整社会秩序的一个机会。在台湾，我们过去都会讲，我们中国人就是有坏习惯，喜欢怎么样怎么样。但现在被公众纠正过来了，我们就是中国人。可是现在从词汇上，开始进行敌我的辨识。在我们的选举中，都是这么操作。但是他这么操作的时候，我们就害怕，做这个研究就是，为了这个害怕，为了这个忧虑，常常在想，台湾现在出了什么问题？可是在研究过程中就发现，广播媒体扮演着一个很重要的角色。

最后，我必须说的是，往事并不如烟，广播已经成为我们社会生活节奏的一部分，而且根深蒂固地留在我们的生活中，深刻地影响着台湾社会现在整个政策文化的一些变化。我的报告就到这里。谢谢！

（作者系台湾世新大学新闻传播学院教授、口语传播系主任、博士研究生导师）

方言广播节目的互联网突围之路探究

覃海叶

【摘　要】互联网兴起时代，传统广播媒体受到强力冲击，方言广播节目如何才能突破重重困境、实现自身可持续发展是值得深思的。本文以广东广播珠江经济电台的《珠江第一线》早间新闻节目为例，探究当下方言广播节目如何运用"广播＋"战略思路应对挑战，并尝试为其他广播节目提供可行性参考。

【关键词】方言广播节目　广播＋　运营战略

随着众媒时代的加速，互联网尤其是移动互联网因其独特的传播模式和技术特性深刻影响着传统的媒体，在新的层面上挑战着传统新闻生产与信息传播的环境。传统广播媒介遭遇了前所未有的冲击，为了应对外部环境和内部条件的重大变化，广播媒介急需探索出明确可行的应对策略，借互联网的东风实现自身转型升级。在此背景下，传播范围有限的方言广播节目如何找到一条切实可行的发展道路，是许多广播人关注的话题。本文探讨的是以广东广播珠江经济台的粤语新闻节目《珠江第一线》为例的方言广播节目的前行探索之路。

移动互联网技术飞速发展，传统媒介的传播渠道、收听平台、服务对象、经营管理等各方面发生改变，新旧媒体抢夺市场，传统广播无法独善其身。面对新媒体的步步逼近，传统媒体如何在这场较量中保留自我、发展自我，学界业界纷纷建言献策，从昙花一现的"不是你死便是我亡"新旧媒体之争，发展到现在的新旧媒体在竞争中共存融合主流声音。

国家从文化战略的高度肯定了信息时代新旧媒体要融合发展的声音。习近平总书记强调："推动传统媒体和新兴媒体融合发展，要遵循新闻传播规律和新兴媒体发展规律，强化互联网思维，坚持传统媒体和新兴媒体优势互补、一体发展，坚持以先进技术为支撑、内容建设为根本，推动传统媒体和新兴媒体在内容、渠道、平台、经营、管理等方面的深度融合。"今年全国"两会"，李克强总理在政府工作报告中特别提出："要发展文学艺术、新闻出版、广播影视、档案等事业，促进传统媒体与新兴媒体融合发展。"新的媒体格局下，利用互联网发展态势结合传统广播自身的优势在媒体融合时代走出自己的创新模式，是传统广播转型升级的必经之路。

作为中国广播从农村媒体转变为城市媒体的先锋，同时也是改革最早、规模最大、最具有影响力的省级主流媒体之一的广东人民广播电台（以下简称"广东电台"）勇于改革创新，利用自身已有的优势，提出"广播+"的战略思路，锐意前行，把握新媒体带来的各种契机，化挑战为机遇，力促传统广播在互联网时代的转型升级。

一、互联网时代下的方言广播节目

定位于都市经济生活的珠江经济广播电台以粤语播音为主，是华南地区规模最大、最权威的经济类电台，以报道新闻资讯为其主要特色，省内覆盖人口接近 4 000 万，屡屡创新收听率纪录，早晨、午间、傍晚时段收听率尤甚，其主要收听对象为有相当消费力的成熟听众。

其中，自 1995 开播至今的《珠江第一线》是珠江经济广播电台乃至广东广播中最具影响力的新闻资讯品牌节目，被评为"全国广播民生影响力 10 强品牌栏目"。《珠江第一线》每周一至五早上 7 点半至 9 点准时播出，先是长达 5 分钟的广告节目，随后便是人们关心的当天天气等服务性小板块内容，用鲜活的事例替代冰冷的温度数据，附以主持人的温馨贴士；接着引出时下社会热点事件与现象，主持人一番点评后再选读官方微信上的部分留言，引入听众反馈环节。节目轻松活泼，诙谐幽默，表现自然。该档节目，内容上聚焦民生，瞄准热点快而准，贴近民众生活并兼具深度报道；节目主持上，固定两位熟知岭南人文风情的本土主持人，选择粤语掌控全程；节目风格富有粤文化的随心自由，不仅吸引了当地听众，还吸引了对粤语、粤文化感兴趣的其他地区的听众。

伴随着互联网时代的发展，一方面，受众需求及媒介传播出现小众化、窄播化特点，方言广播节目近年来在地市级电台、电视台兴起，顺应了中国进入信息化时代的要求，有其特定的受众群体，是普通话主流节目的一个调剂和补充；另一方面，互联网的快捷、海量、迅速等特性给传统广播带来巨大威胁，受众有限的方言广播节目备受冲击，所占广播媒体市场份额虽历时性有所增长，却远远比不上其他媒体。由此一来，受众数量有限导致的盈利困难，濒临被取消的可能。面对如此困境，《珠江第一线》等方言广播节目不得不找寻新的出路。

二、方言广播节目的"广播+"策略

站在你争我夺的媒体市场上，广东电台打破传统广播的发展思路、模式、格局局限，提出以"广播+"思路应对"互联网+"潮流，主动出击，以广播作为主体，将广播的内容、渠道、平台、经营、管理等各方面与其他媒体深度融合，全方位拓展广播的发展空间，实现广播新媒体的转型发展。《珠江第一线》等粤语广播节目在"广播+"战略的指导下，对突破困境转型升级道路进行全面探索和实践。

（一）广播+电商：跨媒介尝试

2015 年 7 月 4 日，珠江经济广播电台举行《珠江第一线》早茶分享会，数百名听众与珠江经济台名嘴郑达、慧敏、李嘉、鲁力一起，一边感叹广府早茶的地道，一边谈论城中民生百事，真正实现"朝朝请你饮早茶"的节目宗旨。这场难得的主持人与听众面对面"节目分享会"，是通过珠江经济台"微商城"发起的。在 6 月 18 日珠江经济台的"电商日"活动中，200 张"早茶券"在珠江台微商城一推出，就被听众秒夺一空。这次分享会的举办，是传统广播与珠江台新媒体"微商城"结合的一次成功尝试，是《珠江第一线》贯彻"广播+"战略的一次宝贵实践。

《珠江第一线》基于节目内容以及广东特有的早茶文化，与广州锦和味稻酒楼联手合作推出较之以往不同的广告形式，商家与企业开始发掘广播新商机，对加入该节目广告主行列跃跃欲试；在广播界，这次分享会是互联网时代方言广播节目突破自身局限走向受众的成功案例，省内外的广播电台纷纷前来学习；在传媒业界，"广播+电商"作为新业态的又一力作被多家媒体报道；听众方面，不仅拉近了与听众的距离，增强了听众对节目的忠诚度，还吸引了一批新听众，开拓了新市场。

7 月 4 日前一周，《珠江第一线》增加"早茶券"宣传板块，主持人适时向听众介绍"早茶分享会"，推动听众到珠江台微商城购买，形成一种传者与受者的跨媒介互动，这不仅丰富了资讯内容，还探索了"广播+电商"的传播模式，展示了一种新的广告形式，突破声音局限达到了事件营销的效果，可从中窥探到"广播+电商"在新媒体阵营逐渐强大之际的优势。

笔者认为，方言广播节目大可引入电商行业的购物模式，改变以往单一的广告商品推广，继而创新广播节目的内容输出以及传播模式——通过提前搭建完成的"快速通道"实现节目收听与现实消费之间的直达。广播节目现可通过电台挂钩电子媒体购物的方式，明晰广告投放效果。方言广播节目因其背靠传统广播电台而具有较高的可信度，广告商品推介能力有保障，借力新媒体的推广形式则更富有创意，广告主开始重新接受、欣赏广播电台节目的商品推广，如此一来电台除了收取广告费用，还可以通过收取销售分成、组织费用等来拓宽盈利渠道，提高盈利能力，在瞬息万变的媒体市场中打牢经济根基。

（二）广播 + 新媒体平台：打造全媒体广播

1. 构建移动媒体平台

《珠江第一线》站在广东电台开拓的各类新媒体平台上提高自身竞争力。利用官方网站"荔枝台·广播在线"、广东电台应用程序手机客户端、广东广播淘宝电商、珠江经济台官方微信（平均每篇文章阅读量过千）等介质，还开通《珠江第一线》新浪腾讯官方微博（粉丝已有 1 万余名），开展各类对外合作，拓展新媒体业务市场空间。其中珠江经济台官方微信设置收听直播功能，点击便直接跳转到每一期节目链接，随时随地收听，掳获一批年青受众。

除上述新媒体平台，《珠江第一线》等粤语广播节目还利用"X 直播"提高节目收听率。广东广播电视台依托专利技术，自行研发出手机视频音频直播软件应用平台——"X 直播"应用程序平台。只要在手机上下载"X 直播"应用程序，任何人皆可以实时收听收看广播和电视节目，以及这个平台专门制作的个性化内容、自媒体与各类点播。

数据显示，"X 直播"上线三个多月已经拓展了 400 多万移动终端用户，并形成每月增加近 100 万用户的发展态势。作为最新的移动端广播电视集成平台，"X 直播"凭借丰富的视频、音频内容优势，改变了传统广播媒体单一的节目形态、视听模式和广告盈利模式，是方言广播节目成功转型升级道路上的一大利器。

2. 线上线下联动传播

《珠江第一线》的节目分享会特别设计了"模拟广播直播"环节，主持人郑达、慧敏、李嘉、鲁力以及一众节目评论员，邀请现场听众代表参与，就近期"老广"们关心的民生话题"广州是否应该限外"展开即兴辩论，现场"微信视频墙"也同步发布话题，号召听众一起刷手机参与讨论，通过"摇一摇"参与微信互动赢取活动奖品。《珠江第一线》走出录音棚与听众面对面，模拟广播直播，通过线上线下活动复合传播，有效提高了受众对节目的黏合度。

此外，珠江经济台的另一档粤语广播栏目《亚洲红人赏》以"亚洲娱乐盛典"年度活动为龙头，通过荔枝台、"X 直播"平台、广东电台应用程序和官方微博、微信进行多媒体视频直播活动，深度融合跨界媒体、互联网等，推出"广播 +"新形态节目，取得不凡影响。

方言广播节目以"广播 +"的战略思路巩固原有市场，开拓新市场。一方面在新媒体的营销作用下提升节目的收听率；另一方面借助新媒体特性不断提升广播节目影响力，为节目注入资金。由此可见，具有无限空间的"广播 +"让广播与互联网深度融合，让方言广播节目重获生命力。

三、方言广播节目创新升级启示

当年以"珠江模式"引领广播改革潮流的珠江经济广播电台在新时代再次争当先行者,贯彻广东电台提出的"广播+"战略,果敢前行,探索实验着"广播+"的多种可能,取得可观的效果。广播人乘此东风,立足优质内容,联合各传播渠道,打造"广播+"模式下的特色品牌节目,不失为《珠江第一线》等粤语广播节目面对互联网等新媒体来势汹汹的挑战的应对之路,也是其他地区的方言广播电台等实现自身长远发展的可行之路。

1. 广播+内容

内容是任何媒体立足的根本。以本地方言为主要表现形式,以区域性听众为主要定位的方言广播电台在内容取舍上应该有所偏重,以本土化、生活化的信息为主,用丰富生动的语言向听众传播,创新信息传播方式,营造方言广播节目所特有的传播氛围,以期体现小众化、贴近性、亲近性特色,得到地域听众的认同和支持。

2. 广播+渠道

方言广播节目依靠电台的资源利用多种传播渠道,组建移动传播平台,提高节目到达率。《珠江第一线》突破音频波段局限,通过荔枝台(广东广播电台官网)做在线直播,打造新媒体领域优势产品。其次,由"内容中心处理小组"将广播节目进行针对微信等自媒体的二次开发,进行各媒体平台传播,吸引更多用户关注、收听。另外,珠江经济广播电台将"广播+电商"常态化,促进广告产品的转化与变现——《珠江第一线》的早茶券在珠江台微商城推出,在创新广告合作模式之余也提高了节目的知名度。

3. 广播+品牌

优质内容、全方位渠道平台强强联手,打造独特的节目品牌,塑造有受众黏性的节目形象,是"广播+"时代方言广播节目发展的一大利器。要带动节目品牌知名度,不仅要有"强"的内容,还要有"强"的传播,以社会公关活动增加节目的曝光率。不少粤语广播节目在珠江经济台的资源整合下进行户外推广活动以及与其他媒体联动,主持人走出直播间、与听众面对面交流互动,办"看得见的广播"。

随着广播节目分众化趋显,方言广播节目的兴起有效满足了不同文化背景受众的差异化收听需求,是符合事物的客观发展规律的。广播方言节目有自己的优势,但在其他传统媒体以及移动互联网的冲击下,只占广播节目份额的很小一部分,可以说是在夹缝的空间下生存和发展起来的。发展"广播 +"方言广播节目，一是必须充分利用传统广播的优势，发挥主体性；二是摒弃简单的各媒体水平面碰触对接，做到传统广播与新媒体在纵向产生化学反应的"融合"。只有坚持如此意义上的"广播 +"的导向，才能为方言广播节目在新时代的踽踽前行中找到一条切实可行的、可供借鉴的突围之路。

参考文献

1. 刘鹏. 传统媒体融合转型的若干趋势 [J]. 新闻记者, 2015 (4): 4 - 14.

2. 牛光夏. 方言广播电视节目兴起原因及存在状态探析 [J]. 齐鲁艺苑, 2006, (2): 52 - 54.

（作者系暨南大学新闻与传播学院硕士研究生）

媒介融合背景下广播受众趋于年轻化原因探析

吴　萌

【摘　要】媒介融合背景下，广播的转型与升级已然扩大受众人群，并以中老年为收听主力向青少年转移。广播受众趋于年轻化还得力于校园广播的创新与延续，互联网时代广播与 APP 的结合以及微信公众号广播形式的推广，内容与形式的双向创新共同推动广播的改革与发展，使得广播受众趋于年轻化。

【关键词】广播　受众年轻化　原因

广播一度是我国的强势媒体，但随着电视媒体与网络媒体的出现，可视化与智能化的新型媒体使得广播的弊端显露无遗，形式的单一性使得广播成为边缘化的弱势媒体。但借助互联网，广播不断进行改革与创新，不仅保留了传统媒体原有的传播优势，而且随着中国汽车普及率的提高和现代人生活方式及媒体消费习惯的多样化，广播这个可以解放眼球、便于移动收听的媒体越来越受重视，开始被重新定位。

一、广播受众群体年轻化现状

据 CNNIC 数据显示，截至 2015 年 12 月，我国网民规模达 6.88 亿，全年共计新增网民 3 951 万人。互联网普及率为 50.3%，较 2014 年底提升了 2.4 个百分点。而根据公安部交管局公布的数据，截至 2015 年底，全国机动车保有量达 2.79 亿辆，其中汽车 1.72 亿辆，汽车新注册量和年增量均达历史最高水平。当前正处于移动互联网和汽车社会兴起所带来的战略机遇期，全媒体技术的运用给广播节目的创作思维、传播方式带来了颠覆性的改变，交通广播的"伴随""移动""碎片"特点进一步凸显，扩大了它在年轻群体中的影响力。

据赛立信在全国的抽样调查数据推算，2015 年上半年，全国广播听众总规模超过 6.5 亿人，其中城市听众超过 4.0 亿，庞大的听众群体，彰显广播媒体的影响力和市场价值。车载收音平台、手机 APP、将来的车联网平台等现代广播传播途径的多元化，为中青年听众收听带来了很大的便利，广播的伴随性特点也令越来越多的中青年成为广播的忠实听众，近年中青年听众的回流比例在逐渐上升，2015 年上半年 45 岁以下的中青年听众占比达 67.3%，其中 25 岁以下的年轻听众占比为 17.8%，较 2013 年同期增长了 30%，随着移动互联网的进一步普及、汽车驾驶员年轻化，广播听众年轻化趋势将更为明显。

二、广播受众群体年轻化原因

（一）校园广播尚未退出历史舞台

校园广播已然成为广播受众群体年轻化的一个重要因素。广播是每个学校不可缺少的基础设施之一，尽管近几年来视频技术和网络技术在飞速发展，但广播系统仍以它的实用性、经济性、便捷性被各类学校所应用，校园广播成为校园里最为独特的一种宣传和播报方式，从而成立的校园广播台也促使更多的学生融入一个新型的社团组织，广播台的成立不仅凝聚了一群热爱广播的学生，为广播人才的培养打下良好的基础，而且校园广播的自主性非常强，每年新老学生的交替更新速度也非常快，不断有新鲜血液的注入让校园广播并未退出历史舞台。

校园广播创新节目要做到定位准确、层次鲜明，即做好内容创新与形式创新。在内容上，要根据受众定位，密切联系学校的实时新闻，开办贴近校园的节目。比如暨南大学广播台，根据华侨大学的特点，结合留学生众多的优势，对不同国家的留学生进行采访，并根据地域特点衍生出旅游咨询，风土人情。每天一个话题，密切关注身边的留学生，话语精简而深刻，通俗易懂，深受校园学子喜欢。在形式上要做到推陈出新，这一点可以多向校外媒体学习，借鉴符合校园特点的受众可以接受的多种表现形式，为校园生活奉献形式多样、生动活泼的节目。

强化互动观念，积极创建网络交互。互动是强化传受联通的重要方式。在互联网时代里，互动更被发挥到极致。尤其作为校园受众的主要群体青年学子对于网络的喜爱超过了传统媒体，因而，校园广播必须在与网络结合的过程里强化互动观念，积极创建传受间的网络交互。笔者曾经探析过校园广播强化节目互动的创新方式。在这里，强调的也是要利用网络优势，积极创建符合校园广播族群的网络交互方式，比如校园广播台的网络留言板、BBS 节目板块、QQ 听友群等，并做到专人及时回馈，从而保证网络交互的畅通。

（二）广播 + APP 率先实现广播智能化

广播与 APP 的结合衍生出了大批音频分享平台，用户较多的有喜马拉雅 FM、蜻蜓 FM、荔枝 FM 等等。喜马拉雅 FM 作为国内最大音频分享平台，2013 年 3 月手机客户端上线，一年半时间手机用户规模突破 8 000 万，成为国内发展最快、规模最大的在线移动音频分享平台。喜马拉雅 FM 致力于在线音频分享平台的建设与运营，成为音频领域的 YouTube。喜马拉雅 FM 同时支持 iPhone、iPad、Android、Windows Phone、车载终端、台式电脑、笔记本等各类智能手机和智能终端。

喜马拉雅 FM 作为广播与 APP 结合的典型案例，吸引了大批年轻受众，对于年轻受众来说，首先可以充分利用碎片时间学英语，在内容上，喜马拉雅中有 TED 演讲等众多英语学习平台，对于学生来讲将零碎时间用在广播英语学习上无疑是一个事半功倍的办法，并且这些平台会定期更新，紧扣时事热点。另外像 TED，主要以演讲形式为主，演讲人都是国外知名人物，譬如乔布斯、J. K. 罗琳等等，这不仅提高了学生的学习热情，引起学生的兴趣，还在演讲中将一些有趣的故事也融入英语听力的学习，对于提高英语听力有很大的帮助，这也是喜马拉雅 FM 受众年轻化的原因之一。

其次，广播内容变催眠神器。喜马拉雅 FM 在内容诶类上主要分为 11 大类，分别是有声小说、新闻谈话、综艺节目、相声评书小品、音乐节目、教育培训、财经证券、儿童故事、笑话大全、健康养生和个性电台。因为内容丰富，选择种类众多，受到听众的一致喜爱。越来越多的年轻人喜欢睡前收听喜马拉雅 FM 的广播内容，在喜马拉雅 FM 中有一个定时关闭的功能，可以预定 10 分钟、20 分钟、30 分钟、60 分钟和 90 分钟，根据入睡时间进行设定。从内容上看，具有年轻化的有声小说和个性电台深受年轻人的喜爱。对于 80 后年轻一代的父母来说，儿童专栏分类化身"小保姆"，更能被这些年轻的父母所接受。定位为用户原创内容模式的喜马拉雅除了拥有海量的节目音频之外，也已成为音频创作者最集中、最活跃的平台。2014 年 5 月初，喜马拉雅激活用户突破 5 000 万大关，成为国内最大的在线音频分享平台。每个人都可以做主播，将自己的节目推送出去，这有助于年轻人进行自主创新。

2015 年 4 月 17 日，移动网络电台喜马拉雅宣布与科大讯飞合作，双方将联合推出语音开放平台，这一平台直接对接漫步者等各类硬件研发和生产企业。喜马拉雅首先与科大讯飞共同推出其音频内容平台"喜马拉雅 inside"，将喜马拉雅 FM 的音频内容接入手环、音响等智能终端设备及冰箱、马桶等智能家居家电中，利用科大讯飞的语音识别、语义理解、自然语言处理技术，让用户通过语音寻找到自己喜欢的音频节目。除了智能硬件方面的合作之外，科大讯飞与喜马拉雅 FM 还将在车联网市场达成合作：在车载前装市场，科大讯飞已经研发了一套针对汽车的车载语音解决方案，并且已经接入国内外汽车生产厂家的 50 个车型。科大讯飞将独家集成喜马拉雅音频内容 SDK，一起提供给科大讯飞所有车载客户以及将来新的车载客户。在车载后装市场，喜马拉雅 FM 正在推出面向后装车载人群的第一代产品，接下来双方将联合打造下一代产品，以更有效地满足车载后装人群需求。广播智能化的出现让更多的年轻人多方位了解、接触这一传统媒体，为向受众年轻化转型打好基础。

（三）广播与微信结合玩转微信公共号

微信作为超过五亿人使用的手机应用，已然成为人们必不可少的沟通交流方式。微信公众号的出现使得商家可以通过公众号在微信平台上实现和特定群体进行文字、图片、语音的全方位沟通、互动。微信公众号是腾讯微信针对个人或企业用户推出的合作推广业务，用户注册微信公众号后可以通过微信公众平台进行品牌推广。微信用户关注微信公众号后将成为该号订阅用户，微信公众号可以通过微信公众平台发送消息与订阅用户进行互动。这样看来，每个人都可以注册自己的微信公众号，发布自己的文章或语音广播，使每一位关注公众号的人都能够收听到。

其次中国之声、音乐之声等官方广播也纷纷在微信上开通了自己的公众号，这种多渠道的拓展方式使得广播收听方式更为便捷。以中国之声为例，分为三个板块：一是收听节目，该板块的公众号与蜻蜓FM绑定，按节目类型划分，受众可以自由选择想听的节目。第二个板块是直通北上广，分为多屏直播、高颜值新闻主播以及神秘直播间全景。最后一个大板块是微社区，即听众可以在这个平台上相互讨论观点，增强互动性。

随着人们关注的微信号越来越多，文字版公众号内容的浏览时间有限，使得文字版公众号未读信息日益增多，而这给了语音公众号众多的机遇。以冯站长之家公众号为例，此公众号属于个人创办，但由于内容新颖迎来了很多听众的关注，该公众号每日早晨六点开始推送新闻，主要内容有当日的三分钟新闻早餐，以及财经新闻、医疗晨报、价格早报等。这种广播形式的自营公众号发布时间早，让听众起床后可以第一时间收听新闻；新闻播放时间简短，抓住重点，不拖沓；另外，可以让早起的人们解放双眼，在洗漱的同时不耽误听新闻。微信公众号听新闻这种崭新的方式让年轻人也走进了听新闻的队伍中，听新闻不再是老年人的专利。

三、广播受众群体年轻化的影响与思考

广播形式的改革与创新，促进了广播受众群体的年轻化，同时为年轻人提供了一个解放双眼的传统媒体形式。广播受众群体年轻化不仅使得年轻人可以多渠道获得新闻资讯和娱乐方式，更多的是，受众年轻化所带来的是广播内容的年轻化、时尚化，这无疑为传统广播注入了新的活力。根据赛立信数据调查显示，能够抓住青年人耳朵的还是音乐类节目，特别是流行音乐节目。这类节目有天然的优势：首先，青年人对潮流比较敏感，

而音乐类节目里的时尚音乐正好满足了他们追逐潮流的心理。其次，音乐类的节目有很强的伴随性，他们不需要投入过多的精力，特别是在时间、空间都被极度压缩的情况下，音乐类的节目给了他们压力释放的出口。除了娱乐休闲类的节目，新闻节目也是青年人选择的类型之一，这类节目满足了他们获取资讯的需求，除了通过新闻节目获取外界的信息外，更喜欢针对新闻事件发表自己的看法，表达自己的态度。而互联网与广播的结合，使年轻化受众群体表达建议和观点更为便利。不仅内容上年轻化，在形式上也迎合年轻人的喜好，增强互动性，开放评论留言区等等。

广播受众群体的年轻化，导致广播的娱乐性增强，受众随时可以创建属于自己的频道，而随之而来的是各种监管问题。在这个每个人都可以做主播的时代，如何监管广播内容的健康性值得我们去思考。同时随着广播的快速发展，一些以脱口秀为主的电视节目的音频版权得不到保护。例如《今晚80后脱口秀》《晓松奇谈》等等一些年轻人关注的电视节目在FM上被肆意发布，这同样是广播受众年轻化所带来的弊端。在广播改革与创新的同时，如何解决快速发展所带来的弊端，值得我们深思。

媒介融合背景下，广播不再是老年人独有的接收信息与娱乐的工具，通过APP、微信等多渠道的拓展，已然被年轻人所接受，并以新型的方式覆盖各个年龄层。广播受众趋于年轻化不仅归因于时代的进步，更是媒介的创新。在广播大力转型升级的同时，吸纳更多的年轻力量才能使受众年轻化的道路越走越远。

参考文献

1. 朱春阳. 试论传媒定位创新 [J]. 中国广播, 2003 (10).

2. 李德龙. 高校校园广播发展的空间制约与创新走向 [J]. 长江大学学报（社会科学版）, 2007 (3).

3. 李德龙. 高校校园广播传受互动性浅析 [J]. 新闻知识, 2007 (9).

（作者系暨南大学新闻与传播学院硕士研究生）

论文摘编

做有刚需的平台

——区域性交通广播电台的生存之道

王晓岚

在私家车日益增多的情况下，区域性交通广播电台迎来了发展的机遇。相比其他频道，交通广播更受人欢迎。这样，同城中的交通频道之间就出现了竞争。如何更好地吸引听众，增加听众的黏性？笔者认为应做有刚需的平台，这是区域性交通广播电台的生存之道。

如何打造好这个有刚需的平台，笔者认为应从如下两个方面下手：

（1）做好路况信息播报节目，成为有车一族可靠的出行伙伴。尤其在上下班高峰时间，开车人可以根据路况新闻及时更改行车路线，回避堵车。做好这一节目，需要获得交通部门的支持与配合，以得到该权威部门提供的准确的路况信息；另一方面也需要广大的司机朋友随时提供自己周围的交通情况。有些电台为了激励司机及时提供路况信息，进行抽奖、赠送加油卡或其他小礼物等。天津交通广播有"红绿灯热线""交管局长热线"等，及时解答司机问题。

（2）做好突发性救助性报道。如老人、小孩走失，汽车电瓶亏电，抓歹徒，病人救助等等。这些报道能迅速抓住听众的心。

事实上，大多数交通广播电台也都是这么做的，如河北交通广播电台有"992大家帮"，贵阳交通广播有"1027救助信息"，天津交通广播有"应急之声"等等。

为危重病人救助争取时间，交通台经常扮演交通总调度的角色。家属拨通交通广播新闻热线求助后，电台会立即与交警部门联系，交警部门随即调度车流，疏导交通，电台广播会一再提示车辆让行。这样，在惊心动魄的警民互助的紧急救援下，交通生命线打通了，同时医院方面也已做好急救准备，为抢救生命争取了宝贵的时间。

还有的伤者急需Rh阴性血救命，通过交通广播向社会求助，有同样血型的听众就会在第一时间去献血，伤者生命得以挽救。诸如此类，不一而足。

大事、小事、急事、难事，"大家帮"帮大家，大家都来帮。这是此类节目的一大特色。

有的电台一年下来帮助寻找了 200 多位走失老人！走失消息一播出，全城开车的都帮着找，不仅效率高，找得快，而且在寻找的过程中人们的心揪在了一起，融在了一起，走失人员找到后人们额手称庆，善意融融，暖意洋洋，大大提高了人们的归属感。

救助类的节目也需要有融媒体的观念，一方面进行空中广播，另一方面也可以利用互联网社区、微博、微信平台发布信息，让更多的人看到，以有效地提高救助与帮扶的力度。如 2014 年 11 月 26 日河北交通广播电台"992 大家帮"节目在其官方微博上发出寻车主启事：如果您认识这辆车的车主，"赶紧跟车主联系，或者跟 96992 联系。这辆车的右车窗没有关，已经在雪里停了三天了"。这样的温馨提示，温暖的是整个社会，提高了人们对交通台的亲切感。

（3）做好"说车"节目。开车人需要了解有关汽车的基本常识，如买车要注意的问题、一般的汽车故障原因、各种汽车型号的优劣以及有关汽车保险的问题等等。

很多地方交通台也都很重视这类节目，如上海交通台有"1057 车管家"，山东广播交通频道有"我会修汽车"，南京交通广播电台有"1024修车金扳手"，河北交通台有"老郑说车"等等。主持人大都是精通汽车的专业人士，热心解答人们的提问，经常在节目直播中根据人们对问题的描述空中指导车辆修理与保养，一方面解了当事人的燃眉之急，另一方面对广大移动人群来说也是十分解渴的。

（4）做好"中介"节目，为听众搭桥。如顺道搭车、拼车，买卖二手汽车，招工找工，推销滞销货物等等。某地大白菜卖不出去了，苹果滞销了，只要电台一广播，人们蜂拥而至，很快就脱销。某人要去某地或捎东西去某地也打电话找电台帮助，电台一广播，很快就能找到顺道的车。事情虽然不大，但从中能反映出听众对交通广播的信任和依赖。

（5）做好监督与调节工作。有些听众办事被卡、驾驶证被扣、对交警处罚不满等，会打电话向电台倾诉，主持人在节目直播中即时与有关方面沟通，推动事情的快速解决，可以及时化解社会矛盾，是政府部门和相关机构的好帮手。

（6）做好心理疏导节目。现代生活，人们心理压力大，需要疏导抚慰。这个节目做起来有点难度，需要主持人具有心理咨询师的资质。大多数交通台目前还没有开设此类节目。上海交通台开辟了"心有千千结"，听众向主持人倾诉自己的闹心事，主持人耐心疏导，细心分析，帮助化解听众的心结。

（7）做好轻松娱乐节目。主持人插科打诨，幽默说笑，可以调节开车人的情绪。如河北交通广播电台992"新石门客栈""小强来了"等。一些地方交通台在上下班高峰开设娱乐节目,如南京交通广播电台的"小堵大开心",山东广播交通频道的"下班万万岁",武汉广播电视台交通广播的"吃喝玩乐搜城记"等,节目名称都别出心裁。但大多数电台都以相声、小品为主。

(8)做好健康养生知识节目以及当地餐饮介绍之类的节目。这一方面,上海交通台做得比较好,设置的节目有"吃遍上海滩""健康小语""生活百事通""消费直通"等。

此外,还应多组织活动,设立各种小奖品,增加听众参与的兴致。同时注意节目品牌建设,注意嵌入度,做到润物细无声。

总之,从刚需入手,当人们有急事、难事时想到电台,这就成功了。

(作者系河北省社会科学院研究员)

个人网络电台发展问题浅析

王 灿

随着互联网的普及，广播改头换面，以一种新的形式——网络电台，在互联网中得到了生命的延伸，焕发出新的生机。与传统广播不同，网络电台的类型更加丰富，创办者也更加多元，无论是正规的电台机构还是商业网站，抑或是普通网民都可以参与创办网络电台。其中，个人网络电台的形式、内容与传统广播差别最大，网络化特征最显著，尽管还存在着诸多问题，但它脱离传统广播的窠臼，对网络广播形式的积极探索和尝试，对广播的网络化有着重要的借鉴意义。

一、个人网络电台的界定

个人网络电台是一种由民间团队自行创办的，以网络、新媒体为传播渠道的电台形式，大多出于非商业目的，不以盈利为目标，其兴起得益于播客技术的成熟。蔷薇岛屿网络电台、念念电台、自己网络电台（MINEFM）等等，都属于此类。个人网络电台在内容、形式上有一定的规范性，有明确的定位、人员的分工、固定的播出或更新时间，并且开设了不同的广播栏目。这使其与一般的随心所欲、自我表达的"网络音频播客"区别开来。个人网络电台通常采用"借船出海"的方式，挂靠在成熟的音频平台上，用以传播和推广，荔枝 FM 是其目前最大的集散地，此外，酷狗音乐、虾米音乐、喜马拉雅 FM 等也是其主要的发布渠道。

个人网络电台多以广播文艺、广播教育等形式为主，娱乐、教育功能明显强于信息传播功能。区别于商业网络电台，个人网络电台没有大量资金购买音乐版权，不可能向专门的音乐电台方向发展，其内容多为原创的散文、故事、广播剧等。

二、个人网络电台兴起的原因

1. 准入门槛低

网络电台抛弃了笨重的编录设备，一台电脑即可完成节目的录制。荔枝 FM 提出"轻电台"的概念后，网络广播的录制程序进一步简化，只需一部手机即可。无论是人力、物力还是财力都不需太大的开销，前期投入成本较低是个人网络电台兴起的客观原因。

2. 创办者自我实现的需求

网络的出现给了人们空前的自由，伴随着网络发展的，还有"去中心化""个性化"的趋势。个人网络电台作为一种规范化、组织化的自媒体，就在这样开放的大环境中应运而生了。它是创办者个人理想的投射地，满足了创办者自我实现的需求，其广播节目大多不拘一格，带有鲜明的个人风格以及个性色彩。

3. 用户的收听需求

新媒体出现后，一些人在传统广播与新媒体融合的过程中为广播添枝加叶，将广播变成了"四不像"，恰恰忽略了广播不可视、伴随性、富于想象力的优势。正因为不可视，广播解放了人们的眼睛和四肢，更便于充分利用生活中大量的碎片时间；正因为富于想象力，广播能带来不同于其他媒体的愉悦感受。在新媒体时代，广播的形式或许会发生改变，但是广播作为声音媒体将会一直被社会需要。在这样的背景下，个人网络电台开始出现，作为现有广播样式的补充，填补了人们的碎片时间。

三、个人网络电台的生存之道

个人网络电台在"先天不足""后天无益"的情况下，扎根于稀薄的受众土壤中，在多种媒体割据的夹缝中顽强生存了下来，这得益于其对广播本质及互联网特性的准确把握。

1. 录播为主，精耕内容

传统广播以直播为主要方式，往往 24 小时不间断播出，长时间的播出要求导致其对节目的需求量很大，没有时间和精力去打造精品节目。直播播出对于各方资源相对匮乏的个人网络电台而言有一定难度，于是许多个人网络电台索性反其道而行之，以录播节目为主。充足的制作时间让它们得以对节目内容精打细磨，生产出高品质的广播节目。《罗辑思维》是一档广播脱口秀节目，因其新颖的观点和丰富的知识量，如今已经家喻户晓；"念念电台"是一个针对英语爱好者的网络电台，定期更新英语学习节目，如今也聚集了大批粉丝；"自己网络电台"是长沙高校大学生创办的网络电台，以原创的散文、游记、音乐鉴赏等广播文艺作品为主，吸引了大量年轻听众。录播方式正是品质保证的关键。

2. 细分受众，广播变"窄播"

个人网络电台追既关注用户的个性，也着重突显传播者的个性。在个人网络电台中，用户被进一步细分，每一个电台都有自己的目标人群和定位，长此以往，形成了自己的品牌特色和风格。例如，"左右电台"就是面向华人同志的一档网络电台;"半岛网络电台"将受众锁定为喜爱文艺的年轻人;"时光电台"将经典怀旧作为自己的电台风格。受众的细分和传播者个性的彰显,让"广播"成了"窄播";明晰的定位以及个性化传播也有助于广播电台品牌的识别,让目标听众能够顺利找到电台,成为忠实听众。

3. 增强用户黏性

网络拉近了传者与受者的距离,如果网络电台还仅仅将播送节目、提供内容作为唯一天职,那是反网络化、逆潮流的观念,注定要被时代抛弃。网络电台应该延伸出多只"触角",深入受众生活的方方面面,除了提供娱乐平台以外,网络电台还可以成为社交平台、服务平台,甚至是理财或众筹平台等等,网络给电台提供了无限可能。将被动的受众变为主动的用户,提升用户的忠实度,增强用户黏性,是新媒体的目标。个人网络电台在增强用户粘性方面做了一些尝试。

(1)电台+社交。

除了微博、微信、电话、短信等传统互动方式外,个人网络电台还追求听众的深度参与。首先是让听众深度参与节目内容,比如,每期发起一个话题,通过微信订阅号、网站、APP 等方式让听众展开讨论、和听众交流。这时,电台成为一个网络论坛,各种意见、观点集散在此,这些网友贡献的意见、观点也构成了电台的 UGC 内容,电台在 UGC 内容的基础上进行筛选、加工形成下一期的节目,听众在其中多少会找到自己的影子,有强烈的代入感。其次,通过发展线下活动,例如读书会、同城聚会、听众见面会等等,个人网络电台为听众提供了社交的平台,深化了与听众的联系。电台与社交的结合在美国其实也早有尝试,例如 Piki 电台就是一个通过分享音乐来交友的音乐社交电台。

(2)电台+服务。

网络电台不仅是一个娱乐平台和社交平台,它还可以成为一个服务平台。其实服务听众的意识早在传统电台中就有萌芽,例如,我们熟知的"点歌送祝福"就是传统电台所提供的一种服务,而在网络电台中,服务的意识将更加受到重视,更加被强化。目前,许多个人网络电台就尝试开通了"定制节目"的业务,根据听众的需求来定制节目内容,实现他们的愿望。听众不仅是听电台,也是在用电台,听众在无形中被悉数转化为用户。

(3)电台+众筹。

"众筹"一词源自英文"Crowdfunding",全称"大众筹资",指项目或企业以团购及预购的形式,通过互联网平台向一般民众募集项目资金的融资方式。目前国内有众多正规的众筹网站，例如众筹网、淘宝众筹、追梦网等等。在这样的背景下，众多网络媒体纷纷试水众筹，一方面，众筹可以缓解媒体的资金压力，另一方面，众筹强化了受众与媒体休戚与共的使命感。个人网络电台主要是采用"奖励众筹"的形式募集资金，以缓解运营压力，形式较为单一。日本音乐电台则发展了更多众筹模式，值得我们学习和借鉴。

4. 语言表达的年轻化

时代在发展，受众的年龄层次、文化水平、兴趣爱好在不断改变，广播的语言表达方式也应该随之改变。网络广播的听众以年轻人居多，在语言表达方式上更应该契合年轻人的心理和习惯。个人网络电台大多是年轻人创办，在语言表达方式上更符合年轻人的口味。

（1）个体叙事。

个人网络电台的节目更倾向于自我表达，通常以第一人称，从主观视角进行叙述，仿佛老友交谈一般，营造了人际传播的氛围，拉近了与听众的距离。同时，个人网络电台节目语言多采用感性的表达方式，重视情绪的渲染，善于用文字和声音激发观众的想象力，因而受到了许多年轻人的喜爱。

（2）寓庄于谐的语言风格。

不同于传统广播一本正经的风格，网民自发创办的网络电台多了一些调侃、戏谑，少了一些郑重其事，表现出寓庄于谐的语言风格。寓庄于谐是年轻人偏爱的一种语言风格，不同于传统语言表达方式的直抒胸臆和煽情到底，年轻人更喜欢将庄重的主题用幽默、诙谐的方式表现出来，在主题和语言表达形式之间形成强烈的反差，"吐槽""自黑""屌丝"等网络流行语都印证了这一点。

四、个人网络电台存在的问题

尽管有部分个人网络电台对网络广播的形式进行了成功的探索，但是还有大部分的个人网络电台仍然只是"小众娱乐"，不成气候。总体来看，个人网络电台还是一种不成熟的电台形式，制约其发展的主要有以下几个因素：

1. 没有成熟的盈利模式

盈利困难是目前所有网络电台共同面临的一个问题，由于未能实现盈利，许多商业网络电台纷纷停止运营个人网络电台。尽管运营成本低，但是没有收入终非长久之计。网络电台都在努力探索盈利模式，可是困难重重。一方面，我国的受众并没有为内容付费的习惯，另一方面，广播的收听率不高，无法获得广告商的青睐，另外，在广播中植入广告也容易招致听众的反感从而影响收听率。减少对广告商的依赖，开辟新的盈利渠道，探索新的盈利模式迫在眉睫。

2. 电台品质良莠不齐

目前大多数网络电台节目是健康向上的，但由于互联网的特性，致使部分网络电台在内容上还存在着一些问题，如有些网友翻唱的歌曲，随意篡改歌词，歌词里随意加进不健康的东西，成为"歪唱"。特别是午夜以后，各类边缘话题就出场了。网络电台目前还未成气候，配套的管理条例也没有形成，基本靠电台的自律，适当地规范有助于行业的有序发展。

3. 网络技术的限制

网络技术平台对网络广播电台发展有一定限制，不同的收听用户接收终端不同，信号的传输强弱有所差异，不同的网络电台提供的播出出口带宽不同，访问人数和速度也受到限制。带宽较小或带宽不稳定的地区，在收听过程中经常时断时续，播出效果不够稳定和流畅，尤其在直播节目的时候，往往会因为网速太差而导致信号中断，影响收听者的情绪。

综上所述，个人网络电台对广播的网络化生存进行了大胆的探索，在将广播本质和互联网特性巧妙结合的方面做出了尝试，给传统广播的转型提供了一些启发。与此同时，也应看到还有诸多的问题制约了个人网络电台的发展。个人网络电台是一种尚在发展中的电台形式，广播与网络、新媒体融合的探索仍在继续。

参考文献

1. 金玲. 门户网站网络电台路在何方——以腾讯网 QQ 电台为例. 2009 - 12 - 16. http：//media. people. com. cn/GB/22114/150608/150617/10592484. html.

2. 周笑. 新媒体的本质优势 [J]. 传媒, 2006 (11).

3. DJ 晨洋. 广播电台的众筹可以怎么玩. 2015 - 02 - 05. http：//blog. sina. com. cn/s/blog_4aa618c60102vcjd. html.

4. 向美霞. 试论网络广播电台发展之困境 [J]. 新闻记者, 2011 (11).

5. 刘磊. 新媒体环境下播客发展研究 [D]. 上海：上海师范大学, 2009.

（作者系暨南大学新闻与传播学院硕士研究生）

移动互联时代手机电台的发展现状与路径分析

文 莎

手机电台是建立在网络播客模式和传统广播基础上，包含脱口秀、新闻等多种形式自制原创音频内容的在线音频互动社区，其内容生产以 UGC（用户生产内容）和 PGC（专业生产内容）为主。手机电台强调其平台的社区属性和交流互动，旨在为手机应用程序客户端用户提供音频的直播、点播、录制、互动等服务。

一、手机电台的发展现状

手机电台行业兴起于 2010 年豆瓣 FM，2013 年前后手机电台 APP 如雨后春笋般涌现，2015 年处于行业领先位置的平台在用户规模上取得突破性发展。

（一）行业发展呈现三梯队格局，用户规模取得突破性进展

目前，手机电台市场已经涌现不少于 30 款的专业产品，据速度研究员数据分析显示，截至 2015 年 3 月 31 日，手机电台 APP 下载量前 11 位如下图：

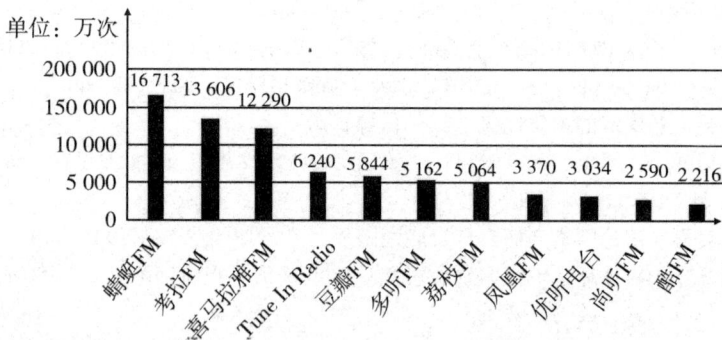

图 1　热门手机电台 APP 累计下载量统计

从图 1 可以看出，手机电台 APP 下载量呈现出三梯队格局。第一梯队为下载量过亿的 APP，包括蜻蜓 FM、考拉 FM、喜马拉雅 FM。第二梯队有累计下载量过 5 000 万的 Tune In Radio、豆瓣 FM、多听 FM、荔枝 FM。

第三梯队有下载量不足 5 000 万凤凰 FM、优听电台、尚听 FM、酷 FM。

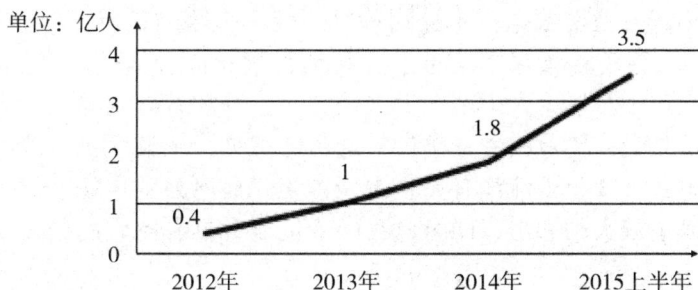

图 2　2012 年—2015 年上半年手机电台用户规模统计

从图 2 可以看出，自 2012 年到 2014 年，手机电台用户规模一直平稳增长，而 2014 年至 2015 年上半年用户规模呈现大幅度增长趋势，达到 3.5 亿。用户量的快速增长得益于智能手机的普及，得益于手机移动客户端应用软件的开发，也得益于无线网络的全面覆盖。最重要的是手机电台"听"的本质属性，移动互联时代，"听"已经成为一种可以比拟"看"的生活场景。

在互联网金融生态圈里，下载量、用户量与融资额成正比。2014 年国内代表性的手机电台先后纷纷完成数轮融资，融资规模也逐渐扩大。其中，喜马拉雅 FM 的 B 轮融资高达 5 000 万美元，再一次刷新了手机电台市场的单轮融资额记录。高的融资额带来的是在内容和渠道等方面更强的竞争优势，有助于进一步发展用户、抢占市场，因此仅在 2015 年上半年用户数量就实现了从 1.8 亿到 3.5 亿的猛增。用户量达到"亿级俱乐部"之后，手机电台将会更有可能在整个移动互联网市场站稳脚跟，而不是成为一个"非主流"的产品。

（二）从"广播"到"窄播"，满足用户个性化需求

技术的发展是引导"广播"转向"窄播"的重要因素。大数据云计算技术通过处理用户收听的历史记录和浏览痕迹，在后台绘制出用户的收听喜好和趋势图谱。通过这些数据便可以较好地把握用户心理，从而提供个性化服务，提高用户黏性和满意度。初次打开荔枝 FM 客户端，系统会提供十几个频道给用户选择最感兴趣的频道，根据初次选择，系统会定时推送相关内容给用户。

互联网企业跨界到传统行业的思路都是从用户体验出发，抓住传统行业的低效环节，进行改造和优化，从而颠覆传统行业。手机电台依托大数据和"云传播"技术，拥有强大的信息处理能力和巨大的信息数据储存空间，最大限度地满足用户个性化需求，减少用户信息搜寻时间。2015年10月，中国第三方营销数据技术公司秒针系统联合喜马拉雅FM、蜻蜓FM、多听FM三大移动音频媒体发布了《移动音频媒体价值白皮书》。调研表明：城市人口中，每3人中就有1人经常收听移动音频媒体，其受众规模不仅大，而且受众愿意接受音频广告。由此可见，依赖手机智能终端而兴起的各类电台APP，虽然没有完全占领传统广播电台的市场，但仍然给传播广播带来了很大的冲击；同时，我国手机电台具有巨大的产业空间和市场机会。

（三）点播类、直播类和推荐类渐趋融合，音频平台价值提升

国内手机电台兴起之初，从功能上大致可分为三类，即点播类、直播类和推荐类。随着移动互联技术的深入发展，为了满足用户的多层次需求，手机电台逐步完善平台功能，点播类、直播类和推荐类在一个APP上都能集中体现，渐趋融合。以蜻蜓FM为例，自2011年推出以来，现已收录全国3 000多家电台节目。由此可见，手机电台的发展模式完成了从内容播放工具向音频媒体平台转变。以手机电台APP为平台，打造集主播挖掘、培养、推广、版权购买、合作，应用程序开发，服务器购买，租赁、搭建专业录音棚为一体的媒体生态圈。

二、手机电台的发展路径

手机电台行业的发展历时逾15载，如今进入青春期，朝气蓬勃，却因太过稚嫩，喜忧参半。现阶段手机电台行业遭遇以下问题：没有稳定的盈利模式支撑；与在线视频行业相比，手机电台的准入门槛低，平台价值相对较弱；平台依赖性低，优质内容的发展缓慢；音频质量参差不齐，出现了许多低俗、恶俗和色情的内容。然而，正所谓"瑕不掩瑜"，物联网推动下的汽车联网，给车载智能设备、车载手机电台带来了广阔市场。笔者认为，手机电台的发展并不完全与视频网站、门户网站、社交网站等新媒体的发展路径相重合，而是在发挥新媒体的共有竞争优势的同时，更注重自身的特性。

（一）进一步完善版权市场，实现与其他娱乐行业的泛娱乐联动

从用户自制节目到网站购买版权和自制生产，版权将成为有声书类互联网公司未来发展的关键因素。而相关的版权代理和运营机构，在这个过程中，有很大的作为空间。互联网公司在开放平台的同时，应该承担相应的版权审查义务，更应该主动避免采购无版权或盗版作品。以喜马拉雅FM为例，喜马拉雅FM引入了全球最大的中文数字阅读平台——阅文集团作为战略投资者。根据双方达成的协议，此次版权合作后，喜马拉雅FM将获得阅文集团旗下海量网络文学作品的有声改编权。

通过对喜马拉雅FM、蜻蜓FM、多听FM这三大手机电台的收听内容进行统计，总计出现20余种节目类型，分别是有声小说、综艺娱乐、相声评书、电影、情感生活、新闻资讯、音乐、养生保健、电台直播流、历史人文、百家讲坛、商业财经、旅游、广播剧、外语、汽车、培训讲座、校园、儿童、游戏、戏曲等等。手机电台的平台内置板块丰富多样，然而优质的内容是有限的，独家板块固然吸引听众，但投入也较大，引进音频内容势在必行，因此加强与其他娱乐行业的合作，将成为手机电台音频内容的重要来源。同时，手机电台应对互联网平台交互性关系充分运用，比如用户可以分享音频到QQ空间、微信朋友圈、微博等社交媒体，加快优质内容的传播。

（二）创新盈利模式，打造物联网、车联网的娱乐中枢

我国的手机电台电台维系和发展的核心问题是没有稳定的盈利模式支撑。目前手机电台行业的收入来源以展示类、音频类的广告为主，较为单一的收入来源，让网络电台难以实现盈亏平衡，各家网络电台还处于"烧钱"阶段。为此，各大网络电台也在寻求差异化的盈利模式。

我国的手机电台用两年时间就完成了国外同类应用6年才能积累的用户量，而当积累到一定数量级后，在融资不顺的大背景下，对手机电台而言，成熟的商业模式亟待出现。被称为"音频领域YouTube"的德国网站SoundCloud，提供音乐分享社区服务，其早先的盈利模式提供类似云盘存储的服务收费，每个人都可以免费向SoundCloud上传音乐，并与他人分享，但是免费上传的音乐有时长限制，超过免费时长，需要付费。这一商业模式后来被证明是成功的，SoundCloud现在的用户已经超过两亿。蜻蜓FM提出了联合主播收入分成的机制；考拉FM则希望进入O2O领域，赚服务的钱。基于硬件的盈利也是手机电台行业发展的一个重要方向，手机电台如果能够占领汽车空间，这也将成为盈利的落脚点。

（三）加大音频内容监管力度，净化网络空间

手机电台主播一般是和受众年龄相仿的年轻人，生活背景、学习经历、个人素质参差不齐。比如荔枝FM上许多脱口秀节目一味追求节目个性和话题的噱头，节目内容粗俗，可能一段时间有一定粉丝，但是绝不利于节目的可持续发展。针对此现象，手机电台的后台管理人员需要做好"把关人"，及时清理并进行主播定期培训。

总之，随着人们娱乐方式的多样化，视频、音频类的娱乐形式占比逐步提升，人们对于小说、电视节目等移动化、音频化的需求为手机电台带来了发展机遇。手机电台市场不断发生融资，融资额不断提高，说明了这个市场正逐渐被人们重视。为了提升平台价值，手机电台平台围绕内容生产的一系列流程进行投入，打造和丰富内容生态系统，实现从用户获取内容的播放工具到新型音频媒体平台的转变。手机电台作为一种娱乐形式会被更多的人熟知和接受，手机电台行业将由此收获大量用户，发展前景较好。

参考文献

1. 王明琴. 广播移动化的困境与出路——以移动音频客户端为例［J］. 中国广播，2015（4）.

2. 陈佳宁. 移动音频类应用对传统广播的冲击与启示［J］. 中国广播电视学刊，2015（6）.

3. 张锋，龙小平. 一种基于社交的移动互联网音频媒体［J］. 中国有线电视，2015（11）.

（作者系暨南大学新闻与传播学院硕士研究生）

媒体融合视角下广播节目发展新路径

——以中国之声为例

王娅婕

技术的进步对传统行业的格局乃至生存的改写和冲击令人感触颇深，人们的生活习惯和行为方式逐渐被改变。移动互联网、移动终端的迅猛发展对传统媒体冲击日渐深远，作为传媒行业中资深的传统媒体——广播，也难以独善其身。"中国之声"是中央人民广播电台第一套节目，是中国国家电台最具权威性和影响力的新闻频率。在媒体融合背景下，身处"新媒体"年的中国之声承继改版以来的良好势头，坚持新闻专业化，强化互联网思维，拓展媒体产业链，在传播理念、报道方式等方面取得了很大突破，对广播节目发展新路径进行了积极、有益的探索。

一、内容为王赢得权威性

媒体融合背景下，中国之声提出回归新闻本位、坚持新闻立台。根据央视索福瑞 2014 年调查显示，在北京、上海、武汉等地，中国之声的收听率和市场份额较 2013 年都有所上涨。这与中国之声坚持内容为王，新闻专业化是分不开的。

广播具有速度快、覆盖面广的特点，在重大的、突发性新闻发生时，广播可以在与传统媒体竞争中抢到首发优势，在与新媒体的竞争中体现自身的专业性和权威性。

2014 年 8 月 3 日，云南鲁镇发生 6.5 级地震，中国之声特报部记者在两个小时内发出第一条录音报道；14 路记者在地震当晚陆续赶往震区，奋战在抗震救灾一线；8 月 4 日，中国之声打破原有播出安排，调整频率播出时间转入对地震的全方位直播，推出抗震救灾特别直播《鲁甸紧急救援》，提供灾情、救援、避险、交通、心理干预、专家解读、寻亲热线等信息服务，并播出方言版救援信息；连线中央人民广播电台驻云南记者报道前方消息，在后续节目中不断插播余震消息，提醒听众对地震持续关注，领先于所有广播电视媒体，及时公开透明地报道灾情，引导各方力量科学救援。

中国之声积极投入国家应急广播建设，云南鲁镇地震中，中国之声的应急广播相比"4·20芦山地震"、汶川地震时运作更加成熟。第一时间启动国家应急广播报道程序，发挥国家应急广播主力作用，向灾区民众定向播出应急频率。2014年8月5日，"国家应急广播鲁甸地震广播电台"在龙头山发出了第一次呼号。这是继2013年芦山地震国家应急广播开播之后，第二次在地震灾区开通的国家应急广播，成为覆盖整个震中地区的中国最强音。

除了应急突发事件，中国之声也十分重视对重大事件的直播。2014年12月13日，中国之声全程参与直播南京大屠杀公祭日纪念活动，建立专题网站，上传音视频，开辟互动专区。2014年12月19日，中国之声参与直播庆祝澳门回归祖国十五周年文艺晚会，取得圆满成功。

二、媒体融合下互联网思维的植入

广播媒体借助新媒体所展示出来的互动性、共享性、联通性可以有所发展。强化互联网思维，加快转型，是包括广播媒体在内的主流媒体的共同诉求。

媒体融合说到底就是深化内容与形式的结合，在"内容为王"的前提下，利用新技术，使传播效果通过N次传播、N次交互、N次集成达到精准化、个性化、有效化，其中用好互联网思维是实现内容和形式融合的关键。互联网思维讲究平等交流，强化互动反馈，追求简约极致，注重用户体验，崇尚开放共享，注重跨界合作，强调数据运用。

（一）用户思维的转型

1. 讲究互动交流

广播注重通过对话达到语言和心理上的互动，从而和受众形成拟态的人际传播，体现出情感的慰藉和人文的关怀。中国之声以《央广新闻》《新闻和报纸摘要》为代表的品牌新闻节目多采用对话式报道，实现了对话式报道的常态化。男女主持人一问一答，比起严肃的独播要更具个性，有利于吸引年轻受众群体，真正体现了广播传播快、篇幅短、口语化强的传播优势，除双主持人对话，还有主持人与记者、专家对话，以及主持人与听众的互动。除了主持人互动，中国之声在报道语言上追求轻松活泼，摒弃了以往严肃的姿态，拉近了与听众的距离。

2. 强化受众反馈

中国之声微博专栏"早安今天"每天聚焦一个话题，邀请中国之声评论员、观察员、资深记者编辑撰稿，发表了多条评论性质的微博、发人深省，引发网友强烈共鸣。中国之声官方微博还发起了一项持续一周的调查，重点对网友反馈进行梳理，并通过节目进行分享。

新闻热线向来是广播互动的一大优势，中国之声在此次报道中特别创设了"厉行节约新闻热线""厉行节约随手拍"等行动，邀请全社会参与，或者曝光身边的浪费行为，或者推荐周围节约的典范，也可以推荐勤俭节约的好点子、好方法，取得了强烈的社会反响。

中国之声通过微博、微信等社交媒体同步发起话题征集，与粉丝进行互动，引发网友热烈讨论，整个节目妙趣横生。在官网上，专题、图片、文字、音频、视频全方位呈现，增强了节目影响力。

3. 注重受众服务

中国之声从"内容提供商"向"服务型媒体"角色转变，是广播媒体的一个亮点。2014年10月，国家应急广播鲁甸抗震救灾应急电台和由中央人民广播电台、云南广播电视台和普洱人民广播电台三级联动搭建的国家应急广播——景谷抗震救灾应急电台分别在地震中开播，这是国家应急广播继2013年开办芦山抗震救灾应急电台后再次在地震中开办专门为当地受灾群众、救援人员等提供信息服务的应急电台。

其次是对公益的关注。2014年1月16日起，中国之声推出2014年《新春走基层·温暖回家路》特别报道，围绕"回家、过年"这一温暖主题展开策划。中国之声在全国多地推出了18场现场直播，覆盖火车站、机场、长途汽车站、农贸大集市，与旅客现场互动，伴听众归家路途，特别是中国之声将卫星直播车直接开到火车站站前广场，与旅客现场互动，发放"温暖"明信片，引来许多人的注意，听众们还热情地给直播车起了个亲切的名字"大黄蜂"。除此之外，中国之声在2014年还推出"国家应急广播2014年应急冬令营暨网友体验"活动、"广播惠农爱在乡村"系列公益活动、"地球一小时"公益亲子活动等等。

（二）平台思维的转型

我国手机网民数量已超PC。庞大的潜在受众群对广播来说是一把双刃剑，一方面新媒体分流了广播受众，瓜分了广告市场；另一方面智能手机延伸了广播的时间和空间，为广播迎来一番光景。对于广播传播平台来说，首先，优质独家资源依然为王，获取优质独家内容资源方式有两种：一是内容自制，如中国之声主打品牌节目《新闻与报纸摘要》《新闻纵横》《千里共良宵》都属于"硬通货"。另一种是对外引进优质的独家内容资源，如与提供商建立合作，获取独家资讯等。其次，UGC内容受重视，优质的独家内容是有限的，想要打造巨大用户量的客户端，满足各行各业受众的口味，就要加强内容的丰富程度。另外，内容的个性化推荐和搜索也逐渐成为主流，解决用户个性化订阅，掌握大数据挖掘技术，能够在用户合适的时间和地点，为用户推荐最合适的内容。目前来看，中国之声的广播客户端形式还比较简单，仅仅是播出平台由广播平台向手机的横向平移，缺少点播回放和节目推送功能，互动不足。

（三）跨界融合的转型

中国之声于2010年在新浪微博上线，粉丝量和影响力都稳居电台类媒体微博第一名，这为中国之声积聚了大量的受众。2011年，中国之声微电台进驻新浪微博，突破以往收听电台的地域、终端限制以及互动方式的缺失。2014年，中国之声在苹果播客平台开通了《直播中国》《难忘的中国之声》《千里共良宵》三档栏目，节目总下载量突破百万，成为播客首页推荐的播客栏目。

中国之声通过跨界融合，拓展了新闻内容的来源，稳定了忠实的受众群；对网络热点进行回应解读，特约观察员、谈话嘉宾等对新闻事件做出回应，有效增强了节目的可听性；重视 UGC 内容，受众与主持人的互动内容成为节目内容来源，如在直播中将受众的观点引入，设置微博热议、互动等小栏目，用当下热点引导受众思考，让不同的观点多元呈现，创新节目内容，促发了受众的参与热情。

综上所述，中国之声节目以内容为王，坚持新闻专业化，摒弃了原来靠互联网"二次传播""二元传播"的理念，形成"多元传播"新格局，运用互联网思维，通过微博、播客、客户端等进军新媒体，延伸了媒体产业，为广播节目发展新途径提供了一个标志性的样本。

参考文献

1. 央广网. 国家应急广播鲁甸抗震救灾应急电台进入正常播出［N］. 新闻与报纸摘要，2014 - 8 - 7.

2. 陈凯星. 融合分享时代红利［N］. 新华网，2014 - 09 - 29.

3. 胡正荣，曹璐，雷跃捷. 广播的创新与发展［M］. 北京：北京广播学院出版社，2004.

4. 单文婷. 新媒体时代的广播发展：追随者 or 引领者［J］. 视听界，2014（5）.

（作者系暨南大学新闻与传播学院硕士研究生）

浅析数字化背景下的公共广播

孟　倩

公共广播有多层含义，第一种为公共广播电视，是一种媒介制度。公共广播电视制度由来已久，最早订立公共广播电视制度的是 1927 年的英国，其定位既非政府，也非商业，只是作为大众传播为公众提供信息与服务。公共广播肩负着为社会大众提供服务、传播信息、提供交流互动平台和空间的责任。与此不同的商业广播制度是美国主要的广播制度模式，这两种模式在公共广播制度的沿革变迁当中互相影响和作用，逐渐诞生了目前兼具盈利和公共传播性质的混合所有制广播。

第二种含义是指公共广播系统。在市场概念和工程技术概念下，公共广播指公共广播系统，是由一定组织进行管理的，主要进行声音服务，可分为业务广播、背景广播和紧急广播等。这样的广播遍及社会各处，伴随着我们的成长。

随着数字化的发展，公共广播系统是广播产业和公共服务的一个重要发展趋势。本文只谈及学术上对于公共广播制度的范畴与定义，不谈公共广播系统。

一、公共广播的发展概况

公共事业关系到公众基本的生活秩序和权力，影响着社会的整体发展。世界上第一个制度意义的公共广播电台诞生于 1926 年的英国，而人们通常认为在公共广播界，赫赫有名的 BBC 是最早践行者。BBC 是创立最早，并且长期坚持"公共服务"指导原则、闻名全世界的公共广播服务机构。近年来，BBC 不断变革，如数字技术变革，富含人文精神和"公共服务"本色的内容创新，打破"各自为政"的组织结构，适度进行商业性质的媒介经营，使得面向全体公民进行文化和信息传播成为可能，使得广播不再单纯为某一政治或商业集团服务，而多是为全体公众服务。

相对于 BBC，香港公共广播电台作为在港唯一的公共广播机构，已经存在了 80 多年。其始终贯彻提供有特色和高素质的广播节目，教育和娱乐公众。发展过程中公共服务的理念始终如一。香港公共广播电台为了维护其公共服务的初衷，注重对责任的追究，不断完善其问责机制。在内容上

247

和平台上向新媒体延伸，跨媒介合作，制作有别于商业电台的多元节目，在管理上自我纠错，自我完善，走出了新公共广播之路。

美国和西部欧洲的发达国家有着不同的公共广播系统。公共广播的定义有所不同，影响也较弱。他们以私营商业广播为核心，商业广播带来了盈利和市场。商业广播电视与公共广播的最大不同之处在于商业广播属于私人，并且以利润最大化为目标。"媒介信息的目标是那些有明确社会经济特征的潜在消费者的集合体"，为了追求商业利润，受众的数量和视听率成为最主要的媒介衡量标准。

公共广播制度设计的初衷是不从属于商业和个人，为公众发展服务的公共机构。但这样一个缺乏市场竞争和组织系统的部门不免陷入政治化的泥潭，逐渐产生和政府官僚化以及集权化一样的制度顶层设计困境。公共广播普遍存在着组织庞杂，非经营性资产过重，大众服务意识不足等缺点。当公共广播只成为"喉舌"时，就会或多或少地忽略人民声音。在市场竞争日益激烈的环境下，公共广播亟须转型。

二、公共广播的市场转型

近年来的公共广播制度具有双重属性，即商业广播和非营利性广播，其节目或产品也兼具营利性和非营利性。公共广播因其公共服务性，承担着传播知识、文化和信息等重任，但也经常被认为是政府部门的一部分，所以在一定程度上具有政治性，时常表现出政府喉舌的性质。但是随着市场化的洪流席卷而来，公共广播不可避免地被影响，市场意识开始慢慢渗入公共广播中，当然前提是尽可能坚持公共服务的理念。

同时，在新自由主义和追求市场商业价值的社会普遍价值追求下，商业广播的发展，有线电视和卫星数量增加，从事传播业，尤其是私营传播业的人越来越多，公共广播服务的机构和影响力在显著地下降。

20 世纪 80 年代以后，世界经济迎来了私有化和市场化发展的新一轮改革，公共广播制度在新兴媒体和私营媒体冲击下，其垄断地位受到挑战并开始实行公私并举的双轨制运作模式。"目前，公营台仍然垄断视听收费市场，一些电视台开始播出广告，而私营台则完全遵循商业模式，主要靠广告费为生，双方竞争并互相争夺市场。"

在市场竞争日益激烈的环境下，商业广播充斥在人们的生活中，商业广播的声音越来越大，它们所表达的声音是私人的，带有明显的主观色彩。未来的公共广播服务很难做，但是也会成为一块保存公共服务精神的净土。未来的公共广播可以积极尝试其在内容和制作上的革新，以应对商业化浪潮所带来的挑战，比如公共广播机构可以利用数字压缩方式建立起自身的节目资源库，为受众提供时事、纪录片、喜剧和戏曲以及其他的创新节目。只有不断革新，才能使自己在媒介中独立生存。

三、数字化时代的畅想

二十世纪六七十年代，"车轮子和干电池"拯救了广播事业，随着新时代的到来，数字化新媒体传播技术与方式的变革，又成了堵在广播事业发展上的一道坎，广播的优势面临新媒体，似乎不再是优势，锐意创新，是当前最重要的课题。

数字化是一种新的数据压缩和传输模式，数字化体现着人类最新的科技成果。信息的传播中，声画与文字的实时传播，加强了人们的参与性。"数字技术凭借其新的交互式服务与给我们带来了新的可能——数字化可以帮助我们优化生产和分销策略，并且准确提供跨平台和跨媒体的受众范围。"

全球广播电视的趋势是数字化，数字化便捷的频道压缩使得广播频道数量不再是问题，传统媒体只有在运营方式、传播方式上与新媒体进一步融合，并在内容上积极地创新，抓住公众传播这一立足点，制作出公众喜闻乐见的节目，才能在竞争中占取先机。

在内容上，仅仅把传统媒体报道简单打包搬上新媒体平台是远远不够的，在构建新媒体产业链的同时，开发适合新兴平台的内容资源将是未来的重点。

数字化并不是简简单单的一个技术概念，它包括数字的平台传播渠道，也同时包括适应数字平台播放效果和播放体验的内容，在传媒业改革中，平台和内容二者不可偏废。

平台上，广播联系网络媒介，搭建网络广播平台，如中央人民广播电台创办央广网，依托央广（CNR）多个频道让听众在线收听广播。联系移动端，拓展手机广播，新兴的蜻蜓 FM 客户端实现了移动收听。借助微信和微博等，搭建与听众的即时互动平台，进行良好的沟通，如中国之声作为央广最主要的频道，在微博上创设话题，与网民互相讨论，并支持主持人开通微博，将有意义的微博留言直接播出来，收到了良好的成效。

在未来，新兴媒体的主要使用者，主要为 80 后、90 后人群，作为广播新一代的受众，如何让他们养成收听广播的习惯，提供更受欢迎的内容，是广播以后的另一个努力方向。

在新的媒介生态当中，记者的身份将会被淡化，而在传播渠道多样的情况下，受众的选择权会更大，方式也更加多样。在舆论传播中，受众可以自主地选择信息去传播，也可以自由发表自己的意见，阐述自己的主张和观点。面对新媒体，传统广播必须为听众提供个性化的广播产品，策划一些社会热点，创新广播节目的形式，如改变聊天节目的方式，加入互动，增加受众的主动参与，才能获得更大的市场份额。

在广播节目的发展定位当中，只有终端移动化，内容个性化，服务参与化，走类型化电台（即"窄播"，注重细分市场，定位精确，针对稳定而特定的受众提供特定的节目内容）的发展道路，广播才能在数字化竞争的浪潮中获得良好的发展。

（作者系暨南大学新闻与传播学院硕士研究生）

新媒体时代县级广播电视融合发展策略探析

马 虹

县级广播电视台是针对县域地区，充分做好宣传工作而设立的，但是由于覆盖面窄，发展不健全，长期以来，很多人对县级广播电视抱有悲观态度，认为其可有可无。诚然，和中央以及省、市级广播电视媒体相比，县级广播电视确实显得微不足道，但在广电事业的发展中扮演着不可替代的角色，肩负着传达国家大政方针、反映百姓诉求的责任，又承担着为地方发展服务的使命。习近平总书记提出的打造"新型主流媒体"和"新型媒体集团"的战略目标，对于县级广电传统媒体来说，是他们必须面临的一场深刻变革。

一、新媒体时代县级台的发展现状

新媒体的崛起以及移动互联网、大数据的普及，对原本发展水平就不高的县级台无疑带来了新一轮冲击。新媒体进入门槛低，不受时空的限制，反倒给受地域、经济等多种局限的县级台释放了一定的发展空间，是一次互联互通、做大做强、充分发展的大好时机。近年来，各大媒体涉足新媒体的发展路径大抵相同。正如胡占凡总结的那样：一是传统媒体建设新媒体，即"你是你，我是我"阶段；二是传统媒体和新媒体互动发展，即"你中有我，我中有你"阶段；三是传统媒体和新媒体融合发展，即"你就是我，我就是你"，也就是现在的"一体化发展"阶段。大多数县级台止步在第一阶段，无法前进。

1. 县级台的新媒体发展流于形式

与一些大型主流媒体融合发展的进程相比，受到各种局限和制约的县级台与新媒体融合发展的脚步明显滞后，不容乐观。许多县级台从使用新媒体渠道开始，秉持"抢先布局，抢占终端"的原则，纷纷开办网站、手机报、"两微一端"等，积极布局新媒体业务，出现了很多"有条件要上，没条件创造条件也要上"的状况，特别是一些开发了 APP 的县级广播电视台在人力、物力上的花费较大，却在推广上遇到了瓶颈——推广难度大、效果不明显。从目前的发展来看，它们有的成功也有的失败，但绝大多数县级台只是将新媒体作为拓展广电媒体传播覆盖的渠道，尚未形成成熟稳定的发展链，且存在许多制约和困惑。

2. 县级台新媒体发展受到挤压

县级台作为党和国家的喉舌力量，自创办以来就充当着以传递正能量、正面消息为主的角色。然而，新媒体的进入门槛低，信息发布相对自由，也激发了一些私人团体自发的组建微信公众号肆意传播信息，他们主要以发布猎奇、负面的消息为主博取受众的眼球。这些公众号的传播速度更快、更广，但虚假信息扰乱了信息传播的环境。政府在这方面的约束管制不力，没有出台相关的政策、法律法规，这就对县级台传播带来不利，削弱了其影响力，给县级台新媒体的发展增加了压力。

3. 沿袭传统的管理模式和创收手段

受到传统媒体思想的影响，如今县级台的管理和创收仍然沿袭传统模式，多数采用传统的条块分割管理，陈旧的管理体制大大制约了其在新媒体业务上的拓展。在创收上，随着有线数字电视网络"一省一网""一国一网"的深化推进，传输网络将逐步从县级广电台剥离，让大部分原本依赖收视费生存的县级台发展举步维艰。广告收入也受到省市级等高层级广播电视台的挤压，创收出现急剧下滑。不从根本上转变发展思路和革新媒体管理模式，是无法顺应新媒体时代发展要求的。

二、新媒体环境下制约发展的因素

1. 缺乏人力和创新力度

在我国县级台新媒体网络化发展的过程中，对专业型、技术型人才的要求非常高，然而就我国县级地区而言，由于长期受到广播电视台体制的影响，人员编制录用以及选择上缺乏自主权。但笔者调研过的有代表性的广东鹤山台、高州台，浙江长兴台等县级台十分重视人才的招聘和培养，他们中的绝大多数纷纷开始进入高校招贤纳才，但是由于县域经济发展水平低，大多数高学历的专业型技术人才比较偏向于经济发展水平较高的一、二线城市，进而造成了我国县级台在高学历人才数量上非常匮乏，大部分是被新媒体所迫半路出家的老一批采编人员。他们文化水平、工作能力参差不齐，整体实力不够均衡。不仅如此，在全国范围内都出现了由于政策和管理的局限，县级台没有人事任免和有编制的招聘权，人员安排直接由行政上级决定。这样，不合格的人员不能辞退，有能力的人才由于没有正式人事用工合同和相应的收入待遇留不下。因此，当遇到一些专业性强、挑战性大的节目时，县级台找不到合适的人员来策划执行，在一定程度上影响了自身的生存和发展。

2. 资金和资源的长期缺乏

在全国大部分县级台中，资金和资源的扶持情况是相对复杂的，并非我们通常认为的：县级广播电视台属于事业单位，资金主要是政府拨款。拿改革开放较早的广东省举例，在广东省就存在多种类型，事业三类（自收自支）、事业二类（差额拨款）、事业一类（财政包干），在事业一类中还存在50%拨款返还用于开支的情况。这种复杂的情况在全国的县级台中也比较普遍，无形中给管理和政策的下达制造了难度。而县级台节目制作、设备购置、工资发放等环节都需要一定的资金投入，如果仅仅依靠上级拨款是远远跟不上的，也不能满足当下广播电视台的发展需求。资金捉襟见肘，资本规模有限，融资渠道不畅，资金投入不足，县级台发展新媒体的基础相当薄弱。

3. 新媒体业务布局雷同，竞争能力不足

在这个竞争日益激烈的社会环境下，优胜劣汰是社会竞争的必然结果。县级台进入新媒体的门槛是极低的，这就让大多数县级台轻松步入新媒体发展轨道，建立门户网站，开发"两微一端"，有能力的县级台还开拓了APP宣传渠道。这样，表面上看是拓展了广电媒体的传播渠道，但在持续运营中，承受资金、制度、资源、市场等多方面的阻力，无法集中力量继续推广新媒体领域优势的拳头产品，县级台新媒体发展形同虚设，并缺乏与观众的互动延伸，也没有强大竞争力的主打产品，根本谈不上抗衡自由市场中成长起来的新媒体企业。

4. 难以找到适当的盈利途径

多数的县级广播电视台已经划分好了市场，在抢滩市场后，体制上受"四级办"管理体制和条块分割的管理模式的束缚，市场化发展的局限性大，机制上仍采用传统媒体思维和运作方法，无法推动新媒体环境下更深层次的产业融合。特别是台网分离后，过去"以网养台"的这部分收入消失；加上大部分县级台工作环境单一，人员思想保守，依然恪守着传统的制作播出平台，靠广告收入来维持运作而没有灵活的盈利途径，情况好的勉强能维持基本运作，不好的则严重亏损，这样在新媒体时代将很快被淘汰。县级台无法形成有效的盈利模式，新媒体业务既做不大，也做不活，竞争中只能一直处于劣势地位，运作压力大，很难适应新媒体产业的发展。

三、新媒体时代县级台融合发展的路径

尽管县级台在新媒体时代的道路更加艰难，但是县级台船小好掉头，故更应该具有勇于创新的精神。基于以上现状和困境，笔者认为，县级广

播电视应该积极拥抱新媒体,尝试深度地开展新媒体业务。抓住自身的特点和优势,锐意创新,走出自己的特色之路。

1. 转变思维、跨媒融合

在新媒体环境下,信息传播的高效、精准、快捷、低成本,用户对产品缺陷和服务短板的耐心和容忍度趋近于零,客户忠诚度比以往任何时候都更难维系。鉴于此,作为四级办台的最低一级,在新媒体时代想要发展更应该抓住机遇,主动拥抱新媒体,以"用户思维"实现县级广播新媒体环境下的创新运营,在价值链各个环节中以"用户为中心"去展开思考。在管理上,去"行政化",去"事业化",用新媒体的现代企业制度激活县级台的用人机制,创新激励机制、创收模式、管理模式,激发内部活力,解放生产力。在内容生产上,要牢牢抓住"本土化"的优势,立足本土资源,服务本土受众,时刻关注群众的"痛点"需求来生产具有贴近性的内容。

2. 互联互通、跨区联合

新媒体时代,区域与区域之间的界限已经越来越模糊,"地球村"和"全球通"的概念日益凸显。在这个时代影响下的媒体,不论大小,都可以跨越原有的行政区划限制,这反倒给原来被局限在一个县域范围内的县级台一次互联互通、跨区域联合发展、做大做强的良机。县级虽然遍布全国,数量众多,但个体实力普遍薄弱,仅凭一己之力很难在新媒体生态下做成大事。新媒体时代全国的县级跨区域联合抱团应做到两点。一方面,采取联办栏目、联办活动、联合采访等方式,合理布局,互相输送,各取所需。另一方面,善于利用网络优势、技术优势、管理优势、政策优势去提升、改造各县级台之间的传统合作方式,共同打造推动县级"一体化发展"的制度平台,加强各自经验交流的政策平台,深化经济技术合作的发展平台,推动互联互通的连接平台。这样不仅使有限的资金发挥最大效用,而且比单独发展更快、更上档次,发展起来的县级台必将是一支任何一家新媒体都不可小觑的力量。除此之外,还要扩大合作视角,突出地域性。所谓扩大视角,就是要适应媒体发展规律,积极请进来、走出去。

3. 活跃形式、跨界整合

新媒体时代的到来,模糊了很多产业的边界,行业间的跨界整合已无孔不入地渗透到媒体的发展中,县级广电同样大有可为,甚至由于区域集中化的特点,在跨界整合上更具优势。跨界整合带动媒体经济的增收,还可以有力地弥补自身广告收入不断下滑带来的风险。做好与其他新形态业务的整合,搞好跨界经营创收势在必行。县级台长期倚重政府拨款和广告收入,这种单一的盈利模式弊端已充分暴露。县级台在政策宣传、社会精神风貌弘扬、突发事件处理、群众诉求表达、舆论监督等方面，具有接近性、灵活性、直观性的特点，在不偏离自身主业的情况下，将核心资源聚合重组，进一步提升资源的配置效率，并延伸至相关的新产业或领域，构建自身特有的结构性竞争优势来增强抵御新媒体时代的风险。比如，广东高州地区已经在传统业务基础上开发互动网络电视业务，浙江长兴、广东鹤山等一些县级台也开展城市便捷服务，如电子商务、车辆保险、教育培训、民生信息等。他们都在积极开拓"频道/频率＋渠道"的线上线下联动，以提升经济效益和做大做强广播电视媒体。"线上"通过内容播出，打造节目品牌链；"线下"通过咨询、展会、销售、拍卖等多项业务，突破了广播电台单一价值回报（一直是广告回报）的局限，跨界做大产业。这样不仅可以降低风险，解决广电企业的生存问题，还可以创造机会，拉动县域整体经济链的共同发展，从而获得可持续竞争的优势，解决长远发展的问题。

总之，县级台的发展，一方面，要正视现状，找到其中的不足；另一方面，要用发展的眼光看问题。县级广电要搞出活力，就要加快与新媒体融合的进程步伐。快速转变思维，重构媒体，增强创新意识，讲究新旧媒体间的"融合"、多个区域间的"联合"、不同行业间的"整合"，这样县级台才能走得平稳并有所突破。

参考文献

1. 柴芳. 县级广播电视台在新媒体环境下的发展与转型［J］. 新媒体研究, 2016（1）.

2. 李巧莲. 新媒体时代县级广播电台转型发展之路［J］. 中国广播电视学刊, 2015（10）.

3. 孔莉. 新媒体生态下县级广播电视的融合发展之路［J］. 中国广播电视学刊, 2015（4）.

4. 王建军. 广播电视产业多元化跨界发展的战略布局［J］. 中国广播电视学刊, 2014（9）.

5. 郑宇. 县级广播电视台发展研究综述［J］. 视听纵横, 2013（5）.

（作者系暨南大学新闻与传播学院硕士研究生）

会议综述

广播媒体融合4.0时代的发展策略与理论创新

——第五届全国广播学术研讨会综述

熊科伟

【摘　要】第五届全国广播学术研讨会旨在探讨广播媒体融合4.0时代的发展策略与理论创新，涵盖广播"互联网＋"的理念创新研究、互联网高速发展下广播传播影响力研究、广播宣传报道的理念与模式创新、"互联网＋"影响下的广播管理模式创新研究、"互联网＋"影响下的广播人才和队伍建设创新模式、广播大数据与评估创新模式研究、广播与互联网音频媒体的产业竞合研究、广播"互联网＋"的运营模式探索、区域化广播建设创新与发展、中国对外广播发展策略与创新模式研究十大议题。与会专家学者和业界人士一致认为，融合4.0时代广播发展面临的机遇和空间远远大于挑战和困难，广播走媒体融合发展之路成为大势所趋。在融合新媒体的过程中，广播媒体应秉持互联网思维，以自身的优势主导融合进程，坚持内容为王，同时加强体制机制和技术渠道的创新。

【关键词】传统广播　新媒体　融合　4.0时代　互联网＋　理论创新

广播作为一种有着百年历史的媒介，经历了一次又一次由技术进步所引发的重大变革。在我国，从延安新华广播诞生的1.0时代，到全国调频立体声广播网建立的2.0时代，再到广播向PC端网络延伸的3.0时代，广播发展始终与技术变革同步。当下，广播媒体正步入以一体化平台为基础，以互联网产品思维实现内容、渠道、平台、经营、管理融合发展的4.0时代。在传统广播与新媒体深度融合时期，重塑舆论场、实现媒体价值、利用新媒体技术、建立商业模式成为广播发展的四大关键问题。这些问题能否得到妥善解决，直接关系到广播媒体的兴衰，也影响到广播在未来媒体格局中的地位。

2015年12月5日，第五届全国广播学术研讨会在暨南大学召开。本次会议由中国广播电影电视社会组织联合会、中央人民广播电台广播学会、广东广播电视台、中国新闻史学会和暨南大学主办，暨南大学新闻与传播学院承办。会议得到了众多科研院校、学术期刊与媒体机构的大力支持，来自全国广电媒体以及新闻院系50多家单位的近百名行业精英、专家学者与青年师生在为期一天的会议中，通过一场主题演讲、一场主题发言和两场分组讨论，以"坚守与突围：广播媒体融合4.0时代的发展策略与理论创新"为主旨深入研讨，范围从广播行业辐射到广播科研与教学实践，呈现出视角多元、视野广阔和研究方法多样等特点。与会代表普遍认为，本次研讨会选择媒介融合与创新发展作为主题，准确地把握了新时期广播媒体的重大特征，非常值得称道。暨南大学已经连续三届承办全国广播学术研讨会，正如暨南大学新闻与传播学院副院长张晋升教授在开幕式主持词中所言，召开本次会议的目的是希望产学研同心协力，为广播的创新、广播的融合发展出谋献策。

一、融合 4.0 时代广播发展面临的局面

当今时代，互联网信息技术突飞猛进的发展带来了媒体传播方式、受众接收方式和媒体价值评估方式的重大改变。尤其是以移动互联网为主要平台的新媒体迅速崛起，改变了人们获取信息的途径与方法，颠覆了媒体组织生产内容的方式，在传播力、影响力、竞争力等方面给传统广播带来空前的压力和巨大的挑战，同时也带来了前所未有的发展机遇。挑战与机遇并存成为广播发展必须直面的现实，也成为本次研讨会上频频提及的热词。经过深入务实的交流探讨，与会的专家学者和业界人士对当前广播发展总体形势的认识不谋而合：融合 4.0 时代给广播发展带来的机遇和空间远远大于挑战。在融合 4.0 时代，传统广播和新媒体都有着相同的机会和变革的需要，传统广播应抓住机遇提前谋篇布局，深入整合内部资源，打造一个兼容、开放的融媒体平台，以迎接传媒格局的重大转变。中国广播电影电视社会组织联合会副会长、中央人民广播电台原台长王求在致辞中指出，传统广播要转型成功，不能没有创新，更离不开与新媒体的融合发展。中央全面深化改革领导小组第四次会议审议通过《关于推动传统媒体和新兴媒体融合发展的指导意见》，媒体融合发展上升为国家战略的组成部分。这为传统广播融合新媒体创造了良好的条件，传统广播走融合发展之路已是不争的趋势。但是，传统广播如何融合新媒体、融合新媒体之后该怎么发展等一系列问题仍不明朗，需要深入地探索和研究。在肯定各地广播电台拥抱新媒体、取得融合实绩的同时，王求指出广播媒体在观念定位、规划、体制、经营、人才、技术等方面存在着不适应的问题。他认为目前广播媒体融合还大多处于浅层次的融合，更具有媒体结合的意味，以自办新媒体平台和借助其他新媒体平台为主，主要还是传播内容和传播手段的融合，而涉及媒体功能、组织结构、体制机制等方面的深层次融合还有待完善，尤其是在体制机制、合作协作、团队建设等诸多方面实现创新性突破，实现从物理融合到深度的化学性反应还有很长的路要走。

中国国际广播电台原台长张振华的发言着重探讨了媒介融合与内容为

王。他首先以"冷空气"和"热空气"来隐喻媒体融合的两大主体——传统媒体和新媒体——的关系，指出受惠于现代科技发展的新媒体不仅囊括了传统媒体的所有功能，而且还具备传统媒体所不具备的其他功能。由于具有这样的优势，新媒体合乎逻辑地重塑了传媒的生态，特别是从传统媒体那里吸引走了大部分的青少年。这种釜底抽薪式的冲击，给传统媒体带来的已经不是发展危机而是生存危机。然而，对于广播而言，新媒体带来的不仅仅是挑战，还是一个利好与机遇。由于广播具有伴随性、便捷性、及时互动等特征，使得处于新媒体时代的人们能够充分利用碎片时间来轻松获取信息，人们消费广播的时间也稳中有升。广播的这些特征也恰恰是新媒体的特点。从这个意义上讲，广播和新媒体是具有相似基因的"近亲"，它们之间是朋友关系，而非敌对关系。因此，广播应该是最容易和新媒体融合的传统媒体。如果二者能够真正融为一体，那么互联网、手机以及各种无线终端都会成为广播的延伸，广播由此会迎来发展的最好时期。

中国传媒大学学科建设处王宇教授在"移动互联时代广播音频产业发展路径探析"的主题发言中提到，移动互联时代信息海量生产，用户的注意力和时间成为稀缺资源。音频产品的伴随性、便携性和内容的短平快等特征与移动互联网中信息不受时空限制、内容碎片化等特性完美贴合。声音媒介作为人听觉的延伸，解放了用户的注意力。这对用户时间的非独占性使得音频产业很有可能成为继视频产业之后的另一个新的竞争热点。作为专业的音频内容生产者，传统广播的录制队伍非常专业和稳定，团队作战能力强，生产的节目优质、连贯、有保障，并且经过多年的积累形成了海量的内容库。在数据分析技术的支持下，传统广播可以深度开发和利用既有的内容，而且这个空间是非常巨大的。同时，王宇教授坦承，传统广播和其他大众传播媒介一样，面临着同样的症结，即组织形式和内容生产被严格限制在现行的体制之内。这与互联网信息传播的开放、多元、自由等特性格格不入，从而导致广播音频内容呈现出个性化不足、播放形式不够灵活、关注度下降和受众群体萎缩等问题。这些问题的解决需要广播媒体进行体制机制的创新。

云南广播电视台原台长、云南师范大学传媒学院覃信刚教授近年来一直关注广播产业的发展。他的发言史论结合，主要围绕中国广播的下行、转型与上行展开。他从五个层面阐述了当前广播面临的困境，表示中国广播下行虽然是大势所趋，但又是可控的下行。只要广播人勇于实践、勇于创新，广播完全可以浴火重生，重振昔日的雄风。

郑州人民广播电台台长、党委书记葛向阳介绍了郑州电台近几年的发展状况，认为融合 4.0 时代城市广播媒体受到的冲击显而易见，而城市广播媒体所受到的冲击也在较大程度上代表了中国广播媒体转型的普遍问题。他对当前城市广播媒体面临的诸多现实问题如广播电视的行政整合弱化广播地位、新《广告法》对专题广告的禁止造成电台收入下滑、部分汽车制造商改用 Applink 系统导致调频广播在移动收听方面的优势不复存在、受众分流、机制老化、人才流失等现象进行了深刻的分析，向与会者展现了城市广播媒体在内外冲击下的市场压力和选择。随后，他就城市广播媒体发展重点提出了建议，指出城市广播媒体应发挥本地、服务、互动和娱乐方面的优势，做大优势频率，稳定广告收入，增强新闻影响力，主动融合新媒体。

暨南大学新闻与传播学院申启武教授通过展示和比较近年来各地广播电台传统业务和新媒体业务收入的最新数据和资料，从批判的角度表达了对广播运营新媒体的忧思。他指出，就中国广播产业发展现状而言，虽然广播行业涉足互联网业务已经有十多年的时间，但是多数的广播网站和网络电台成了无人问津的美丽摆设。绝大多数广播的新媒体业务都是入不敷出，主要依靠母体的传统广播作为经济支撑。他预测，在未来 5 到 10 年的时间里，广播行业领域中传统业务与新媒体业务的差距无法从根本上得到改变，传统广播的主体地位一时难以撼动。

海峡之声广播电台总编辑卢文兴在题为"试论'广播 ＋'中增减错位问题及对策"的演讲中对当前唱衰广播的现象进行了深刻分析，并从三个维度对其进行了诠释。对于新媒体给传统广播带来的机遇和挑战，专家学者和业界人士的研究视角虽然有所不同，但他们对广播的认识充满了理性和睿智的色彩，既清醒地意识到广播作为传统媒体面临着新媒体的冲击，也充分考虑到社会的发展、技术的进步给中国广播带来新的发展机遇，体现了广播学界和业界应有的理性思考和责任担当。

二、融合 4.0 时代广播发展秉持的思维

面对融合 4.0 时代带来的机遇与挑战，参与本次研讨会的专家学者、业界人士一致认为，传统广播要实现创新与发展，需要在尊重新媒体发展规律的基础上推进融合发展战略。经过多年的实践，互联网思维已成为新媒体发展规律最重要的体现。行动为基，理念先行。无论是内容融合，还是渠道融合，核心还是观念和思维的融合。广播媒体融合与创新，不应仅是广播外部形态的变革与创新，而应在思维层面上进行颠覆性或革命性的创新与改变。创新是起点，发展是目的。对于广播媒体而言，如何从自身的角度理解、顺应与运用互联网思维，如何界定和厘清"互联网＋"

"＋互联网""广播＋"等相关概念及其关系亦成为本次会议的另一个焦点话题。并且，对这一话题的研究更凸显多元化发展方向。

张振华就互联网思维的内涵同与会者进行了深入交流。他认为，互联网不仅仅是技术和工具，还是一种思维方式。互联网的思维价值远远超过其技术价值和工具价值。传统媒体思维将受者当作受众，而互联网思维将其视为用户。新媒体正是坚持互联网思维，既注重内容，也注重用户的实际需求和个性化服务，才实现了一种关系型的传播，使内容生产和用户需求达到一种极致性的匹配。而这恰恰是传统广播的软肋。广播完成融合转型的首要前提是思维的转变，也就是跳出传统媒体思维，以互联网思维为指导，遵循新媒体自身的规律和市场规律，进行一场互联网思维指导下的转基因工程。他进一步指出，虽然目前各家电台在媒介融合的具体设计和执行上存在"互联网＋"和"＋互联网"两种取向，但都不应该是简单的叠加、拼接、混搭之类的物理性组装，而是要以新技术为驱动，进行包括技术、结构、平台、流程、渠道、内容以及经营等方面在内的整体而系统的化学性融合。

浙江传媒学院院长项仲平教授对广播的互联网思维作了深入研究。与以往研究的一般路径不同，他引入了"广播4.0"这一概念，并借助工业4.0理论作为支点，将广播发展不顺利的机理指向了电台对互联网思维的认知和实践上。

四川大学新闻研究所所长欧阳宏生教授从"互联网＋"与"＋互联网"两个概念的辨析破题，指出"互联网＋"与"＋互联网"存在三大差异：其一，占位不同。"互联网＋"强调的是"逆袭发展"，是一种侵入式的扩张，结果可能是另一方的消亡。"＋互联网"主张的是"顺势思维"，即以既有模式为基础，利用互联网技术和理念，提高服务的效率和质量。其二，优势不同。"互联网＋"拥有的是互联网技术优势和容易引发社会爆炸式增长的优势。"＋互联网"拥有的则是存量优势、标准优势和公信力优势。其三，主导者不同。"互联网＋"的主导者往往是互联网企业，其主导着入侵扩张的进程。"＋互联网"则正好相反，主要是传统媒体在主导着融合进程。在此基础上，他着重强调了"互联网＋"并不是一个包治百病的工具，广播媒体在运用互联网思维时需要具有批判的眼光。他呼吁广播采用"＋互联网"思维，以自身的优势主导融合进程，进而发挥主流媒体的话语权。欧阳宏生教授还依据广播媒体在"＋互联网"思维方式下的理念转型做出了策略探析，倡导广播从听众理念向用户理念转型，从"单一"向"多元"的跨界理念转型，从提供信息向提供服务理念转型，从"大板块"向"小板块"迭代理念转型。与之对应的是，

"广播 + 互联网"的创新模式演化将经历集聚、互动、制度厚积、多样化四个阶段。

申启武教授也持同样的观点。他在发言中表示，用互联网思维经营新媒体业务目前非常流行，已为许多经营者所接受。为了适应和满足新媒体时代新兴受众的媒介接触习惯和消费需求，用互联网思维改造传统广播有其合理性和必要性。广播媒体如果在经营新媒体业务时仍然沿袭传统思维，那显然是死路一条。然而，广播媒体运用互联网思维需要循序渐进，不能一蹴而就，思维的转换尤其是付诸经营活动的实际需要一个缓慢的过程。就广播的新媒体业务经营而言，其现行的管理体制、运行机制及其所拥有的技术、资金和人力资源都与用互联网思维经营新媒体的要求有一段距离，从根本上改变这一状况绝不是一朝一夕的事情。此外，他还强调，用互联网思维改造传统广播需要建立在强化内容生产的基础上，传统广播不应该因为互联网思维的改造而丧失自身主体的信息传播功能。

卢文兴也阐述了电台在推进"广播 +"媒介融合战略中的几点困惑与思考。他设想的"广播 +"应该达到三个层次：一是可听，广播的新媒体必须诉诸听觉；二是可用，广播的新媒体能够带来收入；三是可控，广播的新媒体在舆论导向上不能出现偏差。

东莞广播电视台副台长郑远龙结合东莞电台近期在媒介融合方面的举措畅谈了对互联网思维实践与规律的认知。他认为，业界和学界对采用"互联网 +"还是"广播 +"思维去融合新媒体是存在争议的。实际上，"+"的主体并不重要，关键是看"+"的结果。从数学的角度来看，"互联网 +"与"广播 +"所得出的结果是一样的。但是从广播的角度来看，"互联网 +"与"广播 +"所得出的结果是不一样的。广播人倡导"广播 +"主要是强调广播必须主动研究、利用、融入互联网和新媒体。

对于融合 4.0 时代广播发展秉持的思维，大部分专家学者和业界人士的研究认为以"广播 +"方式融合新媒体对广播媒体更为有利，即广播媒体应是融合进程中的主导力量。

三、融合 4.0 时代广播发展采取的策略

广播学是一门应用性极强的学科，广播研究的发展与壮大离不开对广播现实问题的回应，本次研讨会依然保持面向现实、立足实用这一特色。广播的生命在于变革。面对一个媒介生态环境瞬息万变的全新 4.0 融合时代，广播媒体发展的道路充满了创新的机会和不确定性。目前，广播媒体的创新与发展还处于"摸着石头过河"的探索试验阶段。事实上，创新也是在广播实践的不断摸索中产生的。传统广播如何创新与发展？如何融合

新媒体实现涅槃重生？归根结底，这些相关问题都涉及传统广播的未来走向，因而成为本次会议广播研究者和从业者的共同话题。对此，与会的专家学者和业界人士进行了集中的回应，提出了不少兼具开放性和包容性的建议，为人们呈现了一幅多元动态的广播发展图景。

北京大学视听传播研究中心主任陆地教授认为，在对信息消费的过程中，人们喜欢用多种平台来获得新闻和资讯，没有一种媒体形式能占据统治的地位。他提议，在众多媒体都能满足信息需求的情况下，广播媒体要在时间、空间、内容、形式、情感和利益上贴近公众：在时间上，要了解听众什么时候最渴望获知信息；在空间上，要了解听众的分布以及如何将信息推送给他们；在内容上，要与报纸、杂志和电视等媒介保持差异；在形式上，要做到丰富多彩、灵活多样；在情感上，广播媒体要培养听众对广播媒介和广播主持人的情感；在利益上，广播媒体要为听众提供专项或特殊的服务。

王宇教授认为融合背景下重塑广播发展新空间的策略包括：在内容方面，明确自身的定位，发挥自身的优势，以用户为导向，为其提供优质、专业、有深度、有针对性的信息服务，实现音频产品的线上线下及时互动，让广播媒体的音频产品好听、动听而且用户喜欢听；在用户方面，细分听众群体，着重培养新生代听众，以兴趣爱好为纽带打造听众社交圈，变广播为窄播，变被动收听为主动推送，适应移动互联时代信息传播的碎片化、个性化、社交化特征；在渠道方面，拓展新平台，建立商业模式，或者融入车联网，开发以车载收听设备为核心的渠道资源，或者自主开发音频客户端（APP），实现内容与位置的融合，基于用户位置信息进行音频产品的推送，在交通资讯、旅游服务等领域培育新的产业增长点。

申启武教授认为大数据推送服务和多功能跨界产品将是新媒体广播未来发展的主流，而移动人群将是传统广播与新媒体广播争夺的市场焦点。为了适应这种生态环境，广播媒体一方面要借助媒介融合的发展契机，通过与新媒体的深度融合变革传统广播的节目形态，丰富传统广播的节目内容，拓展传统广播的传播渠道；另一方面要紧随新媒体的发展脚步，充分利用传统广播的资源优势，积极推进新媒体建设。

当前，传统广播发展遭遇新媒体的挑战是一个世界性难题。面对不容乐观的形势，国际广播同行的做法及思路提供了借鉴和启发。中央人民广播电台广播学会秘书长李宏将广播研究置于全球化背景下，借他山之石探攻玉之道，分别讲解了加拿大纽芬兰岛圣约翰市炮台社区电台（Battery）的《炮台内外徒步探险》、德国 RBB 电台（Rundfunk Berlin-Brandenburg）的《M10 号电车上的乘客》和英国 BBC 电台的《别挂电话》在创作方面的经验以及自己对这些节目的认识。她认为：广播的优势是心灵触媒，声音虽然没有直接显示的画面，但可以创造想象中的图像，可以超越具象的现实而直抵人的灵魂深处。所讲的三个广播节目之所以能够获得成功，就在于节目的制作者对广播这一优势的深层感悟和大胆把握。广播人要充分运用新媒体，但一定要认识到自身的价值，无论在哪个新技术平台上运作广播，都要传扬广播的基本特质。这样，广播才能具有别的媒介不可替代、无法复制的独特性和魅力。

媒体融合让部分省市广播电视台焕发新的生机。广东广播电视台总编辑陈一珠、内蒙古广播电视台副总编辑樊晓峰等业界人士分别就各自的广播电视媒体在融合方面所做出的努力、取得的经验、未来的目标和发展思路等和与会嘉宾进行了有价值的分享，描绘了当下广播电视的生存状态，展示了广播电视媒体在融合4.0时代鲜活的变革实践与憧憬。陈一珠总编辑谈到，近年来广东广播电视台积极推进传统媒体与新媒体的融合步伐，重建传播新体系，构建起了广电媒体融合发展的新优势，在组织融合、事业融合、流程融合上不断跨越，已初步实现了全媒体融合的整合传播效应。广东广播电视台多年倾力打造的南方新媒体产业群和众多的新媒体传播新型平台正加快推进广东广播电视台建设新型传统媒体的步伐。目前，全广东已经形成省、市、县三级广播电视格局，呈金字塔状，珠三角地区集中了全省一半的频率频道，竞争非常激烈。借着体制机制改革的推动，广东广播电视台的视听市场份额有较大提升。截至2015年11月，广东广播电视台旗下的广播频率在广州地区以六成的市场份额占绝对优势，旗下的广东卫视在多数省级卫视收视份额普遍下降的情况下逆势上扬。

互联网的异军突起和移动互联网的后来居上导致广播媒体的社会影响力日益边缘化。就广播媒体如何在互联网高度发展的背景下增强传播力这一问题，内蒙古广播电视台针对当地听众构成特点及收听偏好做出了有益的探索。樊晓峰副总编辑结合媒介调查机构的相关数据和第一手的调查资料，认为广播媒体增强传播力的核心突破口是主打音频产品，实现一播三屏，为目标受众做好服务。在樊晓峰看来，受众媒介选择行为已呈碎片化的趋势，广播节目必须采取多媒体化的展示方式，实现内容多终端联动的融合。而一播三屏是指手机屏、电脑屏、电视屏与广播联动，让节目在三屏和广播上进行鲜活灵动的个性化呈现，进而扩大节目的有效传播力和影响力。在处理传统业务与新媒体业务之间的关系方面，樊晓峰主张广播媒体要认清自己的优势，做好自己的声音产品，把内容价值和服务价值变现，凡是与声音相关的内容都是可以尝试的对象，凡是用声音展现的节目都是可以合作的目标。此外，他还具体就如何增强广播新闻节目和文化节目的影响力发表了看法。对于新闻节目，他建议从五个向度着手：一是坚持马克思主义新闻观，确保导向的正确性；二是有情有理深入基层，确保事实的鲜活性；三是用群众的语言说群众的事，确保传播的有效性；四是坚持新闻立台、言论强台，确保内容的权威性；五是注重叙事技巧，确保事实的真实性。广播文化节目则需要丰富节目形态、注重文化的开放性和满足听众的个性需求。

为更深入探讨广播发展规律，广泛交流学界研究成果和业界实践经验，除了上述主题演讲和主题发言之外，本届广播学术研讨会还安排了两组自由讨论，分别由中国传媒大学教授赵玉明和海峡之声广播电台总编辑卢文兴主持。每个小组 12 人，他们就各自感兴趣的议题发言。在小组讨论会上，与会人员从不同角度和各自的知识背景出发，围绕媒介融合和广播创新发展两大核心议题，展开了多角度、多层次的阐述：有的着眼于宏观层面的对策分析，从整体上探讨广播媒介的理念更新与战略选择，提出具有普适化价值的应用建议，如《互联网时代广播的坚守与突围》《"互联网＋"影响下的广播运营创新研究》《从广播史看网络广播的发展策略》《工业 4.0 时代的定制化广播》《"两微一端"下我国传统广播的现状与发展》《"互联网＋"时代广播运营模式创新》等；有的聚焦于微观层面的个案研究，针对某个具体的研究对象，从实践的角度进行深入细致的研究，得出了具有直接现实指导意义且具有可操作性的具体结论，如《广播媒体报道模式创新研究——以中国之声栏目为例》《"两微一端"时代校园广播的生存与发展——以北京大学广播台燕园之声为例》《媒介生态视角下省会城市广播市场竞争策略探析——以西安电台为例》《新媒体环境下广播的媒介融合之路——以黑龙江人民广播电台为例》《媒体融合视域下军事广播节目创新研究》《做有刚需的平台——区域性交通广播电台的生存之道》《媒体融合环境下对台广播的主动应变与未来想象》《广播媒体融合发展的三种策略——基于当前国内多家电台融合实践的案例分析》等；有的着力于传统广播借助大数据挖掘的路径探讨，如《广播大数据与评估创新模式研究》《"互联网＋"时代的广播发展应有大数据思维》《大数据时代的影视创作变革：IP 转化与多维传播》；有的选择广播从业者本位的研究视角，关注新媒体时代、社会转型时期广播从业者的特点与变迁，并基于广播深层次改革的关键在于调动广播人的积极性这一理念提出广播媒体应为新形势下的广播从业者提供良好的成长环境与心灵关怀，使得研究具有了媒介批评价值和人本内涵，如《编外广电从业人员从业生态与职业发展研究的现状、问题与路径》《"互联网＋"背景下的广播身份研究》《融媒时代广播节目主持人的发展策略》等。此外，公共服务也是广播研究的一个核心议题，对其进行深度的历史考察与理论审视具有重要的学术价值与现实意义，本次会议的部分学者也从社会责任的角度对此进行了关注，探讨广播媒体与社会、与人们交往的关系，如《抗日战争和解放战争时期的少数民族语言广播（1931—1949）》《广播新闻与媒介事件：一种社会节奏的温故知新》《浅析"互联网 ＋"时代电台社交功能的拓展》《精神交往：互联网时代移动音频的认知传播》等。他们提出的观点和看法有争鸣，也有共识。申启武教授和台湾世新大学新闻传播学院夏春祥教授对各组发言情况进行了点评和总结，并从中提炼出有价值的观点，认为这些观点将广播研究推进到了一个新的高度。

当前，我国传统广播正经历着现代化转型，其传播格局、传播形态、传播方式和传播次序已经发生了相应的变革。在媒介不断变革的融合背景下，广播的创新与发展既是时代高度关注的前沿性课题，也是当前最为现实和棘手的问题。回顾前四届全国广播学术研讨会对中国广播发展与创新的探讨，再观照本届研讨会基于媒介融合视角的理论解读和学术对话，不同的研究者都在以一种开放式的姿态探寻广播发展与创新的可行性路径，并以高度的学术自觉和扎实的研究推动广播向纵深发展，提高广播的舆论引导能力和服务水平，进一步推动我国广播事业的振兴和繁荣。整个研讨会在平等、坦诚、热烈的气氛中圆满落幕。通过不同观点的辩论与交锋、商榷和融合，重新审视和纠正了当前广播发展认识上的一些偏颇，为广播业拓路创新，攻坚克难，谋求有序、健康、快速的发展指引了方向和提供了可能的路径。

（作者系暨南大学新闻与传播学院博士研究生）

后 记

从中国广播 1.0 的新华广播时代，到调频立体声全国广播网建立的 2.0 时代，再到 PC 端广播网络延展的 3.0 时代，今天广播与其他大众媒体类似，步入了以一体化平台为基础，以互联网产品思维实现内容、渠道、平台、经营、管理融合发展的 4.0 时代，即传统广播与新兴媒体深度融合的时期。这一时期，舆论场重塑、媒体价值、新兴关键技术，以及新型商业模式，是广播发展面临的四大关键问题，直接关系到广播的存亡和在未来媒体发展中的占位。为此，中国广播电影电视社会组织联合会、中央人民广播电台广播学会、广东广播电视台、中国新闻史学会和暨南大学于 2015 年 11 月 28 日联合举办了"第五届全国广播学术研讨会"，汇聚业界精英和高等院校的专家学者，就"坚守与突围：广播媒体融合 4.0 时代的发展策略与理论创新"问题展开讨论。

本届研讨会除主题发言以外，与会代表围绕广播"互联网＋"的理念创新研究、互联网高度发展下广播传播影响力、广播宣传报道的理念与模式创新、"互联网＋"影响下的广播管理模式创新、"互联网＋"影响下的广播人才和队伍建设创新模式、广播大数据与评估创新模式、广播与互联网音频媒体的产业竞合、广播"互联网＋"的运营模式探索、区域化广播建设创新与发展以及中国对外广播发展策略与创新模式等具体问题进行分组讨论，发表了许多有价值的见解和观点，开展了富有学术意义的交流对话。为了将研讨会的成果固化下来，暨南大学新闻与传播学院决定编辑出版会议论文集，将与会代表的论文结集为《广播 4.0 时代的融合发展与理论创新》一书出版。

在论文集即将付印之际，作为研讨会的主要策划者、组织者与论文集的主编，我要特别感谢中国广播电影电视社会组织联合会、中央人民广播电台广播学会、广东广播电视台、中国新闻史学会的大力支持；感谢广播业界和兄弟院校的专家学者的大力支持，为研讨会提供颇有见地的论文，使会议得以圆满成功。感谢中央人民广播电台原台长、中国广播电影电视社会组织联合会副会长王求、暨南大学党委书记林如鹏、中央人民广播电台广播学会杜嗣琨、广东广播电视台总编辑陈一珠热情洋溢的致辞。其中，王求副会长以高屋建瓴的学术眼光以及言简意赅的学术见解，表达了对新媒体时代广播融合发展以及理论创新的期待，故代为论文集的序。

　　在本届研讨会策划、筹备、举办以及论文集编辑的过程中，中国传媒大学的孟伟教授为研讨会议题的选取提供了颇有见地的意见；广东广播电视台副总编辑赵随意在嘉宾接待方面给予一些帮助；会务组的张建敏、王媛、张潇潇、晏青、王玉玮等老师在会议期间付出了许多辛勤的劳动，尤其是院办的苏柯主任协助会务组做了大量的工作；作为副主编，张建敏、王媛老师为论文集的顺利出版付出了艰辛与努力，做了许多卓有成效的工作。在此，一并表示由衷的谢意！

申启武

2016 年 8 月 8 日